本书为2014年度浙江省社科规划课题研究成果(项目编号:14NDJC155YB)

媒体融合背景下数字内容产业创新发展研究

周志平 著

浙江工商大学出版社
ZHEJIANG GONGSHANG UNIVERSITY PRESS

图书在版编目(CIP)数据

媒体融合背景下数字内容产业创新发展研究 / 周志平著. —杭州：浙江工商大学出版社，2015.9(2021.7 重印)

ISBN 978-7-5178-1301-9

Ⅰ. ①媒… Ⅱ. ①周… Ⅲ. ①文化产业—产业发展—研究 Ⅳ. ①G114

中国版本图书馆 CIP 数据核字(2015)第 205364 号

媒体融合背景下数字内容产业创新发展研究

周志平 著

责任编辑 任晓燕
责任校对 周晓竹
封面设计 王妤驰
责任印制 包建辉
出版发行 浙江工商大学出版社
(杭州市教工路 198 号 邮政编码 310012)
(E-mail:zjgsupress@163.com)
(网址:http://www.zjgsupress.com)
电话:0571-88904980,88831806(传真)
排　　版 杭州朝曦图文设计有限公司
印　　刷 广东虎彩云印刷有限公司绍兴分公司
开　　本 710mm×1000mm 1/16
印　　张 14.75
字　　数 257 千
版 印 次 2015 年 9 月第 1 版 2021 年 7 月第 3 次印刷
书　　号 ISBN 978-7-5178-1301-9
定　　价 40.00 元

序

数字内容产业也称内容产业、信息内容产业、创意产业。内容产业这个概念最早出现在1995年“西方七国信息会议”上，1996年欧盟《信息社会2000计划》进一步明确其内涵：包括制造、开发、包装和销售信息产品及其服务的行业。我国数字内容产业的提法最早见于《2003年上海市政府工作报告》。数字内容产业同现有的文化产业、信息产业、创意产业、内容产业、数字产业和版权产业等概念并生共存，并不是完全独立、泾渭分明的，之间存在许多交叉重叠。数字内容产业是信息技术与文化创意高度融合的产业形式，涵盖数字游戏、互动娱乐、影视动漫、立体影像、数字学习、数字出版、数字典藏、数字表演、网络服务、内容软件等等，主要是为三网融合、云计算、无线网络等新兴技术和产业提供内容支撑的一种新型产业形态。当前我国数字内容产业主要包括八大类，分别是数字游戏产业、电脑动画产业、移动内容产业、数字影音应用产业、数字学习产业、网络服务产业、数字出版产业、内容软件产业。

作为一个新兴的热门产业，数字内容产业自然引起了许多专家学者的关注。综观现有的关于数字内容产业的研究成果，我们发现，截至目前，关于数字内容产业的现有相关研究主要集中于两个方面：一方面是从经济学层面探讨数字内容产业的概念、国内外经验借鉴，以及我国数字内容产业发展的问题和对策；另一方面是三网融合背景下数字内容产业发展的趋势预测及部分个案研究。这些研究为本项目的研究奠定了初步的基础。但现有的研究仍存在一些不足，表现为：第一，关于数字内容产业研究的文献很多，但大部分停留在数字内容产业的概念、国内外经验借鉴，以及现状和不足等定性描述研究上，很少探究数字内容产业发展的深层次问题，缺乏系统的专门性研究；第二，媒体融合的不断推进对数字内容产业的发展形成了冲击，这是亟待解决的关键问题，但当前将媒体融合与数字内容产业二者关联起来进行系统研究的几乎没有，我们通过中国知网（CNKI）和ISI Web of Science等国内外数据库对学位论文、期刊论文、会议、报告和报纸等进行搜索，截至 2015 年 1 月，同时符合“媒体融合”和“数字内容产业”这两个关键词的搜索结果为 0 篇。少数略有涉及的研究也主要是从经济层面进行产业现状及政策研究，并且现有研究大多只是从总体上提出了一些产业问题，但都未从媒体融合，尤其是新媒体这一产业背景下对数字内容产业进行系统分析和研究，更没有提出当前环境下促进数字内容产业转型和发展的切实可行的创新性对策。

统计显示，近 5 年，全球数字内容产业年均增速保持在 30%左右。我国数字内容产业虽然起步晚，近几年也取得了突飞猛进的发展。2004—2008 年我国数字内容产业规模平均年复合增长率达 48.5%，2008 年我国数字内容产业的整体规模为 2180 亿元，2013 年则达到了 5450 亿元，占全国 GDP 总规模的 0.86%，而且国家利好政策也助力数字内容产业发展。国务院 2013 年 8 月下发的《关于促进信息消费扩大内需的若干意见》（以下简称《意见》），以及十八届三中全会通过的《中共中央关于全面深化改革若干重大问题的决定》（以下简称《决定》）成为业界发展的东风。《意见》提出要大力发展数字出版、互动新媒体、移动多媒体等新兴文化产业，促进数字文化内容消费。到 2015 年，信息消费规模将超过 3.2 万亿元，其中基于互联网的新型信息消费规模达 2.4 万亿元，年均增长 30%以上。而《决定》则指出，鼓励非公有制文化企业发展，降低社会资本进入门槛，允许参与对外出版、网络出版，允许以控股形式参与国有影视制作机构、文艺院团改制经营。《决定》明确提出，支持各种形式的小微文化企业发展，加大财税扶持，缓解融资难题，这为加快数字内容产业发展创造了良好环境。

数字内容产业具有衍生性、高附加值、高科技含量等特点，体现了现代产业发展的新趋势，对我国产业结构升级以及提升产业整体竞争力具有推动作用；具有低能耗、可再生等特点，符合我国协调可持续发展的要求；具有开放性、即时性、互动性和大容量的特征，是文化传播的载体，能有效实现社会主义优秀文化的传播和创新的目的。因为数字内容产业的这些特点，发展数字内容产业已成为国家级的战略决策。当前，以三网融合为核心的媒体融合已成为媒体发展的大势所趋，这正好为数字内容产业的发展带来了契机，同时也是一个挑战。本研究便是基于此背景来设计开展的。

媒体融合不仅在于媒体技术上的融合，更在于内容的融合。“内容为王”已成为当今各类传媒发展的核心内容。开展本选题的研究有助于探索媒体融合时代“内容为王”的核心意义以及相关运行机制，并可以探明数字内容产业在媒体融合时代所充当的重要战略地位和存在的问题，以及提出数字内容产业在媒体融合时代的发展与创新机制。我们认为开展本课题研究具有很强的现实指导价值和理论意义。

本书主要在分析数字内容产业的发展现状及存在的问题的基础上，通过分析和比较发达国家和地区的数字内容产业发展模式，从媒体融合和产业融合的视角去探索媒体融合背景下我国数字内容产业发展面临的机遇和挑战，并提出数字内容产业在媒体融合背景下的发展与创新机制以及传统内容产业的数字化转型策略，为促进我国数字内容产业在媒体融合背景下健康、快速发展出谋划策。全书主要包括以下几部分内容：

第一章：数字内容产业发展现状及存在的问题。这部分主要是阐述数字内容产业的内涵和特征，归纳总结国内外数字内容产业的发展现状，并分析我国数字内容产业发展中存在的问题。

第二章：发达国家及地区数字内容产业发展模式分析。这部分主要是通过考察和总结数字内容产业较为发达的美国、英国、日本、韩国等国以及中国台湾地区的成功发展模式，探寻其成功的奥秘，进而为我国数字内容产业发展提供借鉴。

第三章：媒体融合与数字内容产业融合。本章主要分析媒体融合的内涵及其表现形式，探析媒体融合的动因及其数字内容产业发展的意义，并从产业融合的视野窥视数字内容产业融合特点。

第四章：媒体融合与传统内容产业转型。本章主要探析媒体融合时代内容产业新变革，建构媒体融合时代的新型内容产业链模型，并着力探索以报纸、广播、电视，以及出版业等为代表的传统内容产业的转型路径。

第五章：数字内容产业传播技术分析。本章所要做的就是厘清何谓数字传播技术以及分析各类内容产业的数字传播技术形态特点。为后续关于数字内容产业创新发展策略的研究提供技术支撑。

第六章：数字化传播技术环境下内容产业的创新发展。本章主要分析数字化传播技术为内容产业发展提供的机遇与挑战，并提出报刊、广播、电视、电影，以及数字出版等这些典型的内容行业在数字传播技术的影响下如何开展数字化转型的策略及创新发展思路。

由于数字内容产业还是一个相对比较新鲜的话题，而且随着媒体融合的不断深入以及传媒技术的不断发展，该产业也还将不断地出现新情况和新问题，对它的研究也还有待不断地深入，所以本书只能算是本人对数字内容产业这个新生事物进行研究的开端，就算是抛砖引玉之举吧，里面肯定有诸多不成熟之处，还请各位专家学者批评指正。

目　录

第一章

数字内容产业发展现状及存在的问题

近几年来，在数字信息技术及互联网的高速发展推动下，以网络游戏、数字动漫、数字出版、数字学习、移动内容、数字视听、其他网络服务，以及内容软件为代表的数字内容产业（Digital Content Industry）一直保持着快速发展的势头，并已上升到了国家战略层面。数字内容产业作为智力密集型、高附加值的新兴产业，早在2006年就已被列入国家《国民经济和社会发展第十一个五年规划纲要》（以下简称《“十一五”规划纲要》）、《信息产业科技发展“十一五”规划和2020年中长期规划纲要》以及《文化建设“十一五”规划》。我国《“十一五”规划纲要》明确提出，鼓励数字内容产业发展，积极发展信息服务业。本章主要阐述数字内容产业的内涵和特征，归纳总结国内外的发展现状，并分析我国数字内容产业发展中存在的问题。

第一节　数字内容产业概述

一、数字内容产业概念界定

(一)数字内容产业的基本内涵

“数字内容产业”(Digital Content Industry)的概念最早出现在1995年“西方七国信息会议”上。欧盟在《Info2000计划》中将数字内容产业的主体定义为“那些制造、开发、包装和销售信息产品及其服务的企业”。在《2004台湾数位内容产业白皮书》中数字内容产业被定义为:“将图像、文字、影像、语音等内容,运用信息技术进行数字化并加以整合运用的产品或服务。”在我国,有机构认为,数字内容产业是依托先进的信息基础设施与各类信息产品行销渠道,向用户提供数字化的图像、字符、影像、语音等信息产品与服务的新兴产业类型,它包括软件、信息化教育、动画、媒体出版、数字音像、数字电视节目、电子游戏等产品与服务,是智力密集型的、高附加值的新兴产业。

我国《“十一五”规划纲要》中也第一次使用了数字内容产业这一概念,《纲要》中对数字内容产业的相关说明为:是指信息内容产业的一部分,“数字”两字强调信息内容加工过程中某些环节所采用的技术手段。信息内容产业专指以信息资源为劳动对象,提供信息形态产品或服务的产业。

对于数字内容产业的定义,目前的界定和研究还是相对笼统而模糊的,这个概念还处于进一步发展和清晰的阶段。各国各地区各组织中与“数字内容产业”同类的概念还有很多,具体称谓和含义如表1-1所示。

表1-1　不同的命名及定义

国家/地区	命名及定义
欧　盟	命名为“数字内容产业”,主要指数字产品与服务制造、开发、包装和销售的产业。
美　国	主要采用“版权产业”的叫法,并将其定义为“创作、传播、复制、发行文学艺术和科学作品相关领域,或者说是与知识产权密切关联的产业,具体包括商业艺术、创意艺术、电影、音乐、多媒体、软件、数据处理等”。

续 表

国家/地区	命名及定义
韩　国	采用“文化内容产业”的叫法，认为其包括诸如文化传统、生活方式、思想，以及价值观和民族文化等文化因素产生的一类文化产品。他们认为“数字内容产业”则是“文化内容产业”的一个子概念。
中国台湾	命名为“数位内容产业”，指的是将图像、字符、影像、语音等资料加以数字化并整合应用的技术、产品或服务。
澳大利亚	采用“创意产业”这一提法，主要是指那些能够产生著作权、发明专利、外观设计专利或商标权的所有产业，意在强调其内容的原创性。

在中国，数字内容产业是《“十一五”规划纲要》中提出的新概念，随着网络的普及和数字内容产业在我国的发展，“数字内容产业”的概念应用也越来越广，对它的研究也越来越多。在我国，对于“数字内容产业”的定义，不同领域的学者也提出了不同的观点和看法：

一些学者在对信息产业研究的基础上，认为数字内容产业实质上是信息的数字化，由此定义“数字内容产业”——依托先进的信息基础设施与各类信息产品行销渠道，向用户提供数字化图像、字符、影像、语音等信息产品与服务的新兴产业类型，它包括软件、信息化教育、动画、媒体出版、数字音像、数字电视等产品与服务，是智力密集型的、高附加值的新兴产业。

另外一些学者则从文化角度来定义，他们认为内容产业是文化产业在技术领域中的称谓，指的是“结合创作、生产与商业的内容，同时这些内容在本质上是无形资产和具有文化概念的，而且通常有智慧财产权的保护，而以产品或服务的形式来呈现”。同时强调数字内容产业是基于数字化信息技术，融合了出版、报纸杂志、广播电视、音像电影、通信网络等多种媒体形态，从事制造、生产和传播有关信息文化的综合产业，它融合了信息与通信技术产业和文化产业的部门，是广义“知识产业”的重要组成部分。

综合以上观点可以发现，支持数字内容产业定义构成有以下几个要素：数字化技术，具有文化意义的内容产品，内容的制造、生产和传播。所以，数字内容产业就是一种基于数字化、多媒体和网络等技术，利用信息资源和其他相关资源，创作、开发、分发、销售和消费信息产品与服务的产业。

(二)数字内容产业涵盖的领域

数字内容产业作为全球新型快速发展产业，由于信息技术的变化以及自身的不断发展，其所涵盖的领域也处于不断的发展变化中，数字内容产业所涵盖的领域会不断引入新的元素。我们认为《2004台湾数位内容产业白皮书》中的分类比较合理，其将数字内容产业主要分为以下八大类：

(1)内容软件：制作、管理、组织与传递数字内容的相关软件、工具或平台。

(2)数字影音：数字化拍摄、传送、播放的数字影视及音频内容。包括数字电视、数字电影、数字音乐等。

(3)电脑动画：运用计算机生成或协助制作的影像，广泛应用于娱乐与工商用途。

(4)数字游戏：以信息平台提供声光娱乐给一般消费大众。包括网络游戏、手机游戏、PC单机游戏、电视游戏和掌机游戏等。

(5)网络服务：提供网络内容、连线、储存、传递、播放等相关服务。包括内容服务、应用服务、平台服务及通讯、网络增值服务等。

(6)移动内容：运用移动通信网络为移动终端用户提供的信息、数据及服务。

(7)数字出版典藏：包括数字出版、数字典藏、电子数据库等。

(8)数字学习：将学习内容数字化后，以计算机等终端设备为辅助工具进行的学习活动。包括数字学习内容制作、工具软件、建置服务、课程服务等。

(三)数字内容产业链

在网络的快速发展，尤其是三网不断融合的趋势下，数字内容产业不再仅仅局限于原先的电影、电视、报纸的界域之内，新型的数字多媒体软件等内容产业，已经打破先前固有的边界，横跨通信、网络、娱乐、媒体及传统文化艺术的各个行业，进行了融合重铸。这种融合也使得数字内容产业链的成长变得更加复杂，各方之间利益冲突日渐明显，竞争变得越发激烈。

在数字内容产业链中，要满足用户的个性化、多样化的需求，往往不是一个企业能做到的，而是由多个在内容、技术或市场方面具有互补性的企业联合起来，形成一种紧密合作、优势互补、利益共享、风险共担的新链条。依据产业链的上下游关系，我们大致可以拟定出数字内容产业链的基本模型，如图1-1所示。

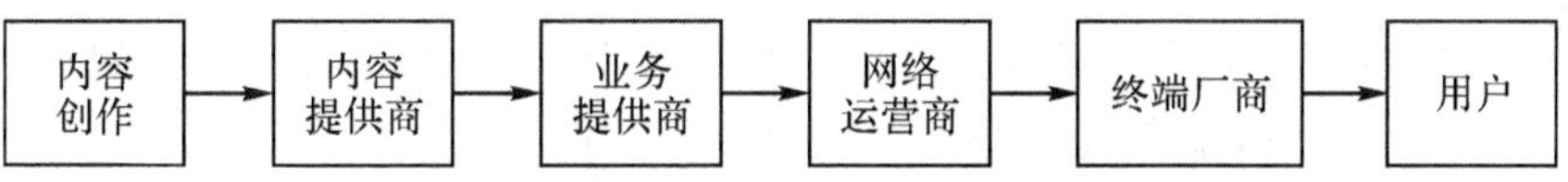

图1-1 数字内容产业链模型

这个模型中内容创作模块属于内容的创意与制作环节，内容提供商、业务提供商和网络运营商三部分属于内容的运营环节，而终端厂商部分属于消费体验环节。

二、数字内容产业形成的动因

数字内容产业作为一个新兴的产业群，它的出现不是偶然的，而是随着信息技术的不断发展和用户对于内容产品需求的不断提高所必然产生的。数字内容产业的出现集中反映了信息产业、传媒产业、文化产业和通信产业的产业融合。促成数字内容产业的出现主要有以下两方面的因素：

（一）市场需求

经济的发展使得人们的物质财富极大丰富，在物质生活得到满足之后，人们追求的更多的是精神文化生活。随着信息技术的不断发展，出现了被称为“第四媒体”的互联网以及被称为“第五媒体”的手机。并且随着三网融合趋势的不断加强，还将出现更多新媒体形式。新媒体的出现增加了人们获取信息内容的方式，人们不仅可以从传统的媒体，如报纸、书刊中获取信息，还可以从互联网和新媒体中获取信息。随着当今人们的工作节奏加快，大多数的人没有足够的时间从传统媒体中获取需要的信息，因此人们更多的是从便捷的网络中去获取以数字内容为表现形式的信息。但是目前互联网中充斥着海量的信息资源，而用户的时间是宝贵的，如何从海量的信息中找到用户需要的信息？这就给数字内容产业从业者带来了商机。这就是所谓的“注意力”经济，内容提供商可以对海量的内容进行深加工，从而满足不同用户的实际需求。目前经济发展是以顾客和市场需求为导向的，用户对信息内容的实际需求促成并推动了数字内容产业的快速发展。

（二）信息技术的发展

在《权力的浪潮——全球信息技术的发展与前景（1964—2010）》一书中，作者戴维·英谢拉将全球信息技术的发展划分为四个阶段，即1964—1981年以系统为中心，1981—1994年以PC为中心，1994—2005年以网络为中心，2005—2015年以服务内容为中心的四个阶段。从各个阶段的产业重心来看，发展的趋势是无形的数字内容产业将日渐成为未来信息技术的核心。

信息技术的英文缩写即IT,包含计算机、网络、通信等信息领域的技术。信息技术的发展,尤其是三网融合使内容对载体的依赖大为减弱。与传统的内容载体不同,在融合的网络载体中数字化的内容并无区别,语音、数据和视频等信息内容都可以在不同的网络中高速传输。网络技术的发展也促使了内容传播形式的转移与融合。随着互联网的不断发展,各种文字、语音和图像不再依赖传统的媒体形式,互联网成为继报刊、广播和影视之后的"第四媒体"。而在三网融合后出现的新媒体如IPTV、手机电视等也将引发大规模的内容转移和内容融合,很多传统承载内容传播的产业都已将自己的业务转移到互联网、IPTV、手机报、手机电视等媒体上。内容传播已不再是各自产业的单独作业,而越来越呈现"产业融合"的趋势。这一切都说明,是信息技术的发展催生了数字内容产业。

第二节 数字内容产业的特征

数字内容产业作为一个新型产业,有其自身的独特属性。下面将从产品特征和产业特征两个角度来探讨数字内容产业特征。

一、数字内容产品和服务的特征

(一)数字内容产品和服务的基本特征

(1)低依赖性。与传统的物质产品不同,某种内容产品不一定是有形的,也不必与某种特定载体相关联。和传统的内容产业相比,数字内容产业最突出的特征是"数字化"。正是由于"数字化"的影响,信息内容对载体的依赖性不断降低,并使得传统内容产业的生产方式和运行体系发生了变化,催生了新兴的以互联网为载体的服务方式和内容。

(2)知识密集性。数字内容产业是高附加值的知识密集型产业,企业的竞争力不依赖于任何的自然资源,而主要依赖于人力资源——开发人员、软件市场人员和企业管理人员等。

(3)高效、绿色。数字内容产品的主要价值构成来自于知识,因而具有"非物化"的产品特性和特征。数字内容产业属于"三高三低"的现代产业——高效率、高效益、高增长和低污染、低能耗、低物耗。

(4)地域文化特色。数字内容产品或服务不仅是一种消费品,而且是一种文化。不同地域文化背景、语言差异、社会制度、思维方式、管理模式及规章制度等方面都会给产品本身带来很大的差异。相当多的产品都带有明显的区域文化特色，所以数字内容产品和服务也是文化的载体。

(二)数字内容产品和服务的经济特性

由于数字内容产品和服务的生产和消费过程具有不同于物质商品的特殊性，数字内容产品和服务的价值当然就有其复杂的一面。因此，有必要就数字内容产品和服务的经济特性加以讨论。在数字内容产业中，数字内容产品和服务是不可分割的。因此，在以下的论述中，我们用数字内容产品来概括数字内容产品和数字内容服务。一方面，数字内容的生产、处理和传播过程都是服务过程；另一方面，通常情况下，内容服务的最终成果体现为具体的物质形态，例如，数字电影、电视、手机短信等各种数字内容产品。

任何商品，无论是物质商品，还是数字化的产品，都离不开生产、分配、交换和消费这四个阶段，这个过程有如下特点：

1.数字内容产品的生产特性

(1)内容生产具有非重复性。数字内容产品的生产内容是信息或者知识，这种非物质性与其存在的物质载体关系不大。同样一种知识记录在两种不同的载体上，其价格可能相差不大，因为真正的价值在于知识本身。在商品的生产过程中，内容创造者投入大量复杂的脑力劳动，无论是一次信息商品，还是二次信息商品，都具有创新性的新知识和新信息，一旦该商品生产出来并公布于众，就受到专利法的保护，其他机构未经允许不得复制。由于生产者能力、水平及环境不同，生产出来的内容商品自然也不相同。

(2)数字内容产品的生产一般经历两个阶段，且两阶段密不可分。第一阶段是产品本身的生产，其核心是内容的生产；第二阶段是将内容记录于一定的载体，并进行若干份的复制，这属于物质生产。在第一阶段，内容创造者要投入大量复杂的脑力劳动，商品的价值主要体现在这一阶段，生产消耗的非物质成本是很高的。物质生产阶段也需要劳动者投入相当的脑力和体力。因此，内容产品是脑力劳动和体力劳动的综合产物，且以脑力劳动为主，复制品的价值仅仅体现在一些简单劳动的支付和一些原材料的消耗上。同第一阶段的成本相比，其边际成本趋于零。比如电子出版产品的生产过程是制作过程及复制过程的统一，前期的制作成本高，是许多内容创造者对知识收集、加工、整理的结果，后期的复制过程相对简单，主要运用复制设备及相应的原材料进行大规模的复制以满足多个用户的需求。

(3)创新是内容产品的灵魂。对于消费者来说，内容产品的价值存在于消息、教育、文化或娱乐所包含的内容之中，而不在于它们的发布形式，内容的价值决定了内容产品的价值。在数字内容产业中，数字内容产品的质量是相当关键的因素，而衡量内容产品质量高低的首要标准就是内容的新颖性。所以对于数字内容产业中进行内容生产、加工、提供的企业来讲，内容陈旧，就会使其日益失去原有的用户，造成注意力流失，失去竞争优势。而内容的创造和内容产品的不断推陈出新，本身就是一个不断创新的过程。

从社会需求来讲，由于数字内容产品属于精神产品，因此该产品的价值测度直接与用户的需求与认知结构产生关联，只有产品符合用户需求，产品的价值才能实现。而对于数字内容市场来讲，用户的精神需求本身就是千差万别的，这就要求数字内容企业能够预见用户需求，对产品进行创新。

2. 数字内容产品的流通特性

(1)便捷性。数字内容产品无形化、可复制、可传递的特点使其可以充分利用现代的通信技术及网络技术，突破时空限制，在供需双方之间进行有效流动。数字内容产品的流速、流量及流动的范围远远大于物质流动的对应量，一定程度上减少了流通成本。

(2)交换使用权的非独自占有性。数字内容产品的内容独立于所依附的载体，其共享特点在交换过程中表现为数字内容产品的共享行为，数字内容产品的转让方在交换过程中并没有失去该产品的使用权，还可以再转让给其他用户，即一个数字内容产品可同时供多个用户享用。

3. 数字内容产品的消费特性

(1)快速损耗性。数字内容产品的消费过程表现为信息内容随着载体而转移，用户使用某一产品后，将吸收其有效的成分，并转化成头脑中的知识，发挥其效能，创造出新的价值。数字内容产品本身的价值虽然没有因用户使用而有所消减，但信息内容老化导致的价值消失十分迅猛。

(2)消费效能的间接性。物质商品的效能在具体使用过程中是直接的，数字内容产品的消费效能则是间接的，它以信息的方式改善人们的知识结构，减少或消除认识和决策行为的失误。这种抽象的消费效能无法直接计量，只能以间接的方式表示，如提高用户工作、生活效率，减少企业组织成本投入或转化为经济效益等。另外在效用的实现过程中，离不开服务用户的主观活动。不同用户的信息消费意识、信息吸收能力、知识水平等存在各种差异，导致用户信息消费的效能不同，因此数字内容产品的使用价值具有间接性。

(3)个性化。在网络化消费中,消费者群体需求呈现出个性化的特征。这不仅是因为随着收入不断增加,人们消费欲望的个性化、多样性可以得到释放,更因为网络时代的消费者生活在一个基本需求都能快速和轻易得到满足的社会。注重自我的价值观念和对高生活品位的追求,使他们不再满足于基本的、标准化、大众化需求的实现,他们更多地将注意力投向那些新颖、独特的产品和服务上,期望不同的数字内容产品能满足其特殊的个性化需求。

(4)即时化。随着互联网的广泛应用,消费者的时间观念发生了变化,他们希望实现快速购买和即时服务。事实上,消费者一直盼望着能够按照自己的意愿尽快地获得产品和服务,甚至每天 24 小时随时都能获得产品和服务。互联网的实时性为他们实现即时需求创造了条件,消费者可以通过相关网站随时在网上寻找一些需要的数据或者一些需要的电脑软件,随时选购自己所需要的数字内容产品,这极大地满足了他们即时性的消费需求。只有当数字内容产品消费具有即时性时,才能满足消费者不同时间的消费需求。

(5)时效性。网络消费市场不同于传统的商品市场,在网络消费市场中,数字内容产品的消费很讲究时效性,即数字内容产品的更新状况。消费者希望购买到的数字内容产品都是最及时的、最新的版本。例如,人们需要在互联网上寻找最新的互联网统计数据,落后的、过时的信息和数据对于消费者而言已经不具备原本应有的意义。这也就要求数字内容产品的更新速度要快。

二、数字内容产业的产业特性

(一)技术关联性

数字内容产业与数字技术和网络技术有着十分密切的关系。数字技术和网络技术既是催生数字内容产业的重要动力,也是数字内容产业存在与发展的技术基础。从传统产业划分的角度来看,书籍、报纸、杂志等各类出版物,与音乐、广播、电视和部分软件等,无论是在对象、用途上,还是在社会功能、服务方式上,都存在较大差异。但是,这些内容经过数字化之后,都变为由 0 和 1 组成的字符串,本质上并无太大差异,只是在传播渠道和终端设备上有所不同。数字技术为一切与信息文化内容传播有关的部门提供了统一的平台。传统的传媒(新闻、出版、广播、电视、电影、音像)、有线通信与无线通信以及计算机和网络因而合为一体,不同形式媒体间的互换性和互联性得以加强。[①] 无论是文件、照片、音乐、视像,还是语音对话,都可以通过同一终端设备或网络传送及显示,从而使图书、报纸、杂志、音像、广播、电视、电影等信息内容融为一种服务方式。由于拥有共同的数字基础,这些部门就能以前所未有的方式相互转化、共同传送,打破了各种媒体格式的限制。这正是数字内容产业不同于传统媒体的新特征。

(二)服务竞争性

数字技术和网络技术所引起的产业融合与重组,使其与买卖双方密切相关的市场区域(market place)转变为市场空间(market space)。以往"范围明确的竞争"已被当今"漫无边际的侵略"所取代。传媒集团为强化核心竞争力纷纷调整战略,将业务领域集中在"数字内容产业",把角色定位于"内容供应商"。在这一方面,最具代表性的案例是 2000 年世界最大网络服务商"美国在线"(AOL)与世界最大传媒公司"时代华纳"(Time Warner)的合并。两大巨头的合并涉及资金 1659 亿美元,合并后的美国在线时代华纳公司市值达 3500 亿美元,年销售额 300 亿美元。这次合并可以说是典型的"数字内容产业"的超级组合。[②]

但是合并两年后,美国在线时代华纳宣布,2002 年该公司净亏损达 987 亿美元,公司股票市值缩水 1000 多亿美元。这一事件也进一步说明,在市场竞争中,"内容服务质量"才是数字内容产业能够"可持续发展"的根本动力。因此,有人认为,数字内容产业是 21 世纪的"主导产业",也有人认为,数字内容产业是新世纪的"暴利行业"。无论哪种说法都表达了这样一种含义:数字内容产业可能成为 21 世纪世界经济新的增长点。伴随着世界经济全球化进程的深化,这一趋势将逐渐引起各国政府的高度重视。

(三)生产交互性

现代社会是一种追求"个性化"的社会,因此,内容的生产者和提供者不断推陈出新,以满足人们的个性化需求。比如,出版业在关注和发展一

---

① 鄂云龙:《数字图书馆——信息时代发展新阶段的国家级挑战》,《情报资料工作》2001 年第 5 期,第 16 页。

② 唐鹏、缪其浩:《信息资源建设和内容产业》,《情报学报》2001 年第 4 期,第 399 页。

般大众市场的同时，已将更多的目光投向特殊用户服务市场[①]，通过向特殊用户群提供更加个性化的产品和服务获得更大的业务增值空间。电视节目"视频点播"服务通过数字网络让消费者选择自己喜爱的节目。但这些努力仍停留在"一对多"的阶段，即由一个生产者提供，多个消费者被动接收。然而，互联网的出现却使内容生产和消费模式发生了根本改变，更多表现为生产的"交互性"，即消费者不仅仅是被动接受信息文化内容的"受众"，而且可以主动参与到内容生产和传播的过程之中。用户不仅可以在较大的，甚至是近乎无限的范围内选择信息内容，还可以通过计算机及网络改变传输的内容和传输的形式。例如，"网络报纸"允许用户通过信息检索等功能筛选自己需要的内容，或者通过"反馈"等功能发表他们对新闻等内容产品的意见；"网民"本身既是信息文化内容的消费者（比如信息浏览、下载），也是生产者和提供者（比如发布、上传信息）；网络上的每个人、每台电脑都可成为一个广播站、电视台或出版社。这是内容产业"交互性"的重要特征。

（四）产业衍生性

相较于传统内容产业而言，数字内容产业形成了新的产业链，其源头是具有自主知识产权的内容创作，包括文化、艺术、科技、教育，以及游戏娱乐等，下游则是与这些内容相联系的储存、传送、转换和服务等技术开发，以及相关软硬件的研制生产。围绕着内容创意，可以衍生大量的产品与服务，既包括了传统媒体部分，也渗透了其他的传统行业（见图 1-2），形成了由内容向服装、玩具、餐饮、旅游、软件，以及游戏、装潢、音乐、出版市场的辐射。[②] 对此，典型的案例是迪士尼公司的卡通形象。米老鼠、唐老鸭等动画片伴随着无数少年儿童的成长，由它们衍生出了各种授权产品——录音带、录像带、图书、VCD、MTV、玩具、文具、服装等。美国、法国和日本的"迪士尼乐园"为公司带来了巨大收益，其年销售额超过 25 亿美元。

在国内，数字内容市场也在尝试采用符合国际惯例的运作方式，经营具有中国特色的内容产品。例如，获得奥斯卡最佳外语片提名的《英雄》在国内营销宣传方面不仅借助了传统的媒体形式，还通过与各种网站的合作扩大宣传，影片的上映获得了数亿元人民币的票房收入，同时与之相关的

---

① 特殊用户服务市场的对象是指，较之一般读者而言，具有更加专业的知识和信息需求的机构和个人。

② 唐鹏、缪其浩：《信息资源建设和内容产业》，《情报学报》2001 年第 4 期，第 398 页。

音乐、光盘、海报、广告等衍生产品的收入也相当可观。这些案例说明，数字内容产业能够极大地提高传统产品的市场价值。

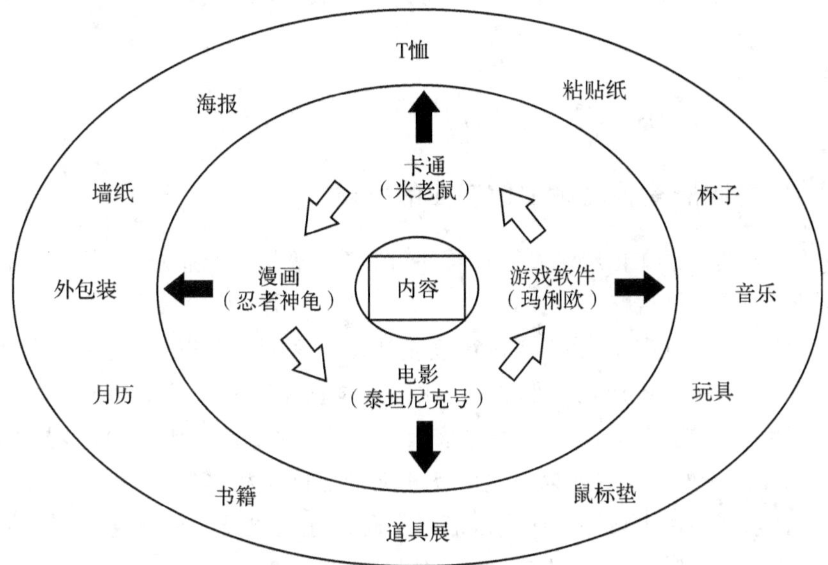

图 1-2 内容产业的产品衍生示意图

（五）法律依赖性

数字内容产业的发展离不开法律上的支持和保障。我们知道，数字内容产业的发展，需要强调和重视内容上的创新。在内容创新的过程中，法律保障就显得至关重要。如不能为数字内容产业提供良好的法律保障，那么创新的内容就存在被随意复制、引用的风险，创新者的权益得不到保障，从而失去创新的动力。健全的法律制度不仅可以保障现有创新成果的合法权益，且有助于提高企业研发数字内容产品和服务的积极性。

（六）内容创新性

内容是数字内容产业发展的灵魂，也是数字内容产业发展的关键。在数字内容产业中，内容新颖与否是衡量内容产品质量高低的重要标准。对于从事数字内容产品生产和服务的企业来讲，内容陈旧，缺乏创新，必然难以满足用户的需求，造成用户流失，最终失去竞争优势。反之，内容产品和服务的不断创新，有助于企业创造差异化竞争优势，吸引更多的用户。可见，如何保持内容的新颖性，以满足用户的预期是从事数字内容产业的企业首先要考虑的因素。

第三节　数字内容产业的发展现状

一、发达国家数字内容产业发展概要

(一)政府重视高附加值产业的发展

在发达国家文化产业发展过程中,政府非常支持产业发展,并适时制定了相关的发展战略。

美国是信息产业、数字经济高度发达的国家,其创意产业也走在全球前列。在数字内容产业的发展进程中,美国政府对其给予了相当大的支持。游戏、影视、动画、音乐下载是该国发展较好的数字内容产业,而漫画、教育、出版还处在发展初期。美国互联网产业已经相当发达,移动内容的需求市场还在逐步培育。该国政府对文化产业的支持主要体现在宏观战略方面,极力推动本国文化产业向其他国家扩张。

英国政府在推动数字内容产业发展的过程中,致力于使其形成跨产业的整合能力,并注重其环境的构建。英国官员表示,该国为了打造知识导向的新经济,将全力推动数字内容产业的发展,并欢迎该产业相关企业代表提出行动方案,政府将致力于将这些建议付诸行动。英国政府认为文化产业的未来发展方向是文化创意产业,因此十分支持文化艺术门类的产业发展,特别是对优秀的、具有创造性的文化艺术门类提供帮助,把文化创意从文化产业中独立出来。该国成立了数字内容联盟,建立了数字内容产业入口网站。此外,政府还针对资讯、通信技术与传播的技能进行培训工作,在提升知识产权的认知、建立及完善数字内容企业的投/融资渠道、提供市场资讯、数字内容应用的推广、市场行销与出口等方面做了大量的工作。该国认为宽带内容将为国家带来更高的竞争优势,因此还加强宽带内容试验可行性研究,加速制定国家宽带计划。

爱尔兰在经济发展方面取得了成功,特别是20世纪90年代中期以来,依靠世界级的研究与开发和知识产权的建立,爱尔兰的高附加值产业增长迅速,其中一个例子就是软件产业的成功,这对于具有很大发展潜力的产业来说,具有战略意义上的示范作用,而数字内容产业就是这样一种新兴产业。一些政府行为,如数字枢纽和欧洲媒体实验室的建立也为爱尔兰朝气蓬勃的数字内容产业注入了活力。爱尔兰国家政策顾问委员会认为，关键的挑战是能否采取必要的行动抓住这一领域中的新机遇，使爱尔兰成为全球数字内容产业中的“机遇窗口”。爱尔兰要成为数字内容产业的全球的领先者，就要在若干关键的领域中充分发挥自己的优势，这些领域包括：数字游戏、数字图书馆、电子学习、通信、无线服务和非媒体应用。

加拿大政府一直非常重视文化资产与内容产业，其文化族裔部致力于推动文化资产创作及内容产品制作，并将其推广到全球。该国针对新媒体产业制定了许多相关推动政策，其中动画产业的推动成果最为卓著，并已成为加拿大的重要产业之一。以国家电影局为例，其成立的目的主要是打造国家形象并让本国人民及世界更加了解加拿大的文化及面貌。国家电影局以内容创意为核心，完全尊重创作者并全力配合，尤其是动画电影部，可以无须为政府做宣传，不受限制地去做该部想做的任何形式、题材、内容的动画电影，完全以创新创意为导向，鼓励原创性。对于电影及电视制作等高风险行业，该政府在这方面给予了相当大的支援，比如成立机构，保证预算，并负责国内与国外行销。

日本把内容产业定位为“积极振兴的新型产业”。日本经贸部2003年专门成立了内容产业全球策略委员会，用来促进和协调数字内容产业的迅速健康发展。他们认为数字内容产业会对文化的产业化做出贡献，将使产业的结构朝着知识密集型方向发展；经济产业省制定了产业支援政策、内容制作支援等相关的数字内容政策；总务省的数字内容政策，着重促进宽频内容制作与流通，建设有利民间发展的产业与市场环境，并且有策略性地改善及强化内容流通，进而推动宽频内容的制作及销售；文化厅的数字内容政策，由官房国际课及经济产业省文化情报关联产业课共同负责媒体艺术、文化数字图书馆等；日本内阁及其他部门也成立了相关研究委员会，定期举办国际动画展、互动媒体展、创业展等活动，促进内容产业的发展。

韩国政府从20世纪90年代中期以来，高度重视文化产业领域的发展，并成功跻身世界文化内容产业的五大强国。负责推动数字内容产业的政府机构分别为情报通信部和文化观光部以及隶属的文化产业振兴中心、文化内容振兴院、游戏产业开发院、软体振兴院（数字内容支援中心）和电子通信研究所的“数字内容技术开发团”，以及民间团体，诸如韩国数字内容产业协会、韩国情报产业联合会及三星经济研究所等。这显示了该国从政府到民间均相当重视数字内容产业的发展，并视其为韩国未来高成长性的重点产业，这是继汽车、半导体产业之后又一个聚集政府与民间之力所投入的领域。韩国政府对于数字内容产业推动投入也相当多，特别在振兴电脑动画工业的政策上更是提供了许多资源，如设立各阶段作业奖励制度，提供各类作品辅导经费，提高设备购置经费援助，为从业者提供融资渠道，举办各种动画节、颁奖典礼，还实施义务播映制，规定国内电视台必须播放一定量的国内动画以提携韩国动画工业。韩国游戏产业的发展也得到了政府的支持，其力度之大在世界各国都非常罕见，一个游戏公司产生的利润可能比韩国最大的企业——三星电子还要多。

欧盟及成员国政府均在制定新的行动规划，改进立法环境，其重点从之前的网络基础设施建设和普及互联网应用，转移到推动信息内容开发利用和数字内容产业发展上来。内容产业在欧洲的经济和社会发展中已经占有极为重要的地位。

可见，从世界范围看，文化内容产业是具有高增长性，能够创造高附加值的新型产业，而且对各国民族文化的宣传和发扬、国家形象的塑造和提升，以及向其他产业领域进军都具有重要的现实意义。

由于数字内容研发需要大量的先期投资，而市场风险又较高，投资回报率难以确定，所以特别需要政府的支持。英国和日本等国家已经出台或正在酝酿出台税收、资金等方面的优惠政策，以扶持数字内容企业，尤其是中小型企业的发展。

英国政府在与投资机构保持对话的基础上，积极为创业企业和中小型企业提供投资来源支持，设立贷款衔接资金，以便数字内容企业在投资到位之前开始先期运作。此外，贸工部与“数字内容论坛”协商，提出了《关于向财政部提交有关降低数字内容企业增值税税率的建议》。

日本政府为创业企业和中小型信息技术企业（包括数字内容企业）提供了税收优惠政策，主要是特别折旧制度，即这些企业除了选择普通的两年折旧制度外，还可以选择特别的 10 个月折旧制度。此外，该国的内容制作企业还可以使用银行投资基金等低风险资金。

（二）内容产业成为文化产业新的增长点

发达国家文化产业发展已经比较成熟，欧盟在《Info2000 计划》中把内容产业的主体定义为“制造、开发、包装和销售信息产品及其服务的产业”。数字内容产业是指将图像、文字、影像、语音等内容，运用数字化高新技术手段和信息技术进行整合运用的产品或服务。它涉及移动内容、互联网服务、游戏、动画、影音、数字出版和数字化教育培训等多个领域，短信、网络游戏和 VOD 点播、音乐下载，甚至 QQ 等都属于这种新兴的数字内容产业。内容产业以强力的发展支持了新经济的复苏。而内容产业和数字内容产业对文化产业的发展起到了巨大的促进和带动作用,并发展成为发达国家文化产业发展中的热点。

加拿大将信息资源产业分为非文化部分和文化部分。内容产业中非文化部分主要包括通信服务、数据银行(数据库)、健康信息服务、非文化多媒体产品和应用软件。内容产业中的文化部分主要包括可视艺术、图书馆服务、制造(声音与音乐)、广播、电影和印刷媒体服务。

日本“内容产业”(含电影、电视、影像、音响、书籍、音乐和艺术等)的销售规模为每年 11 万亿日元,是日本汽车业的一半,是钢铁业的 2 倍多。日本游戏市场每年创造 2 万亿日元规模的市值,动画产品出口值远远高于钢铁出口值。

韩国政府把扶持数字内容产业,特别是游戏行业作为振兴经济的国策之一。其动漫业产值占全球的 30%,已成为本国国民经济的六大支柱产业之一。2002 年,韩国网络游戏产业规模达到 30 亿美元。

欧盟组建了专门机构,采取三条线发展数字内容产业:改进公共信息,特别是政府的信息;鼓励多语种、多文化信息内容开发商或提供商形成一种产业链;增强电子内容产业的活力,发展数字内容产业。DECD(经济合作与发展组织)2001 年的报告中,从 2000 年 12 月欧盟实施“e-Content”(电子内容)计划以来,欧洲的数字内容产业规模已经达到 4330 亿欧元,超过了通信业的 2540 亿欧元和 IT 制造业的 2120 亿欧元,占 GDP 的 5%,并且连续三年增长率超过 25%,远远高于其他领域。同时,欧盟数字内容产业带来了近 400 万个就业机会。

美国的文化消费已占到了家庭消费 30%左右的市场份额,该国文化产业产值占 GDP 总量的 18%—25%。在 400 家最富有的美国公司中,文化企业的数量已经达到了 72 家。美国数字内容技术发展执世界之牛耳,其数字内容产业主要是由蓬勃发展的电脑动画及电影工业所带动,再加上极力推行自由市场机制,因此在产业推动上遥遥领先于世界其他国家。

(三)从文化产业到内容产业再到数字内容产业,是产业发展的必然

在发达国家,内容产业起始于文化产业,并成为文化产业新的增长点。内容产业因现代信息技术的出现,文化内容与信息技术的融合日益增强,逐渐成为数字内容产业,成为新的发展点。因此,有这样的说法,内容产业即文化产业,而前者已经因为数字技术的出现而成长为数字内容产业。

内容产业有一个历史发展变化过程，比如，在日本，20 世纪 50 年代至 60 年代是电影业的成熟时期。70 年代后电影业逐渐没落，代之兴起的是电视业。80 年代末至 90 年代前半期，是早期电视业的兴盛时期，电视剧与综合性娱乐节目大行其道。90 年代中期电视游戏软件业兴盛，后半期电视节目日趋完善，在数字技术和全球网络的推动下，兴起了信息技术热、个人电脑热、手机热。近年以手机为代表的“移动通信产业”发展迅速，移动通信的手段（电子邮件、有照相功能的手机等）日新月异，内容产业进入了数字化时代。

数字内容产业虽然横跨众多部门，综合了很多传统产业的形态，但并不是简单相加，而是在相互融合的情况下进行重新整合，并重新进行专业化分工，形成新的产业链环境。因此，数字内容产业是传统的内容产业和互联网融合的产物，在这个过程中将会产生一些新的产业，比如电子媒体、网络广告等。但新兴的数字内容产业和传统的产业往往是并存或者交叉的。

1997 年，北美地区把传统信息产业分成两部分：信息业和制造业。从信息业来看，全部都是网络的传输和通信、出版、媒体、广播、电视，以及互联网服务。从传递的内容来看，实际上就是内容产业，其中该地区的内容产业包括传统的内容产业和数字内容产业。

欧盟早在 1996 年 5 月就公布了《关于促进欧洲多媒体内容产业发展和鼓励在信息社会中使用多媒体内容的决定》。在此基础上，欧盟又于 2000 年 12 月颁布了《关于在全球网络发展欧盟电子内容与信息社会发展多样化语言的决定》，目标是通过全球网络来发展欧盟的电子内容，提高欧盟数字内容的使用率和内容产品出口能力。

英国于 2000 年 2 月公布的《英国数字内容产业发展行动计划》明确指出，应从建立数字内容产业门户网站，建立数字内容论坛，提高从业人员信息技术水平，为创业企业和中小型企业提供资金支持，建立长效机制，提高出口水平和鼓励开发政府信息资源等方面入手，促进数字内容产业发展。

爱尔兰政府于 2002 年 11 月出台了《爱尔兰数字内容产业发展战略》。该战略提出了爱尔兰数字内容产业发展的战略目标，即在高增值的内容和应用领域建立产业群，发展世界级的数字内容产业，成为世界数字内容产业的领先者。

日本在《e-Japan 战略》中指出，要通过各项扶持政策促使数字内容产业合理发展。2003 年 7 月推出的《e-Japan 战略 II》把数字内容产业列为优先发展领域之一，并指出，未来的信息化社会在知识、文化方面应达到的一个重要目标就是综合推进内容产业的发展，利用本国的知识文化资产创造新价值，从而提升内容产业的国际竞争力，加深世界对日本文化的理解。

(四)数字内容产业成为信息服务业新的发展点

世界各国普遍认为，信息资源产业将成为今后增长最快的产业之一，是推动经济增长和提高国际经济竞争力的又一新动力，已经成为国际经济竞争的一个新的制高点。因此，各国纷纷采取措施，大力促进信息资源产业发展。

欧美国家的信息内容(Information Content)服务业，即IC产业已经远远超过了汽车、IT等传统产业，成为第一大支柱产业；在美国，信息内容产业也已经跃居成为第二大产业。而美国在这方面又遥遥领先世界其他国家。

为了加强对信息资源开发利用的管理和协调，发达国家都指定了信息资源开发利用的领导和协调机构。在对数字内容产业的管理中积极倡导行业自律，政府只提供政策性指导，行业协会在数字内容产业的发展过程中起到了举足轻重的作用。为了确保信息资源开发利用健康、有序地开展，发达国家还建立了监督机制和报告制度，对信息资源管理的实践进行监督并及时公布有关法律法规的实施情况。

一些国家或组织很早就认识到信息资源产业的重要性，为了保障信息资源开发利用工作的有序、健康开展，组织颁布了一系列法律法规、政策和标准。通过对这些国家信息资源相关立法的研究，可以看出，这些国家的法律法规主要涉及政府信息公开、政府信息商业化开发、电子记录管理、数字内容产业、个人信息保护、知识产权保护和信息安全等方面。英国、澳大利亚等国还在法律法规和标准尚未正式出台以前，先行发布一些政策性指导文件，以及时地适应发展的需要。

虽然对于信息资源产业的称谓和范围界定并没有统一的说法，如欧盟称为“数字内容产业”，美国称为“信息业”，澳大利亚称为“创意性内容产业”等，但国外都非常重视数字内容产业的发展，其地位远远高于通信和软硬件产业等。

在美国，信息业已经是第一大产业。欧盟从2001年开始实施电子内容计划，全面开发利用各种信息资源，数字内容产业在欧洲的经济和社会发展中已经占有极为重要的位置。

1997年，美国、加拿大和墨西哥三国联合编制颁布了《北美产业分类系统》(简称NAICS)，其中一个非常重大的修订，就是将计算机设备和通信设备的生产等划入制造业，设立了新的信息门类（Information Industry）。2002年NAICS又进行了修订，将信息业下属的原四个子类扩展成出版、电影和录音、广播、网络出版和广播、通信，以及网络服务提供商、网络搜索门户、数据处理服务七个子类。新的分类表将网络服务剥离出来，可见网络服务发展之快。随着信息资源产业日益发展壮大，其本身的价值将被发掘出来，它将逐渐占据信息产业的主导地位，信息设备和硬件制造将从信息业中逐步淡出，成为制造部门的一个子类。

根据美国国家统计局的普查数据，2002年美国信息业的收入为9046亿美元，共有经营单位13.7万家，提供384万多个就业机会。

欧盟自1996年开始实施的发展计划有四个：1996—1999年，《多媒体信息（Info2000）》和《多语言信息》（MLIS）两个计划；2001—2004年，《电子内容计划》（e-Content Program）；2005—2008年，《电子内容增强计划》（e-Content plus）。这四个计划，都十分突出地把发展数字内容产业作为重要内容。

根据经济合作与发展组织（OECD）2001年的报告，欧洲的内容产业有400万就业人员，总产值达4330亿欧元，占GDP的5%，领先于通信产业（2540亿欧元）和硬软件产业（2120亿欧元），并且连续三年增长率超过25%，远远高于其他领域。

目前，在欧盟成员国通用的产业分类表NACE Rev. 1.1中，内容产业并没有集中的体现。这主要是因NACE的类目体系建立较早，内容产业这种新型的经济活动方式不太容易融入其中。由于对内容产业缺乏统一的统计分类，欧盟各国纷纷提出了自己的内容产业分类。

二、我国数字内容产业发展概要

我国数字内容产业虽然起步比较晚，但从市场规模和增长率来看，我国数字内容产业已经初具规模。其发展势头十分迅猛，仅用10年的时间我国数字内容产业规模从2001年的39亿元快速增长到2012年的近3000亿元。[①] 尤其是随着现代传播技术的高速发展，多媒体传播、宽带技术、数字化与互联网的兴起推动了数字内容产业的高速发展，政府也加大了对文化产业的投资力度，积极推进数字出版、数字广播影视等文化事业的发展，为数字内容产业发展打造了十分广阔的平台，大量数字内容产业园和数字内容产业基地如雨后春笋般纷纷兴起，产业环境得到明显改善，并初步形

① 戴建军：《中国数字内容产业发展的问题与建议》，《中国经济时报》2010年8月24日。

成了以无线数字内容服务、数字游戏、影音动漫和数字网络服务为主，数字学习、数字出版等市场快速发展的产业格局。目前我国还拥有庞大的数字内容目标消费群体，截至 2011 年 6 月底，我国网民总数达到 4.85 亿，互联网普及率为 36.2%，手机网民达 3.18 亿，微博用户数量暴涨到 1.95 亿，网购用户 1.7 亿，使用率提升至 35.6%。① 随着我国信息化和数字化建设的逐步深入，未来中国以数字内容为媒介的文化产业发展将超过欧、美、日、韩等发达国家和地区。

统计显示，近 5 年全球数字内容产业年均增速保持在 30%左右。我国数字内容产业虽然起步晚，近几年也取得了突飞猛进的发展，2008 年我国数字内容产业的整体规模为 2180 亿元，2004—2008 年平均年复合增长率达 48.5%，2013 年则达到了 5450 亿元，占到全国 GDP 总规模的 0.86%。而且国家利好政策也助力数字内容产业发展。国务院 2013 年 8 月下发的《关于促进信息消费扩大内需的若干意见》（以下简称《意见》）以及十八届三中全会通过的《中共中央关于全面深化改革若干重大问题的决定》（以下简称《决定》）成为业界发展的东风。《意见》提出要大力发展数字出版、互动新媒体、移动多媒体等新兴文化产业，促进数字文化内容消费。到 2015 年，信息消费规模要超过 3.2 万亿元，其中基于互联网的新型信息消费规模应达到 2.4 万亿元，年均增长 30%以上。而《决定》则指出，鼓励非公有制文化企业发展，降低社会资本进入门槛，允许参与对外出版、网络出版，允许以控股形式参与国有影视制作机构、文艺院团改制经营。《决定》明确提出，支持各种形式的小微文化企业发展，加大财税扶持，缓解融资难题，这为加快数字内容产业的发展创造了良好环境。

在我国，数字内容产业之所以能得到快速发展，其原动力主要来自以下几个方面：第一，网络基础设施建设加快，宽带网络和移动通讯网数量快速提升，同时，电脑、手机等数字终端设备数量大增，数字技术得到快速普及；第二，网民规模和手机用户数量大幅增长，用户对数字内容和服务的接受程度、应用水平，以及消费能力都明显提升；第三，互联网应用服务趋于成熟，移动增值业务的发展也步入高速增长的轨道，网络游戏、网络广告等业务的成功，充分调动了政府、企业和用户的参与热情；第四，产业巨大的发展潜力和增值空间，吸引了投资者对数字内容产业的高度关注。

数字内容产业是一个刚刚发育起来的新型产业。从中国的国情来看，

---

① 山红梅、邹佳利：《数字内容产业在我国发展面临的困境及对策研究》，《西安邮电学院学报》2012 年第 2 期，第 100 页。

政府的战略性定位、引导和扶持，是数字内容产业健康、快速、良好发展的重要推动力。

（一）国家整体战略定位

2006 年人大表决通过的《中华人民共和国国民经济和社会发展第十一个五年规划纲要》中涉及信息服务业的环节明确提出，积极发展信息服务业应“鼓励教育、文化、出版、广播影视等领域的数字内容产业发展，丰富中文数字内容资源，发展动漫产业”。这表明国家已经将数字内容产业发展作为国家经济和社会发展的重要工作之一。

（二）中央各部委对于数字内容产业的态度

数字内容产业所涉及的产业领域范围很广，涵盖数字内容服务提供和技术提供的信息产业、与内容产品生产相关的文化产业和娱乐产业，而与这些行业相关的管理部门从自身管理的角度制定了相关的宏观管理政策。

(1)工业和信息化部将数字内容产业作为“十二五”工作重点。其实早在 2006 年就制定了《信息产业科技发展“十一五”规划和 2020 年中长期规划纲要》，提出了 15 个技术发展重点，其中之一就是要“围绕宽带多媒体、新一代移动通信、数字内容应用、农村通信、智能信息处理与智能通信等业务”，重点开发“下一代网络产品、新一代移动通信设备、宽带无线接入/数字集群设备、家庭网关、智能终端、智能信息处理和无处不在的通信网络设备、宽带多媒体网络设备和数字内容产品”。重点技术内容中也包含了数字内容与应用开发技术等为数字内容产业提供支持的技术项目。在《信息产业部科学技术司 2006 年工作要点》中，重点工作要点的第三点提到了要“推动下一代网络、宽带无线移动通信、家庭网络、智能终端、网络与信息安全、信息技术应用与数字内容等领域技术实现突破”。时任信息产业部部长王旭东也曾表示，培育信息服务业，推动科技文化、新闻出版、广播电视等文化产品的数字化，促进网络游戏、动漫等数字内容产业的健康发展，将是信息产业部未来工作规划的重点之一。后又制定了《信息产业“十二五”发展规划》《电子信息制造业“十二五”发展规划》，提出了坚持创新发展、应用促发展、协调发展、绿色发展的原则。数字家庭是信息通信技术、产品、网络和业务等多层面跨界融合发展的集成应用，是极具发展潜力的新兴产业。数字家庭相关产品市场化程度较高，制造和服务日益融合发展，基于此，应当创新发展理念，在抓好某类产品行业管理的同时，更要通过抓系统应用，促进多类产品协同发展。

(2)文化部对数字内容产业发展态度积极。党的十七届五中全会明确提出,“十二五”期间,要推动文化产业成为国民经济的支柱性产业。2009年,我国文化产业增加值约占同期GDP的2.5%,离支柱产业还有不小的距离。文化产业存在着总量还不够大,产业集中度不高,科技含量较低,知名品牌偏少,政策法规体系不健全,经营管理、文化创意人才短缺等问题,要真正成为国民经济的支柱性产业,还需要我们明确思路,采取有力措施大力加以推进。2012年文化部根据《中共中央关于制定国民经济和社会发展第十二个五年规划的建议》起草了《文化部“十二五”时期文化产业倍增计划》,《倍增计划》提出五年内文化部门管理的文化产业增加值比2010年翻一番的发展目标。

“十二五”期间,文化部积极协调有关部门进一步完善文化产业发展在财政、税收、技术创新等方面的政策,同时,抓紧起草《文化产业促进法》,加快文化产业立法进程,争取把行之有效的文化产业政策,上升为国家法律法规,为文化产业发展提供法制保障。

在政府投入方面,充分发挥政府资金对文化产业的扶持和引导作用。根据扶优扶强的原则,利用文化产业发展专项资金,支持龙头骨干企业、文化产业示范基地、文化产业示范园区,以及重大文化产业项目。发挥文化产业投资基金作用,通过股权投资等方式,推动资源重组和结构调整,促进国家文化发展战略目标的实现。

在税收政策方面,根据普惠制的原则,让税收政策惠及所有文化企业。一方面,认真贯彻落实已有的关于推动经营性文化事业单位转制,扶持文化企业发展,支持文化产品和服务出口,鼓励技术创新的税收扶持政策;另一方面,积极协调有关部门,对演出业、艺术品业、工艺美术等行业反映出的税负较高问题,认真加以研究,逐步完善相应的税收政策。

在技术创新方面,将引导演艺、娱乐、艺术品、动漫、网络文化等行业开展“三网融合”技术应用,提高文化产业网络技术应用水平。鼓励建设网络文化一体化生产销售平台,扩大网络文学、网络音乐、网络美术在线和移动生产销售。加快演艺、娱乐、舞台装备等基础设施改造更新,鼓励生产具有自主知识产权的新型数字娱乐、音响、舞台技术装备。加强重点技术攻关项目研发力量,扶持具有自主知识产权的核心技术研发、推广和应用,重点项目包括中国风格动漫技法数字化与推广、具有核心自主知识产权的视频游戏软硬件研发系统、手机娱乐内容关键技术及典型应用支持平台、游戏开发和应用、数字音频智能搜索引擎研发及产业应用等。

(3)分管部门针对细分行业的宏观管理政策。针对数字内容产业包含的细分行业，肩负分管责任的主要政府部门——信息产业部、文化部、国家新闻出版广播电影电视总局，纷纷出台了相关政策，重点扶持本土企业，同时严格限制国外文化产品进入。2004 年信息产业部将开发国产网络游戏软件列入电子发展基金项目；2004 年 4 月国家广电总局向全国印发《关于发展我国影视动画产业的若干意见》，以期促进国产动画的发展；文化部也成立了专门的小组负责数字内容相关细分行业的扶持与促进工作。另外，国务院办公厅在 2006 年下发了《国务院办公厅转发财政部等部门关于推动我国动漫产业发展若干意见的通知》，反映了政府各部门对数字内容产业各个细分产业发展的重视和支持。

第四节　我国数字内容产业发展存在的问题

数字内容产业虽然在我国取得了一定程度的发展，但是目前整体市场规模还是不够大，管理体制和政府支持力度等方面也还没有很好地跟上数字内容产业的发展需要，这些都是我们以后需要去重视和解决的关键问题。

一、数字内容消费模式和产业链尚未成型，市场规模较小

数字内容产业是以互联网技术为核心，将图像、文字、声音、影像等内容运用数字化处理技术进行整合和运用的产品或服务。这个新兴的产业要健康发展，需要在互联网技术提供的平台上，由传统的传媒业、出版业、教育业、影视业等行业共同参与，促进多种创意和技术的融合，使该产业的创造能力、资源整合能力、统筹营销能力、产品的后续服务能力不断得到提升。

数字内容产业的发展在当下始终绕不过一个关键问题，即统计报告上显示的大好市场前景究竟有几分能在现实市场上变为现实。换句话说，虽然豪门盛宴就在眼前，炮制者使劲鼓吹，但究竟有多少现实消费者愿意为这场盛宴买单呢？

一方面，数字新媒体的消费者市场就如同一个个“漂移的大陆”，面对新媒体的快速发展，它们在迅速调整自身的消费形态和消费模式，这些调整让新媒体公司受到了巨大商机的诱惑；但另一方面，现实的消费环境也

如同一块尚未开发的大陆，神秘的诱惑和暗藏的危机共存，巨额付出也许会使公司变成死在沙滩上的前浪先烈，孤注一掷也许只能换得沉默永远。再者，使消费者从抵触到接触，从偶尔尝试到忠诚使用，这本身就是一个非常漂移不定而且费时费力的工程。

以数字电视的推广为例，尽管数字电视相对传统电视而言优点甚多，但为何广电总局定下的用户规模目标一再更改？其中的原因非常复杂，自然无法一言以蔽之，但谁都无法否认一点：从免费看电视到普遍接受掏钱才能看电视的观念转变一直伴随数字电视发展的始终，也是影响消费者接受度的重要因素之一。同样的问题还有很多，如电子阅读如何克服由消费者视觉疲劳带来的影响？手机内容如何贴近手机媒介特性？数字典藏如何补充甚至取代传统图书馆？

二、技术融合改变传统格局后，政府多头管理和融合管理的问题

综览目前各级政府出台的有关数字内容产业发展的政策和规范，信产部强调数字内容技术体系与平台发展，文化部强调数字内容产品版权保护和内容审查，国家广电总局则将视线放在了动画等细分产业，很多地方政府甚至都没有将数字内容产业专门作为一个重点发展的产业正式列入地方“十一五”“十二五”发展规划……每个部门分头管理一块，这样的多头管理很不利于数字内容产业的发展。数字化和数字技术促使产业融合，内容产业摆脱了媒介附属的地位而逐步独立出来，成为与渠道产业并重的产业，传统行业相互之间、同一行业不同领域间的割据局面被打破，“竖井”式分行业而治的传统管理方式面临巨大挑战。对于各级政府部门而言，如何将“竖井”打通，让消费者区别对待每个行业的产品和市场，制定推动内容和渠道融合的产业政策，顺应融合大潮，成为当下中国传统内容提供商管理部门进行管理的关键突破口。

三、政府支持力度不够，产业结构发展不均衡

数字内容产业是一个新兴产业，在产业发展的初期阶段，企业往往是以中小企业为主。而对于这些新兴的数字内容中小企业的发展，政府不仅缺乏长期、系统的发展战略与规划，而且也并没有像韩国等国一样，设立专门的管理机构，支持其发展。数字内容企业获取资金难的问题也成为长期

困扰、制约其生存与发展的问题。由于得不到政府足够的资金支持，直接融资渠道狭窄，间接融资不足，民间筹资成本过高，加之其自身的资信度过低，很多数字内容企业无法获得能满足其发展需求的资金支持。

此外，产业结构发展也很不均衡。数字内容产业包括网络服务、网络游戏、数字影音、动画在线播放、无线内容服务、在线教育、网络出版等，但当前网络游戏的发展规模与速度远远高于其他分支产业。即使就发展良好的网络游戏产业而言，也存在着结构单一的问题，例如在游戏内容方面，目前市场上运行的网络游戏，绝大部分依然采用原有的游戏形式，过分强调练功升级，很多游戏内容还渗透着暴力、赌博和色情成分，显现出形式单一、内容粗糙的特征，而体现中国优秀传统文化和社会主义精神文明建设的游戏内容并不多见。

四、数字内容产业经营和管理市场不完善

近些年数字内容经营和管理方面的问题比较突出。首先表现为侵犯版权问题。网络侵权行为严重损害了数字内容产品开发者的利益，挫伤了他们的创新热情和积极性。其次是数字内容管理问题。当前，数字内容产品中许多不健康的内容，如暴力、色情、赌博、抄袭，以及非法牟利等内容大量存在，这反映出了监管不到位的问题。最后是数字内容产业中的违规经营现象严重。以网络游戏为例，由于各游戏运营商之间的竞争加剧，网络游戏已经成为许多运营商抢夺接入用户的重要手段，加上法律的不配套和不完善以及强有力的技术手段的缺乏，私设服务器提供盗版游戏服务以及暴力、色情内容泛滥的问题较为突出，成为当前网络游戏市场最大的问题。

五、创意性文化内容开发不足

我国数字内容产业作为一个新兴产业，与世界上发达国家相比，整体仍是处于初步发展阶段。虽然我国拥有悠久的历史和深厚的文化底蕴，但由于民族资源开发力度有限，原创产品仍相对较少，不能很好地满足人们的需求。以网络游戏为例，虽然我国国内游戏近些年来有了一定的进步，改变了原来日韩独占市场的局面，但多数国内网络游戏仍表现出创意平淡、制作粗糙的特征。国产游戏主要集中在中低端市场，高端产品不多，难以长期同国外的产品抗衡。

画面拙劣、系统怪异、bug[①] 太多等评语成为大部分玩家对国产网络游戏的主要评价。此外，国内网游模仿抄袭现象严重，缺乏自身创新元素成了国内网游最大的问题。比如，之前推出的《鬼吹灯 OL》《光明战记》《猎刃》等无不是刻意模仿《地下城与勇士》和《怪物猎人》的。近年来，我国网络游戏出口虽然不断增长，但输出地大多是越南、马来西亚等相对比较落后的东南亚国家，对于拥有巨大消费市场的欧美国家则显得吸金力不足，不能有力吸引欧美国家的消费者。

六、数字内容人才严重匮乏

人才培养是发展数字内容产业的前提和关键，人才的缺乏会制约数字内容产业的发展。目前，就国内的数字内容产业而言，人才缺乏，特别是既懂技术又懂内容的复合型高端人才的缺乏，是个明显的现象。以电脑动漫为例，目前，我国动漫从业人员大约有 1 万人，这个数字与动漫发达国家相比还是较小的，仅韩国就有 2 万人。[②] 目前我国 1 万人的队伍中，具有大专和本科学历的专业人员比例很小。动漫人才的匮乏，尤其是兼通艺术与技术的复合型动漫人才的不足，已经成为制约中国动漫业发展的重要因素。很显然，动漫人才的需求与供给形成了巨大的缺口，动漫人才需求成爆炸式增长。目前我国的动漫人才培养机构大致可以分为三个梯队：一是艺术气息浓厚的影视院校，像北京电影学院、中央戏剧学院等，多以艺术类培养为主；二是普通类院校开设的相关动漫专业，更强调电脑设计的技术层面的培养；三是职业培训机构和民办院校。目前而言，在动漫人才的培养上，受专业师资队伍的限制，各校的课程体系五花八门，没有对动漫人才知识体系的培养达成一个共识，各校培养的动漫人才水平参差不齐，很难满足市场上对于既懂漫画设计又懂电脑技术的复合型创作人才的需求。

七、知识产权被侵犯现象严重

知识产权是数字内容产业的生命线，但目前国内数字内容行业中侵犯知识产权的事件屡见不鲜。一方面是由于长期以来，我国企业和公民对于

---

① 英文单词，本意是臭虫、缺陷、损坏等意思。现在人们将电脑系统或程序中，隐藏着的一些未被发现的缺陷或问题统称为 bug（漏洞）。

② http://comic.qq.com/a/20070122/000043.htm。

知识产权保护的认识淡薄，尊重他人知识产权、维护自身合法权益的意识和能力普遍缺乏。在很多的时候，公民选择购买盗版的光碟、光盘等，却不知道侵犯了创作者的知识产权。此外，我国居民把免费获得和使用他人的知识产权视为理所应当。以数字音乐而言，根据艾瑞咨询的最新研究显示，94.1%的中国网民在过去一年中没有为音乐内容付过费。广告主付费、用户付费是在线音乐服务商的主流营收模式。2009 年中国在线音乐市场营收中，来自网络广告的收入占 88.3%，用户付费的收入占 5.1%，其余 6.6%的收入来自在线音乐服务商音乐内容推广、第三方软件合作推广等。[①] 可见，我国用户对于数字音乐版权付费的习惯尚未养成，更多的音乐服务商只能选择依靠广告、推广软件等方式创收，这降低了数字音乐提供企业的利润空间，不利于其发展。另一方面，我国关于数字内容产业的法律法规仍不完善，法律环境有待改善。数字内容产业发展过程中引起一些纠纷，需要相应法律规范来调解。

目前我国虽然针对依靠新媒体、新技术的行为制定了相关的法律法规，但是并不完善，对于一些有关数字内容的问题，目前的法律规范甚至还没有涉及，导致解决起来无法可依。

版权方面，数字内容产业系统内的交易规则还未建立，特别是版权交易管理和规范非常复杂，基本上还处在一个打官司的阶段。侵害版权事件屡屡发生，以互联网为例，在互联网上大量没有合法版权的数字电影、数字音乐正在非法传播。就移动下载而言，在移动运营商获利的同时，服务提供商也获得了相关的商业利益，这更需要对网络内容进行保护，以避免由于版权侵害使得内容提供商不愿意提供高质量的内容，影响整个数字内容产业链的发展。

---

① 艾瑞咨询：《2009 年中国在线音乐市场分析》，http://www.iresearch.com.cn/View/104812.html。

第二章

发达国家及地区数字内容产业发展模式分析

数字内容产业在一些发达国家起步比较早，拥有比较成熟的市场体系和管理机制，比如，美国的市场导向模式，英国的产业集群模式，日本的“走出去”模式，以及韩国的政府主导模式，等等。这些数字内容产业比较发达的国家和地区的发展经验对起步相对较晚的我国数字内容产业发展无疑具有很大的参考价值。

本章主要考查和总结数字内容产业较为发达的美国、英国、日本、韩国等国以及中国台湾地区数字内容产业的成功发展模式，探寻其成功的奥秘，进而为我国数字内容产业发展提供借鉴。

第一节　美国数字内容产业发展模式分析

一、美国数字内容产业的发展历程与措施

美国是率先提倡并支持数字经济发展的国家，也是目前世界上数字经济发展最成功的国家之一。伴随数字技术从单纯军事、科研与学术领域进入到商业、传播和娱乐等领域，并逐步渗透到美国社会和经济的各个角落，美国数字内容的发展也相应地经历了孕育、成长和崛起三个发展阶段。

（一）美国数字内容产业的孕育

以互联网为标志的数字技术创新是美国数字内容产业的源头。部分学者认为，互联网是在美国由美国国防部创建的，以作为能够在核战争中备用的通信系统。产生互联网起源于美国国防部防备核战争的错误观点有两个根源：一是对互联网是什么及其如何与阿帕网相区别的误解；二是以为数据包交换技术发端于阿帕网的创建。互联网是网络之网，互联网是基于国际研究议程订立 TCP/IP 协议而创建的。在互联网的诞生阶段(1973—1983 年)，诸如英国、法国、加拿大等国家，或是实际上创建了自己国家的专门的计算机网络，或是制订了这方面的发展计划。这些网络不仅在技术上有着差异，而且掌握在不同的政府和管理机构手中。如何提供跨网络的通讯，成了一个需要解决的问题。解决这个问题的方案就是创设一个被称作 TCP/IP 的协议。协议的出现使不同网络之间的跨网通讯成为可能。换言之，TCP/IP 协议成为数字内容孕育的一个标志，它的出现使得数字内容在互联网上出现成为可能。

1985 年，美国国家科学基金会建立了“国家科学基金网”，通过 TCP/IP 协议把美国所有的大学和科研机构的计算机中心连接起来，然后通过区域性网络，再互联成为全美范围的计算机广域网。这是一个重要的开始，之后“国家科学基金网”又逐渐和全球各地的计算机网络相连，把互联网拓展到了全球范围。这些都为数字内容产业的孕育提供了客观条件，使最初的数字内容在互联网上流传，但这些在当时还处在萌芽阶段，美国并未将其作为产业来运作。

(二)美国数字内容产业的成长

美国数字内容产业得到快速成长不得不提及美国"国家信息基础设施行动计划"。它的出现最重要的意义是建设了高性能、高效率的国家信息网络,尤其是在此期间大量的技术支持,如多媒体技术、宽带综合业务数字网络技术、计算机网络化技术等,成为美国数字内容产业成长期间的"催化剂"。技术进步很容易带来市场规模的扩大,影响信息的可获得性,促成企业组织经营模式的变革。这些技术进步的结果可以带来经济的暂时繁荣。尼古拉斯·卡尔多认为,在一个总需求迅速膨胀的环境中,是那些庞大的、通常跨国的企业之间的竞争推动了技术的快速进步,这种技术进步是市场成长的原因和反映。①

该计划的内容最早为由美国前总统克林顿在阿尔·戈尔副总统的建议下于 1993 年 2 月以"国情咨文"的形式在国会发表的题为"促进美国经济增长的技术——经济发展的新方向"的报告。文中提出美国要建设"信息高速公路",亦称为"国家信息基础设施"(NII)②。该项计划正式提出于 1993 年 9 月,美国政府在互联网的基础上提出"国家信息基础设施行动计划"。这一计划的提出为美国数字内容产业的快速成长提供了保障。该计划预计于 1995—2000 年初步建成国家信息基础设施,2013 年全部建成。其最终目标是,使所有的人都能经过"信息高速公路"进行联机通信,实现远程工作、远程教育、远程医疗及数字出版、数字通信、数字图书馆、家庭数字影院、电子商务等,由此将个人、企业、机构和政府等密切连接起来并为之提供服务。

1994 年,美国政府又提出"全球信息基础设施行动计划"(GII),预计在 21 世纪初完成通信基础设施(硬件)的部署,以及 2000 年前完成网络硬件和服务系统化。

"国家信息基础设施行动计划"的出台带来了以下结果:它为数字内容的进一步发展提供了技术支持,从硬件、软件、信息数据、技术标准四个方面采取了措施;在技术方面有多媒体技术、宽带综合业务数字网络技术、计算机网络化技术、无线通信技术、信息传输服务技术、视觉通信技术、音频处理技术等支持(见表 2-1)。"信息高速公路"从组成部分和支撑技术来看

---

① [美]杰夫·马德里克:《经济为什么增长》,乔江涛译,中信出版社 2003 年版,第 13 页。

② 钱宗珏、寿国础、王宁璞:《"信息高速公路"的发展及其影响》,《通信学报》1994 年第 6 期,第 59 页。

是互联网和信息技术成分创新发展的结果，最终实现以极快的速度传递数字化的多媒体信息（包括视频、声频、数据、文字等信息），以更先进的数字处理、记录、存贮和传输方式大量储存和快速传递"数据"。"信息高速公路"成为一个开放型、交互式的大系统，用户既是信息资源的消费者，又可成为信息的生产者和提供者。[①] 而在经济方面，1993 年度美国信息业的总收入已经达到 4180 亿美元，约占美国 GDP（国内生产总值）总额的 7%，展示出了巨大的发展潜力。[②]

表 2-1　"信息高速公路"对数字经济的技术支持

"信息高速公路"组成部分	"信息高速公路"支撑技术
硬件：包括摄像机、扫描设备、键盘、电话、传真机、计算机、电话交换机、光盘、声像磁带、电缆、电线、卫星光纤传输线、微波网、转换器、电视机、监视器、打印机等信息设备。 软件：包括应用系统和应用软件等，它允许用户使用、处理、组织、整理各类信息。 信息数据：包括存贮于电视节目、信息数据库、磁带、录像带、档案等介质中的各类数据。 技术标准：包括软硬件标准和数据格式等网络标准，以及数据传输代码，它们能促进网络之间的互联和兼容，同时又加强了信息数据的保密性。	多媒体技术 宽带综合业务数字网络技术 计算机网络化技术 无线通信技术 信息传输服务技术 视觉通信技术 音频处理技术等

资料来源：美国数字经济研究。

（三）美国数字内容产业的崛起

美国在建设"信息高速公路"之后，转而开始建立市场体系。上述成长阶段为数字内容的发展提供了技术支持。而对市场的重视源于美国的新自由主义思潮。其自由市场观点和理念渗透到美国的经济发展政策中，特别是以数字技术为基础的内容产业政策中。互联网本身就是自由思想创新的产物：其一，互联网的设计思想避免了垄断集中，体现分散自由；其二，互联网为数字化的内容提供了自由流动的空间。尤其是 1996 年，美国通过了《1996 年电讯法》，该法案对《1934 年电讯法》做了大幅度修改，解除了移动内容即电信行业的垄断，开放所有的电信市场。[③]

① 何枭吟：《美国数字经济研究》，吉林大学 2005 年博士学位论文。

② 钱宗珏：《"信息高速公路"的目标、内容、意义及其影响》，《电信科学》1994 年第 11 期，第 2 页。

③ 郭庆光：《21 世纪美国广播电视事业新构图——〈1996 年电信法〉的意义与问题》，《国际新闻界》1996 年第 6 期，第 5 页。

美国数字内容的崛起，以美国市场体系的建立和不断完善为标志，尤其是以两项决策——《域名权保护法案》和《北美产业分类系统》为标志。

1. 美国政府加大知识产权保护力度

1999 年 10 月，美国通过了《域名权保护法案》，规定域名与商标保护统一，不得冒用、非法注册或使用与他人域名十分相似的域名进行网上商业活动，这为创造自由、公平的市场提供了保障。

2. 美国对市场进行细分

早在 1997 年，美国、加拿大和墨西哥三国就联合编制颁布了《北美产业分类系统》，其中，一个非常重大的修订，即是将计算机设备和通信设备的生产等划入制造业，设立了新的信息门类(Information Industry)，包含四个子类。2002 年 NAICS 又进行了修订，将信息业下属的四个子类扩展成出版、电影和录音、广播、网络出版和广播、通信，以及网络服务提供商、网络搜索门户、数据处理服务七个子类。新的分类表将网络服务剥离出来，进行了市场的细分。

在知识产权的保护和 NAICS 的演化中我们会发现，随着信息资源产业日益发展壮大，它本身的价值被发掘出来。根据美国国家统计局的普查数据，2002 年美国信息业的收入为 9046 亿美元，共有经营单位 1317 万家，提供 384 万多个就业机会。① 在美国市场完善的过程中，数字内容产业从 2002 年开始呈现崛起之势，根据 eMarketer 的统计，2002 年美国上网人口有 1.55 亿人，其中有 1630 万人购买线上内容，占总上网人口的 10.5%；2003 年美国上网人口有 1.62 亿人，其中有 2230 万人购买线上内容，占总上网人口的 13.8%；2004 年美国上网人口有 1.68 亿人，其中有 2880 万人购买线上内容，占总上网人口的 17.1%；2005 年美国上网人口有 1.714 亿人，其中有 3580 万人购买线上内容，占总上网人口的 20.9%。② 从以上数据可以看出，从 2002 年起已有大量的网民开始消费数字内容产品，并在之后迅速发展，呈现逐年递增的态势。

二、美国数字内容产业的成功经验

在数字内容的发展进程中，美国政府对其发展给予了相当大的支持，游戏、影视、动画、音乐下载已经成为美国发展较好的数字内容产业。美国

---

①② 《国外信息资源产业发展状况》，《石油工业计算机应用》2007 年第 3 期，第 57 页。

拥有足够大的内部市场需求、健全的商业环境，以及发达的信息技术，发展数字内容产业可谓得天独厚。在发展过程中，美国数字内容产业重视规范市场环境，以市场需求为导向，加强商业模式和科技创新。

(一)规范市场环境，加强版权立法

美国近年来不断修改和完善版权法和版权保护制度，为数字内容产业的发展提供法律保障。美国政府先后通过了《版权法》《半导体芯片保护法》《跨世纪数字版权法》《电子盗版禁止法》等一系列法规，形成了全球保护范围最广、相关规定最为详尽的法律系统。

(二) 创新的商业模式

数字内容产业的产品和服务更加强调创意活动，注重宣传推广活动，营造新的营销运营模式。美国迪士尼乐园给全世界一种全新的经营理念——“创意＋科技＋资本”，即以创意为基点，通过科技手段将创意理念转化为产品，再依靠高度产业化的运营模式，拓展全球市场。

(三)加强科研投入

美国政府在政策上采取了“杠杆方式”，以“资金匹配”来要求和鼓励各州、各地方，以及企业拿出更多的资金来赞助和支持数字内容事业，美国联邦政府年投入约 11 亿美元，而州、地方政府和企业的赞助高达 50 亿美元以上。

第二节　英国数字内容产业发展模式分析

一、英国数字内容产业发展概况

英国自 20 世纪 90 年代开始发展文化创意产业起，就强调用政策来打造“创意”，推动文化创意产业发展。1997 年，英国政府提出创意产业理念，其内容涵盖了广告、建筑、艺术和古玩、工艺品、设计、影视与广播、软件和电脑服务、音乐、表演艺术、出版等 13 个文化创意产业，成为全球第一个推出文化创意产业的国家。经过 10 多年的发展，文化创意产业已成长为英国仅次于金融服务的第二大产业，2008 年产值达到 591 亿英镑，占 GDP 比

重约为5.6%。2010年,英国文化创意产业占其GDP比重已超过8%,增长速度已超过7%,是整个国民经济增速的两倍,与创意产业相关的企业超过18.2万家,占企业总数的8.7%,吸纳就业人数200万以上,占就业人口总数7.8%。其中以伦敦为例,目前伦敦文化创意产业每年产值达210亿英镑,成为伦敦市第二大支柱产业。预计2012年其文化创意产业产值会达到300亿英镑,超过金融服务业成为最大的产业部门。[①]

(一)前瞻性战略规划为发展赢得先机

早在1990年,英国政府就委托文化委员会、电影协会和手工艺委员会等单位开始起草英国文化发展战略,并在1993年以"创造性的未来"为题正式公布。这是英国有史以来第一次以官方文件形式颁布国家文化政策和战略规划。1997年,在前首相布莱尔的直接推动下,英国成立了"创意产业特别工作小组",随后分别于1998年和2001年两次发布研究报告,分析英国创意产业现状并提出发展战略,而创意产业的核心内容就是数字内容产业。

英国贸工部2000年发布的《英国数字内容产业发展行动计划》和2002年发布的《知识经济中的出版业——英国出版业竞争力分析》《英国游戏软件产业竞争力研究报告》,对英国数字内容产业进行了详细规划,提出了许多在全球范围内首创的政策法规和具体措施。

(二)完备的组织保障有力地支持产业良性发展

英国贸工部信息通信产业司专门设有数字内容和出版业管理局,负责数字内容业、出版业和娱乐软件业(包括图书、报纸、期刊、商业信息公司、目录索引服务、数据库服务、教育内容出版商、电脑游戏业和网络企业)的发展工作。该局主要通过行业协会——"数字内容论坛"与数字内容企业在广泛领域开展合作,以提高该行业的生产力和竞争力。该局与出版商协会、期刊出版商协会、报业协会、目录索引和数据库出版商协会之间也具有密切的业务合作关系。

数字内容论坛将各类协会和业内会员的意见集中起来供政府制定政策时参考,并促进业内共享知识经验,以提高全行业的创新能力。"数字内容论坛"以业务行动小组的形式进行交流与管理,目前运作的小组包括执

---

① 刘洋:《英国文化创意产业运作模式的借鉴意义》,http://xcb.wuxi.gov.cn/web111/wxxc/Y2013M04/xxkc/6387176.shtml。

行组、宽带小组、技能提高小组、网络犯罪应对小组、知识产权小组、出口工作小组、增值税工作小组、基础设施小组、促进竞争小组、数字学习工作小组和标准支持小组。

(三)高明的发展策略体现了英国政府的创新思维

英国政府建立了一个服务于数字内容产业的行业性综合门户网站,以提供有关数字内容产业及其他各类资源和信息的链接。为了充分发挥数字内容论坛的影响力,建立持续性、系统性的交流沟通制度,该门户网站将由数字内容论坛负责管理,从而以最佳的方式实施数字内容论坛所决定的各项计划,使其发挥最大效益。数字内容论坛的各个业务行动小组定期提交某一领域的发展建议,在数字内容论坛休会期间,由其常设机构运作促进业务发展。政府还加强数字内容论坛的宣传工作,以提升其品牌价值和影响力。此外,英国贸工部组织建立全行业论坛,包括经销商、零售商、硬件制造商、专业服务提供商、产品开发商和出版商,加强各方的交流与协作;建立产业价值链各机构数据交换机制,采用统一的数据形式;与数据收集和研究机构进行沟通,获得全球及不同地区的市场数据,加强决策的科学性。

英国政府还积极为从事数字内容业务的中小公司提供投资来源指导建议,并在与风险投资公司协会等投资机构保持对话的基础上,通过银行信贷、融资租赁、经纪公司和风险投资等方式帮助中小企业融资。此外,英国政府建立了贷款衔接资金,以方便企业在投资尚未到位时就开始投入,进行先期运作;降低电子信息交易增值税的税率,并研究税收对电子信息产品的生产成本、产品创新和出版企业选址等方面的影响程度。

英国还成立了一个针对目标国家出口事务的专家市场执行委员会来努力增加数字内容产品的出口。该委员会与英国国际贸易总局和驻各国领事官员密切合作,对目标国家的数字内容市场进行深入研究,紧跟其最新发展趋势,同时建立英国数字内容出口商网络。此外,委员会还建立了综合性的目录数据库,与数字内容论坛网站和英国国际贸易总局网站相链接,宣传展示英国出口商的数字内容和互动媒体产品。

(四)成功的人才培养计划为数字内容产业不断输送新鲜血液

英国政府很早就对信息资源的建设及网络资源的统一管理与共享给予了特别关注,1997 年就提出了“全国学习网”计划,第二年建成了全国性的教育门户网站——全国学习网络，以求连接所有的学校与教育机构以及博物馆等教育资源。经过几年的建设，英国的全国学习网络已经成为欧洲最大的教育门户网站，而且具备强大的搜索功能，从而增加了整个社会获取知识及接受教育的机会。2000年，英国在《下一个十年》规划中，从教育培训、扶持个人创意及提倡创意生活三个方面，对如何帮助公民发展及享受创意进行了研究。

英国计划通过加强各级学校的信息技术教育以及产业界与高校的合作，来提高从业人员的信息技术水平。例如，教育与就业部和职业资格与课程局共同为11—16岁的学生制定了信息技术课程计划，通过"国家学习网络"项目促进远程教育发展；开展有关培训，提高传播与电子媒体从业人员的技能水平；大力开发互动式课件，建立查询机制，促进公司与大学的合作。尽快建立出版业技术委员会，保证知识经济社会中出版业的技术需要。举办研讨会等活动，促进行业内交流经验，进行优秀个案研究，并且积极吸收国外优秀经验(尤其是美国和日本)；拟定行业标准合同和业务术语，以方便开展业务活动、减少纠纷，积极制定并遵守被广泛认可的行业标准。

如今，英国的创意产业相关从业人员超过200万人，仅伦敦就集中了50万，且大部分与数字内容相关。苏格兰邓迪市的创意产业人才相互合作，纷纷建立各自的团体，使邓迪成为最著名的游戏研发中心。

(五)数字内容发展的坚实基础——"宽带英国"全覆盖

2001年，英国在《发展知识经济白皮书》中指出，宽带技术对整个社会和经济发展产生的影响是深远的，并由此确立了宽带发展目标。同年，在《英国在线：宽带发展计划》中详细制定了英国宽带建设的行动计划。目前在英国，宽带已基本覆盖全国，并且随着宽带市场竞争的加剧，宽带价格也在持续下降。在建设宽带的同时，英国政府也特别重视宽带内容的发展，认为宽带内容在整个国家宽带计划中扮演着相当关键的角色，是带领地区、国家提升生产力与竞争力的动力；给予了宽带内容明确的支持与肯定。英国前电子商务部大臣 Stephen Timms 曾说，宽带内容是提升整体宽带产业的重要驱动力，通过宽带使用者能够获得更多价值。

如今在英国，宽带内容确实为国家带来了更大的竞争优势。相关产业与其他组织均积极参与进而刺激宽带内容产业的发展，为企业带来越来越多的宽带商业机会。

(六)数字内容发展坚持“有所为有所不为”

不久前，英国电影分级局（以下简称BBFC）宣布，鉴于暴力动作游戏《侠盗猎魔2》的画面及内容“过于冷酷无情”，禁止其在英国市场销售（该游戏在美国可以销售）。《侠盗猎魔2》可在任天堂Wii和索尼PlayStation 2(PS2)游戏机上运行。BBFC局长戴维·库克在一份声明中称，BBFC无法接受《侠盗猎魔2》中所展现的“冷酷无情”及暴力内容。虽然游戏玩家的多元化决定了游戏作品的多元化，但BBFC认为，《侠盗猎魔2》将对成年人和未成年人带来负面影响。其实早在1997年，BBFC就曾“封杀”了《暴力摩托》，在这款游戏中，玩家可以通过飞车碾过行人的方式来提高积分。

事实上，英国在积极鼓励发展数字内容产业的同时，一方面，利用现代技术把内容监管的环节和手段前移到标准、硬件和传输环境，把内容管理贯彻到产业链的各个环节；另一方面，出台相关法律法规，建立有效的监管体系，确保数字内容产业健康有序地发展。

如今，拥有“披头士”“哈利·波特”“英超”等众多引领世界风尚的“英国内容”，在“数字化生存”中愈发灿烂。

二、英国数字内容产业的成功经验

英国是第一个政策性推动文化创意产业的国家，从1997年起至今，英国的创意产业产值平均每年递增6%，而同期国内生产总值年均只递增了3%；创意产业对GDP的贡献率达8%，已经超过了金融业。其中数字内容产业（包括出版业、软件业、网页制作业、图形设计业、游戏业、广播电视业）占整个创意产业的份额超过了85%。英国的创意产业相关从业人员超过200万人，仅伦敦就集中了50万，且大部分与数字内容相关，数字内容产业真正成了英国经济的“引擎”。其成功的原因可以归结为以下几点：

(一)成立专门政府机构，支持产业集群发展

英国政府特别成立了文化媒体体育部，对于广告、建筑、设计、电影、游戏互动软件等13种产业，以集群的方式加以辅导，并提供创业基金以及创意工作者之间的交流平台。英国创意产业企业多为中小企业，其发展中往往会遇到缺少资金、研发投入不足、无力开拓海外市场等问题。英国的艺术委员会(Art Council)，隶属于政府的文化艺术管理机构，是最重要的非营利性的艺术资助机构之一。在2006年到2008年的三年间他们

投入11亿英镑(相当于22亿多美金)到当地的音乐、视觉艺术、戏剧、舞蹈等艺术门类之中,同时建立网络平台,为中小创意企业提供交易、展示、交流的平台,为那些有创新能力的个人或从业者的发展提供资金。

同时在苏格兰地区,政府于2010年组建创意苏格兰(Creative Scotland),致力于苏格兰的艺术、电影及创意产业的发展及传播。创意苏格兰由原来的苏格兰艺术委员会(Scottish Arts Council)及苏格兰电影电视资料馆(Scottish Screen)这两个公共机构合并而成,每年政府给予该组织扶持,由该组织为各类中小文化创意企业(如爱丁堡的电影之家)提供各种各样的融资渠道,并且给予各种资源、技术、人才、场地等方面支持。

(二)建立全行业性综合服务平台

英国贸工部组织建立全行业网站和论坛,包括经销商、零售商、硬件制造商、专业服务提供商、产品开发商和出版商,加强各方的交流与协作;同时建立产业价值链各机构数据交换机制,采用统一的数据形式,加强决策的科学性。

(三)发挥行业协会的作用

英国推动文化创意产业的另外一个特色,是民间的组织团体扮演着相当重要的角色。其运作模式比较独特,不断复制成功经验,不断扩散其国内及国际影响力。比如英国娱乐休闲软件出版协会ELSPA主要提供会员市场研究资料,举办产业推广活动,致力反盗版和产业信息发布。

(四)健全人才培养机制

自2000年以来,英国通过加强各级学校的信息技术教育以及产业界与高校的合作,来提高从业人员的信息技术水平。教育与就业部和职业资格与课程局共同为11—16岁的学生制订了信息技术课程计划,通过“国家学习网络”项目促进远程教育发展。

第三节　日本数字内容产业发展模式分析

日本是当今世界文化产业大国,更是内容生产强国。GNC(Gross National Cool,国民生活酷指数)是日本在21世纪初期提出的文化策略,其本质是保持日本文化强势的领导及输出姿态,以引领年轻人建立正确的文化价值观和文化潮流发展导向。近几年，日本 GNC 指数的飙升大大提高了其内容产业的国际竞争力，使其在金融危机对全球经济和贸易造成严重冲击的背景下，仍然整体上保持逆势增长的趋势，成为在后金融危机时期推动日本经济复苏的重要动力。

一、新世纪以来日本内容产业发展概况

日本政府、学界、企业界对内容产业并没有形成统一的定义。一般说来，日本内容产业主要涉及手工艺品、视觉艺术、视听艺术、新媒体和设计等十几个大类，其核心是电影产业、动漫游戏产业、新闻出版产业和表演艺术等产业部门。

(一)电影产业

在新世纪前几年里，日本电影延续了 20 世纪 80 年代以来的持续颓势。2000 年，日本共有银幕 2524 块，全年放映电影 644 部，观众 1.35 亿人，票房总收入 1708.62 亿日元。该年日本国产电影占市场份额 31.8%，接近日本有史以来最低水平。[①] 从 2002 年 1 月到 2006 年 10 月，日本经历了“二战”后最长的一次景气周期(58 个月)，这为日本电影的勃发提供了宏观经济条件。[②]

2006 年是日本电影经过 30 年沉寂后复苏的重要年份，全年银幕总数首次突破 3000 块，放映影片总数达 821 部，这个数字仅次于新世纪以来最高年份 2012 年的峰值。同时，国产影片市场份额自 1986 年以来首次超过进口影片的市场份额；国产影片票房 1077 亿日元，是 21 年来首次超过进口影片。2012 年，日本全年放映电影 983 部，票房收入 1951 亿日元，国产影片占据 65.7%的份额，均居新世纪以来新高。[③] 经过 20 世纪几次公司联合、兼并和重组，日本电影业已形成角川映画、日活、东映、松竹和东宝五大电影公司，在新世纪里先后推出了《入殓师》《千与千寻》等一系列电影精品，其中《ROOKIES》(2009)、《借物少女艾莉缇》(2010)和《海猿 4：勇敢的心》(2012)以 85 亿、92 亿和 73 亿日元的总票房分别成为当年票房冠军。

---

① 徐充、李建柱：《新世纪以来日本内容产业振兴及对中国的启示》，《天府新论》2014 年第 1 期，第 139 页。

② 赵放：《日本经济为什么缺乏景气实感》，《现代日本经济》2013 年第 1 期，第 1—8 页。

③ 日本电影制作者协会：《2012 年日本国内十部动画票房破 10 亿》，http://www.199it.com/archives/124393.html。

(二)动漫游戏产业

日本动漫游戏产业主要包括漫画、动画、游戏,以及相关衍生品。日本素有"动漫王国"称号,是世界最大的动漫原创、制作、消费和输出国。早在20世纪60年代,日本动漫便开始了产业化和规模化的生产,至20世纪末,日本与美国、韩国形成世界动漫市场三足鼎立之势。据2008年日本信息媒体白皮书统计,2006年日本发行动漫杂志图书共计12.7万亿册,其中漫画杂志7.5万亿册,漫画图书5.2万亿册,总销售额4810亿日元,占据日本该年出版物总销售额的22.4%。该年共出版新书77074种,其中漫画图书有10965种,占14.2%。2006年日本动画市场规模达到2415亿日元,700多家企业参与动漫原创、制作和发行,3000多家电影厅以放映动画为主要收入来源,观众达到2000万人。日本2010年实际上映的电视动画数量为195部,上映的动画电影数量为55部,达到了过去10年中的最高点,影像制品总销售额为93414万美元。[①]目前,日本动漫在世界70多个国家的电视节目中播放,占据了世界动漫市场60%的份额、欧洲动漫市场80%的份额。日本是世界第二大游戏生产国,日本游戏软件和游戏机销售总额多年连续占据世界第一的位置。金融危机之后,日本游戏市场总规模约为5000亿日元,其中硬件市场2000亿日元,软件市场3000亿日元,从业总人口已达7.3万人,是当今名副其实的世界游戏产业大国。

(三)新闻出版产业

日本新闻出版产业包括图书、报纸、杂志及其他印刷品。出版产业也是日本传统优势产业,在过去几十年中,在报纸发行量、期刊发行量、广告收入等指标上创造了多项世界纪录。日本是世界人均报刊订阅量最高的国家,主流报纸发行量都很大。在世界报纸与新闻出版者协会(WAN-IFRA)公布的全球最大的100家报纸排行榜中,日本报纸连续数年占据全球日报发行榜前三名。2007年,日本全国性报纸和地方性报纸共计100多家,从业人员约为5.3万人,每年消耗新闻纸376万吨,每天生产5256万份报纸。日本平均每户订阅1.02份报纸,报纸普及率世界第一。2011年,日本仅由县发行的报纸总数就达到了4834.5万份。其中,早版3397.6万份,

---

① 郑雄伟:《亚太总裁协会郑雄伟发布〈全球文化产业发展报告〉》,http://finance.sina.com.cn/hy/20120206 /092711319156.html。

晚版 113.4 万份，早版晚版合刊 1323.6 万份。[①] 东京以 537.6 万份的日发行量高居日本各地之首，其次是大阪和神奈川。

金融危机后，日本新闻出版产业遭到重创，五大报业集团除《日本经济新闻》外，其他四家全部出现赤字，其中拥有 800 万份发行量的世界第二大报《朝日新闻》创刊 130 年来首次出现赤字。2010 年，日本杂志共有 4056 种，包括月刊 2320 种，双月刊 520 种。这比 2000 年 4533 种下降了 10.5%，杂志销售额创下连续 15 年滑坡的纪录。“2012 年书籍、杂志的销售总额比 2011 年下降幅度达 3.6%，已连续 8 年呈现下滑态势，销售总额更是 26 年来最低。”[②]

二、日本内容产业繁荣发展的成功举措

(一)建立健全文化产业管理服务机构

日本内容产业管理服务机构体系庞大、组织严密、分工明确、协作高效，主要由政府机构、专业咨询机构和行业自律组织三方组成。政府机构所承担的主要职责有：文化艺术产业发展的战略制定，政策法规的执行和修订，相关部门的合作，公共文化艺术产品的合作供给，重大文化活动和海外文化交流活动的组织协调。日本内容产业管理的中央级机构主要是日本文部科学省、经济产业省、内阁官房、外务省等，其中，文部科学省下设的机构文化厅具体主管全日本的文化艺术、宗教、版权等事务。日本政府根据经济发展需要，还及时设立和调整新的文化产业发展协作部门和专职部门，比如 2001 年在文化厅内设置文化审议会，2003 年在内阁增设知识产权战略总部，2010 年在经济产业省制造产业局设立“酷日本室”。

专业咨询机构主要以文化智囊的形式设立于政府机构之内或独立于政府之外，主要负责为政府和企业提供内容产业发展的战略咨询和具体实施建议；日本政府往往通过战略会议、恳谈会、幕僚会议、审议会等形式，协调文化产业智囊团共同研究制定促进文化产业发展的具体对策。行业自律组织作为政府职能的重要延伸，常常以社团法人和中介组织的形式存

---

① 《日本报纸发行量“注水”资深媒体人揭内幕》，http://news.sina.com.cn/o/2007-06-25/093712086519s.shtml。

② 戴铮：《连续八年下滑：日本出版业销售额创二十六年来新低》，《中华读书报》2013 年 2 月 6 日。

在，发挥政府所不能及的重大作用，每个行业都设有几个较大的行业协会，具体负责本行业规则制定、优秀产品的推介、行业发展数据的统计、会员合法权益维护和一切其他相关活动。代表性协会有日本电影协会、日本音乐著作权协会、日本动画协会、日本电脑娱乐提供者协会等。

（二）制定完备的政策法规

日本能长期保持内容产业强国的地位，首先得益于文化厅、经济产业省和日本贸易振兴机构等专业职能部门，这些部门以国家立法的形式为内容产业发展提供了较为科学、完备、务实的政策法规体系。20 世纪 90 年代后，日本经济长期低迷，汽车、电子机械等传统产业发展呈现衰落势头。针对上述挑战，日本政府用"文化立国"战略取代 20 世纪 70 年代以来长期执行的"经济立国"战略。1996 年通过的《21 世纪文化立国方案》，成为指导日本 21 世纪新闻出版、动漫游戏、表演艺术等重要内容产业群发展的纲领性文件。步入新世纪以来，日本又颁布了《文化艺术振兴基本法》（2001）、《著作权管理法》（2001 修订）、《知识产权基本法》（2002）、《文化产品创造、保护及活用促进基本法》（2004）、《文字・活字文化振兴法》（2005）、《文化艺术展出损害赔偿法》（2011）等一系列重要法律法规。

2001 年，经参议院批准正式颁布实施《文化艺术振兴基本法》，作为推动文化艺术业发展的重要法律，该法明确指出通过采取形式多样的文化艺术相关措施来丰富日本人民精神生活，保障人民接受、参与文艺活动和进行文艺创作的基本权利。为了更好落实《文化艺术振兴基本法》的重要精神，日本内阁会议先后颁布了促进文化艺术发展的三个基本法案：《第一法案》（2002）、《第二法案》（2007）、《第三法案》（2011）。三者详细阐述了文化艺术在日本经济社会发展中的重要意义，决定把日本政府今后文化政策支持重点由文化硬件设备转向文化内容方面，要求地方政府和私人部门切实在公共文化艺术产品供给方面发挥更大作用，并以建设"一个文化艺术基础上的国家"为目标，提出了全面涵盖文化艺术活动支持、文化产业人才培养、青少年文化素质教育、文化产业品牌建设、文化艺术遗产代际传承、文化对外传播和国际交流在内的六大战略。

（三）建立强大的资金支持系统

文化产业是高风险、高投资的新兴产业门类，资金问题是困扰各国文化产业发展的普遍问题。日本文化产业发展的资金来源主要有政府财政、税收减免和私人基金三大渠道。

一是政府财政支持。2011年度日本政府的财政预算总额是924116亿日元。同年，日本文化厅的预算额是1031.27亿日元，比2010年度增加1.1%。[①] 为生产、创作更多高水准的艺术作品，《第三法案》提出对日本音乐、舞蹈、传统表演艺术和流行文化活动进行补助，通过建立新的支持机制，不仅对单一的文化艺术项目进行补助，而且还把更多优秀艺术活动在特定时间内聚集在一起，形式包括举办文化节、展览、赛事等。

二是税收减免。2001年以来，日本政府推出了文化产业相关的十几种税收优惠措施，涉及文化财产捐赠、文化遗产收入税、艺术品赠予、非营利组织举办文化艺术活动和历史遗产遗址保护开发等多个方面。日本文化厅2010年对137项音乐项目、56项舞蹈项目、179个喜剧项目、35个传统艺术表演、21项公共演出进行了资助，对谷桃子芭蕾舞团60周年音乐会演出的《悲惨世界》等项目进行了税收减免。[②]

三是成立私募基金。日本政府日益重视发挥私人部门在电影制作发行、动漫原创和制作、印刷品储存和流通等环节中的促进作用。日本企业赞助艺术协会（KMK）是由私人企业发起成立的日本第一家非营利性机构，长期致力于为日本文化艺术活动提供资金、调查数据和市场信息。据日本企业赞助艺术协会发布的《2009年赞助报告》显示，2000年至2009年间，该协会共接受申报6350项，赞助4230项，赞助率高达66.6%，十年累计赞助总金额高达2395.68亿日元。其中最高的一年2005年就提供了331.43亿日元的支持。日本艺术基金（JAF）也不断扩大其文化艺术支持的范围，1990年到2009年的20年间，该组织为14704项目提供了总价值353亿日元的资金支持，2009年为661个项目提供了12亿日元的资金支持。

（四）充分保护利用文化遗产

日本新修订的《文化遗产保护法》对古代建筑、遗址遗迹、手工艺品制作、自然文化景观，乃至地下尚未发掘的文物都做出了详细而严格的规定，明确了中央政府、地方政府、社会组织和文化遗产个体所有人各自的权限和责任。根据该法建立的新的认定登记制度和保护措施，国宝级文化财产的保护和利用由中央政府负责，其评定、挑选、登记由文部科学省根据文化

---

① 欧阳安：《日本文化政策解读》，《上海文化》2013年第6期，第113页。

② 徐充、李建柱：《新世纪以来日本内容产业振兴及对中国的启示》，《天府新论》2014年第1期，第141页。

厅提交的报告组织实施。对于那些由私人掌管的文化财产，其保护和维修费用、消防设备，以及其他必备防灾设施的维护和更新，也将得到政府一定比例的补贴。

日本文化财产共分为有形、无形、民俗、纪念物和传统建筑群五大类，具体涵盖绘画、音乐、雕塑、古籍、舞蹈、陶艺、茶艺、传统工艺、传统表演艺术、古代交通设施遗存、古建筑群落等 60 多个小类。有形文化财产历来是政府保护的重点。截至 2011 年，中央政府先后指定了 2374 项重要文化财产，其中包括 216 处国宝级文化遗产和 4404 处古迹建筑及其相关设施，这些文化财产中有 2095 项是古代建筑遗址，279 处是近代遗址。另有 24 项重要自然文化景观、88 处各建筑重点保护区也得到了保护。[①] 此外，日本政府也十分重视无形文化财产的保护利用，特别重视发挥非物质文化遗产所有者和传承人的作用。日本对于在茶艺、陶艺、和歌、歌舞伎、能剧、狂言等传统表演艺术和传统工艺方面身怀绝技的艺术家给予特殊关注，中央政府每年专门拨出 200 万日元特殊资金为这些艺术家举办公开表演、培育传承人、出国交流等提供资助。除此之外，还把政府、公益性组织和个体爱好者联合起来，协助艺术家录制创作节目、保护艺术作品，传承他们的技艺。截至 2011 年，日本政府共指定并资助了 272 项重要无形民间文化财产、68 位表演艺术家和 73 位绝活传承人。

(五)积极促进国内外文化交流

日本政府促进文化交流的形式包括开办重要门户网站、举办重大文化艺术活动、海内外艺术家交流和扩大文化产品和服务贸易四项。日本政府认为，要推动文化内容产业创新关键在于不同文化艺术门类和学派之间要加强交流、及时沟通信息。为此，日本政府开通了经济产业省、文部科学省、国家艺术馆、国家博物馆、国家大剧院等多个政府所属重要文化机构的门户网站。

日本国内重大文化艺术活动包括：国家文化艺术节、媒体艺术节、东京亚洲电影节、东京电玩优秀大展、ATP 电视大赛、日本国际文化产品展、日本国际创意节等活动。

自 1946 年以来，日本每年秋天都要举办全国优秀艺术作品参与的日本国家艺术节，至 2012 年已经连续举办了 67 届，对舞台表演、艺术创作等

---

① 苑利：《日本文化遗产保护运动的历史和今天》，http://www.chinesefolklore.org.cn/web/index.php? Page=4&NewsID=6554。

领域的优秀作品给予物质奖励和精神鼓励，对成就突出的人和作品分别授予国家艺术节大奖、优秀奖、新锐奖等多个奖项。日本媒体艺术节是1997年开始设立的一项重大的文化内容产业活动。该活动主要是推荐优秀媒体艺术作品。2010年，该节吸引了2645个项目参加，其中有来自海外的48个国家的694个项目，创历史新高。

为促进海外文化贸易，加强向海外推介日本文化，日本文部省与经济产业省合作创立了创意产业产品海外流通促进会。日本外务省还协同日本经济产业省向海外推广日本文化产品和日本品牌，利用政府专门支持文化创意产业发展的"文化无偿援助"资金，购买本国卡通动画片的播映版权，无偿提供给中东一些发展中国家电视台播放，以便打开这些国家的市场。日本支持文化产业发展的上述措施取得了积极成效，据2011年日本统计局针对8.3万个家庭的20万名受众的社会随机调查结果显示，在设定的受众参与文化娱乐活动的20个指标中，除了"参加流行音乐会"和"居家打游戏"两个指标比2006年的参与率略微下降外，其他18个参与指标均呈上升趋势。[①] 这表明，金融危机并未对日本社会文化消费需求造成重大和持续影响，可以预见，未来几年日本文化产业的发展将更具活力。

三、"走出去"的国际化战略是日本数字内容产业成功的主要原因

日本把数字内容产业定位为"积极振兴的新型产业"，日本动画以新颖的题材、低廉的制作成本和快速的生产制造，迅速占领了全球市场。日本动漫产品仅在美国市场的规模就达43.5亿美元，是日本对美国钢铁出口额的4倍。[②] 重视海外市场和海外发展是日本数字内容产业发展的重要战略。

自20世纪90年代日本泡沫经济崩溃后，日本各界一直在探寻新的经济增长点和社会发展方向。进入信息经济时代以后，日本未能像工业化时代那样后来者居上，再次创造经济增长奇迹。日本既没有占据信息时代的先机，也未能打造出新的核心竞争力。面对"失去的10年"背景下的长期

---

① *Statistics Bureau of Japan. Results of the 2011 Survey on Time Use and Leisure Activities*, News Bulletin, 2012-10-23.

② 闫世刚:《数字内容产业发展的东亚模式及其借鉴》,《特区经济》2010年第6期，第98—99页。

低迷，日本急于找到一条重振昔日辉煌的成长之路。

进入21世纪，日本将经济复兴希望寄托于内容产业。日本政府试图通过振兴内容产业，拯救长期低迷的日本经济，重振经济大国的雄风。同时借助内容产业的软实力和波及效应，增强日本的国际竞争力，扩大日本在政治、经济方面的国际影响。2001年小泉上台以后，日本政府先后成立了"知识财产战略会议"和"知识财产战略本部"。日本首相亲自担任知识财产战略本部部长，全面统筹内容产业发展战略事宜，并相继推出了《知识财产战略大纲》和《知识财产基本法》。2004年5月，日本国会通过了《内容创造、保护及活用促进法》，试图"通过促进内容的创造、保护及利用，丰富国民生活，增进海外对日本文化等的理解"。

在知识财产战略本部统筹下，日本内阁府、经济产业省、总务省、外务省、文化厅共同协作，全面推进内容产业国际化战略。作为海外市场开拓手段，日本政府设立了内容产业的海外开拓基金，并通过举办"亚洲内容产业峰会""日本国际内容节""东京国际电影节"等活动，扩大日本内容产业的国际影响力，日本政府还在海外设立多个内容信息搜集基地、知识产权支持机构组织，支持内容企业开拓海外市场，打击国际盗版行为。此外还通过立法等手段保障创意企业及人才的经营收入，努力改善投资环境，积极鼓励创意人才去美国的一流影像大学留学，支持日本内容企业开拓国外市场。①

日本之所以在2000年以后强力推动内容产业国际化战略，与泡沫经济崩溃后经济长期低迷的社会背景密切相关。日本政府虽然曾经为刺激经济开出过多个救治药方，但始终未能使日本经济摆脱通缩和萧条局面。与此相反，亚洲新兴市场国家经济高速增长，日本企业强烈感受到来自韩国和中国及东南亚国家的市场压力。日本社会处于"失去的10年""失去的20年"的焦虑、苦闷、无奈的挣扎之中。

与经济低迷相反，自20世纪90年代以来，日本漫画、动画和游戏等内容产品获得了国际社会的高度评价。1999年11月10日，动漫《神奇宝贝》在全美约2800个剧场开播，4天获得5210万美元的销售纪录，创当周美国票房收入第一。2002年，宫崎骏导演的《千与千寻》获得柏林国际电影节金熊奖，其直接播映权或相关收入达到304亿日元，超越了《泰坦尼克号》和《东京奥林匹克》。2003年，《千与千寻》获得第75届奥斯卡金像奖。2004

---

① 平力群：《从振兴内容产业看日本国家软实力资源建设》，《日本学刊》2012年第2期，第128—144页。

年，押井守导演的《无罪》获得2004年第57届戛纳电影节提名，而索尼、任天堂的游戏机和游戏软件更是在国际市场保持了长期旺盛销售。据日本经济产业省估计，全球市场上60％的动漫产品出自日本，而韩国文化内容振兴院公布的数据则高达65％。日本在漫画、动画、游戏等方面获得的超强国际人气，强烈刺激着日本政府的政策取向。日本社会各界普遍认为，作为世界第二内容产业大国，迫于少子老龄化背景下的国内市场限制，日本内容产业振兴的根本出路在于推进国际化。[①]

日本主要媒体对日本漫画、动漫、游戏等内容产品的"国际人气"进行了铺天盖地的宣传。一大批与内容产业相关的通俗读物、咨询报告、研究论文相继出版。从国家政策到企业战略，从坊间口传到媒体报道，一股强烈的内容产业热潮在日本各界涌动。日本国内形成了一股重新定位日本漫画、动漫、游戏等内容产业，重新发现日本形象，重新认识日本文化，重新评价日本国际竞争力的文化思潮。似乎日本动漫之魅力、日本文化之可爱、日本国土之美丽足以迷醉世界，足以撑起日本经济复兴之梦。急于走出"失去的10年"萧条阴影的日本民众，在《知识产权战略》《文化立国战略》《酷日本战略》等战略梦想的启示下，期盼着依靠内容产业重振日本经济，重新缔造日本战后经济增长奇迹的辉煌。

经过战后几十年的发展，在内容产业方面，日本国内形成了稳定的市场需求、强大的生产能力、成熟的产业模式与高素质的人才技术储备。从世界内容产业看，日本作为内容产业大国，其产值仅次于美国，居世界第二位。根据修曼株式会社统计，2011—2012年，美国内容产业产值为25.8万亿日元，而日本则为10.4万亿日元。[②]

从表2-2可见，近年来，随着少子老龄化的演进和经济长期低迷，日本内容产业处于负增长状态。2011年，日本国内市场产值约为11.8万亿日元，与2010年比减少568亿日元，同比减少0.5％。这是自2006年以来的连续第五年缩小，但减少规模不大，基本呈停滞状态。[③]今后，随着日本人口持续减少，国内市场将进一步受到限制。与之相对，伴随着数字化、网络普及、宽带化等内容产业环境的变化，全球内容产业正迎来新的广阔发展空间。

---

① 唐向红、李冰：《日本文化产业的国际竞争力及其前景》，《现代日本经济》2012年第4期，第47—55页。

②③ 株式会社ヒューマンメディア：《日本と世界のコンテンツ市場データベース2012》，http://humanmedia.co.jp/database/PDF/％20release2.pdf。

表 2-2　日本内容产业市场中各类媒体产值变化(单位:亿日元)

年　度	2006 年	2007 年	2008 年	2009 年	2010 年	2011 年
软件套餐	65169	63235	61051	56113	53785	51812
电视广播	37381	36840	37914	36846	35738	36629
院　线	16246	16196	15628	14164	13424	12824
网　络	6768	6431	7214	7465	7672	7939
移　动	4027	4806	5638	6556	7666	8513
合　计	129591	127508	127445	121144	118285	117717

资料来源:株式会社ヒューマンメディア:《日本と世界のコンテンツ市場データベース2011、2012》,http://www.humanmedia.co.jp/database/index.html。

第四节　韩国数字内容产业发展模式分析

一、韩国数字内容产业的发展现状

韩国的数字内容产业包括数字游戏、数字动漫、数字学习、数字内容软件、数字影音、移动增值服务和网络服务、数字出版等领域。韩国数字内容产业发展以游戏最为主要,在市场规模和市场占有率方面都位居亚太地区前列。

数字内容产业属于韩国政府确定的“十大新引擎产业”之一,其边际成本几乎为零,在地理上毫无限制,且市场潜力巨大,非常符合韩国的特色。目前,韩国数字内容产业已经超过传统的汽车产业,成为韩国第一大产业和韩国十大新增长点之一。

2003 年韩国数字内容市场规模达到 54700 亿韩元,2004 年增长 18.6%,达 65000 亿韩元。2004 年,游戏规模市场增长 38.4%,达 20700 亿韩元,占数字内容市场的 32%。其余依次为 Mobile Solu-ting 与计费 Soluting 等数字内容解决方案市场(12953 亿韩元,增长 20%),数字内容流通市场(9208 亿韩元,增长 14%),e-Learning 市场(5840 亿韩元,增长 18%)与数字影像市场(4074 亿韩元,增长 35%)。2004 年数字内容出口比上年增长 30.7%,达到了 42679 万美元。其中游戏出口 25342 万美元,增长 44%;动画出口 6231 万美元;数字内容解决方案出口 3838

万美元。[①]

韩国是网络游戏产业最发达的国家之一。根据 KDGI 统计，2002 年韩国游戏企业数量已经达到 1700 家，每年推出的游戏数量就达到 100 多款。2002 年韩国国内游戏市场规模达到 3.4 万亿韩元，其中在线游戏营业额 4522 亿韩元，韩国成为排在美国之后的世界第二大网络游戏大国。目前，游戏产业已成为韩国经济的支柱产业之一。

韩国内容产业联合会编写的《2004 年韩国国内数字内容产业市场调查结果及分析》显示，除了业界前 10 家企业以外，剩下的 3328 家企业都是正式员工数在 300 名以内，年销售额不到 300 亿韩元的中小企业，而且在整个行业销售收入中，前 10 家企业的销售收入约占 15％。

二、韩国数字内容产业的发展经验

数字内容产业属于韩国政府确定的“十大新引擎产业”之一，其产值已经超过传统的汽车产业，成为韩国第一大产业。韩国文化内容产业以创意与技术融合为特点，将文化要素汇聚成创意力和技术，以文化内容开发、制造、生产、流通、消费形成一个产业链。2003—2007 年间，数字内容产业的年均增长率保持在 10％以上，2008 年规模突破 100 亿美元。[②] 韩国数字内容产业发展得益于政策法规的建设、专门管理机构设立和完善的投融资机制。

（一）政府对数字内容产业进行大力支持和引导

韩国数字内容产业得以迅速发展并最终成为韩国的支柱产业，与韩国政府大力支持和引导密不可分，韩国政府对游戏产业的支持力度之大可为世界罕见。韩国政府有关部门出台了一系列支持数字内容产业发展的专项计划，并制定了完善的法律环境措施，简要列举如下：

（1）1996 年信息通信部在“信息通信产业发展综合对策”中将多媒体内容和电脑游戏定为战略性产业，将游戏产业定为未来出口潜力产业。

（2）1999 年文化观光部推出了“振兴文化产业五年计划”。

（3）1999 年制定音像制品和游戏软件相关法令，鼓励游戏软件制作、人

---

① 姜莲美、蓝洁：《韩国政府力推三大新兴产业》，《新经济导刊》2006 年第 12 期，第 45 页。

② 闫世刚：《数字内容产业发展的东亚模式及其借鉴》，《特区经济》2010 年第 6 期，第 98—99 页。

才培养、加强基础设施，同时实行游戏软件的评判监督和分级制度。

(4)2000 年产业资源部制定“电子游戏产业综合育成方案”，将高附加值的游戏内容产业与电子游戏机产业并行发展。

(5)2001 年信息通信部推出“数字内容产业发展综和计划”，决定到 2005 年政府和民间共同投资 6124 亿韩元培养数字内容产业。

(6)2001 年 6 月，文化观光部又发布了 Contents Korea Vision 21，将数字内容定位国家重点发展的战略性产业，三年投入 8546 亿韩元，目标是成为全球主要数字内容生产国。

(7)2002 年 11 月，国家技术资格制度正式将游戏产业纳入，包括了游戏企划、游戏绘图、游戏程序设计三个领域。

(8)韩国文化观光部于 2003 年对未来五年拟定的“游戏产业振兴中长期计划”提出，到 2007 年全球市场目标占有率为 5%，2007 年成为全球三大游戏强国之一。

(9)韩国数字内容主要政策在法律上包括：《Digital Contents 产业发展法》《文化振兴基本法》等。

(二)成立专门管理机构来促进数字内容产业发展

韩国中央政府和地方政府均设有促进数字内容产业发展的专门机构。韩国中央政府设立的国家级数字内容产业促进机构主要包括信息通信部、文化观光部和产业资源部三大部门及其下属的一些专门机构。地方政府相关机构有京畿数字内容振兴院和首尔动画中心等。

韩国政府在 2003 年 3 月 6 日成立了数字内容产业发展委员会，宣布确立“数字内容产业发展基本计划”，体现了韩国政府把成长空间极大的数字内容产业作为牵动国家经济的 21 世纪核心产业来发展的决心。

韩国地方政府促进数字内容产业发展的京畿数字内容振兴院是服务于文化产业的综合机构，整合产业发展、构建支援体系、提供技术支持、信息共享、人才培训、战略咨询、国际市场营销和运营投资等服务。京畿数字内容振兴院吸引了大批数字文化内容相关企业入驻，从企划到营销对相关企业给予全面支持，创造条件推动数字文化内容产业发展，对地区文化产业发展发挥了积极的作用。

(三)为数字内容企业发展提供资金和人才支持

韩国政府为数字内容企业提供的资金支持措施有：成立数字内容产业发展的各类基金和游戏投资联盟，如“游戏专门投资组合”(约有 350 亿韩元)、“文化产业振兴基金”(100亿韩元)、信息化基金、文化产业基金等;为游戏企业提供长期的低息贷款;对指定的风险企业实行各种税制优惠政策,减免游戏企业的税负;直接投资推动数字内容产业发展,信息通信部投入87亿韩元,用于“创造数字内容产业基础”,包括运营数字内容制作合作中心,成立地方多媒体技术支援中心,为技术先导型数字内容企业提供内容支援。

韩国政府建立了培养数字内容专业人才的较为完整的教育体系,包括从职业教育到大学教育等各个教育层次。2003年的游戏相关教育机构就已有84家,研究生院8个、大学5个;私立教育机构22个,高中3个。后来在一些学校陆续开办了游戏设计专业,成立了专业研究机构——“游戏研究所”,建立游戏软件开发人员的培训基地。此外,韩国政府还通过其他措施推动游戏人才的培养。例如,通过官方机构向韩国的游戏企业,尤其是小型游戏企业提供人员培训,调查行业人才供需状况,提供培训课程,促进学术交流;对从事游戏产业的高技术人才免除两年兵役;等等。

(四)促进国际化市场推广,支持相应咨询服务

韩国政府积极支援数字内容产业进行海外营销、市场开拓和国际合作。例如:政府在游戏产业的对外政策上实行扩大国外市场的策略,制定分地区、分阶段占领国外市场的战略;支持韩国游戏软件开发其他国家语言的版本,用于进军其他国家市场;积极与国际知名流通、发行、制作、通信服务企业建立交流渠道;为提升韩国游戏产业的国际知名度,促进出口,韩国政府举办国际性游戏文化交流活动、游戏展会、游戏论坛等,并支援国内企业参加E3、ECTS等国际大展;举办海外投资说明会及交流会等。

韩国政府还通过支持中介服务的方式大力促进数字内容产业发展。例如,就国内外市场信息发布、共享,国内外市场发展和需求,技术发展趋势等问题与企业交流,举行讲座、洽谈会和研讨会;加强政策及情报服务,2001年起编制游戏产业白皮书、发行期刊和产业政府报告书等;委托相关的机构、公司开发游戏的核心技术,比如游戏的通用引擎,组织企业参加这类研讨会,进行技术交流,邀请国外专家做讲座,进一步促进韩国游戏技术的发展。

(五)提升社会对数字内容产业的认知度,提供创业环境

韩国政府为营造发展数字内容产业的良好社会环境,积极采取措施提升社会对数字内容产业的认知度。例如,成立“游戏文化振兴协会”,提升

国民对数字内容产业的认知，鼓励开发符合伦理道德规范的健康游戏软件；举办文化产业研讨会、全家共同参与的活动及游戏音乐会等；举办各种鼓励游戏软件创作的活动，包括举办韩国游戏软件竞赛，举办优秀软件选拔和优秀软件创作构想征选；主动传播游戏文化，让更多大众接受游戏产业，提升游戏在公众心目中和舆论中的地位，如大力组织吸引普通社会大众参加的游戏夏令营和游戏大赛等活动。

韩国政府为数字内容企业创业提供所需的平台设施，具体内容包括：建设游戏产业基地以扶持中小游戏企业的发展；对新成立的企业提供孵化服务，自 2002 年 10 月起开始通过网络进行虚拟的孵化服务。

（六）坚持民族化的数字动漫发展方向，实施 OSMU 战略

韩国数字内容产业在壮大的过程中保持了鲜明的民族特色。韩国数字内容产业市场上一度只有屈指可数的本土形象，其他全部是美国迪士尼和日本的动漫形象。进入 2000 年，随着“小小人”“流氓兔”“雨装少年”“少女 Pucca”等动漫形象的登场，韩国动漫开始“大跃进”，目前本土形象的动漫已占据 40%市场份额。韩国专家认为，民族形象不仅更加适合于本土大众的口味，具有更强烈的亲和力；从爱国心的角度看，民族形象也容易唤起更多民众和政府的支持。

OSMU 是英文 One Source Multi Use 的缩写，即“一个来源，多种用途”。一个来源就是创意题材，多个用途是在项目管理中划分出电影、电视剧、游戏、动画制作、漫画出版、形象产品、音乐、舞台活动、明星等多个子项目。通过这种思路为数字内容产业注入更加旺盛、更加持久的生命力。韩国数字内容产业发展正是 OSMU 战略的一个成功案例。韩国首先把动画形象在漫画、电视剧、电影、网络、flash 等原本领域中“做透”，然后是玩具、童装上的授权使用，最后推广到手机游戏、网络游戏等数字内容产业。

第五节　中国台湾地区数字内容产业发展模式分析

一、中国台湾地区数字内容产业的发展现状

从规模来看，台湾地区数字内容产业快速增长，2001 年市场规模为 1334 亿新台币，到了 2010 年达到了 5225 亿新台币，年均增长率为 16.7%。

台湾省数字内容产业的增速比 GDP 的增速要高很多，相应的数字内容产业占 GDP 比重也从 2005 年的 2.5%增长到 2010 年的 3.8%。目前，台湾地区数字内容产业中关联产业占据较大的市场份额，2010 年，网络服务、移动应用服务和内容软件市场占据总数字内容市场规模的 68%，而核心的内容产业只占 32%。[①]

从市场来看，台湾地区市场容量有限，因此台湾地区数字内容企业近几年加大了海外市场的拓展力度。除了海外授权之外，台湾地区领先的游戏企业还将开发、运营等环节向海外拓展，例如，游戏橘子公司目前已在日本、韩国、欧洲、美国，以及中国香港等国家和地区设立子公司，并在当地扎根运营。在数字出版和典藏领域，台湾地区相关内容企业积极与大陆企业合作，引进更丰富的内容服务用户。例如，城邦与盛大旗下的起点中文网合作建立了“起点中文网中国台湾分站”。

在台湾地区，数字内容企业主要分布在台北市中心、南港软件园区、内湖科技园区、中和工业区、新店和汐止几个产业园区，其中在台北市中心集中了最多的数字内容企业。这些园区都集中在大台北地区，即台北县和台北市，而在台湾地区其他县市，尤其是南部地区分布较少。

二、中国台湾地区数字内容产业的发展经验

（一）拥有完善的政策和管理机制

20 世纪 60 年代后期，台湾地区相关机构提出了“进口替代”和“出口导向”的策略，以廉价劳动力吸引投资与技术，将成品外销到欧美各国，主要产品包括收音机、电视机、电子计算器、电子表和电话机等。受到 1973 年石油危机的冲击，台湾地区相关机构决定向高科技领域发展，成立了“工业技术研究院”和“财团法人资讯工业策进会”，以大力发展信息产业。

目前，台湾地区在全球领先的计算机组装和半导体代工产业方面面临着极大的挑战。台湾地区相关机构也将其信息产业的发展重点调整为信息服务业，包括新电子商业模式、智能型产品和数字内容等。目前，台湾地区在行政主管部门下建立了“数字内容产业发展指导小组”，由行政主管部门各相关部门的人员组成。在这个小组的领导下，经济主管部门成立了“数字内容产业推动办公室”，其职能包括国际合作、推广应用、奖励研发创

---

① 吴建华：《不能忽视娱乐数字内容产业》，《中国信息界》2004 年第 18 期，第 36 页。

新、促进投资、人才培养、构建产业发展环境等，作为“数字内容产业发展指导小组”的幕僚机构。

2009年，台湾地区相关机构将“数字内容产业推动办公室”的功能交由“财团法人资讯工业策进会”执行，办公室主任也由“资策会”副执行长兼任。行政主管部门还成立了四个任务编组，分别是由“国科会数字学习国家型计划办公室”负责的数字学习发展组，由经济主管部门负责的数字内容产业推动组，由“国科会数字典藏国家型计划办公室”负责的数字典藏发展组，以及由新闻主管部门和工业主管部门共同负责的数字出版服务组。为推动台湾数字内容产业蓬勃发展，经济主管部门将2002年定为“数字元年”，并将五年作为一个发展周期。

在第一期（2002—2006年）内，行政主管部门在《两兆双星核心优势产业计划》中，将数字内容产业列为重要推动产业之一，并于2002年5月核定通过第一期《加强数字内容产业发展推动方案》，目标是推动台湾地区成为“亚太地区数字内容开发、设计及制作中枢”，并运用数字科技，提升台湾地区整体产业竞争力，带动相关制造业及周边衍生性知识型服务业的发展。

第二期《加强数字内容产业发展推动方案》于2007年开始启动，它将第一期“功能导向”的总体发展策略转变为“任务导向”，主要方向包括强化自有产品与版权、建立厚实产业价值链及跨业整合机制、增进国际合作与营销、引导政府与民间资金投入等。

2009年，台湾地区相关机构提出了六大关键新兴产业，其中包括文化创意产业。台湾地区行政主管部门随后成立了由“文建会”、经济主管部门、新闻主管部门组成的“文化创意产业推动小组”，并制定了《创意台湾——文化创意产业发展方案》。根据台湾地区《文化创意产业发展法》，数字内容产业是文化创意产业的重要组成，成了发展方案中的旗舰计划之一，由经济主管部门负责执行。

在法律法规方面，行政主管部门为了促进台湾地区数字内容产业发展，于2006年制定了《数字内容产业发展条例》草案，并于2007年8月通过。除此之外，台湾地区在数字内容各相关产业还颁布了各种法律法规，比如，经济主管部门制定的《电脑软件分级办法》于2007年实施，将电脑游戏分为普通级、保护级、辅导级和限制级。

（二）重点布局终端和运营环节，相关企业各显神通

目前，台湾地区的出版社、音乐公司、视频内容版权公司和游戏制作公

司等在数字内容制作方面已经比较成熟，相关传输网络建设已经比较完善，因此产业价值核心正在向运营和终端环节转移，这两个环节均涉及如何收费和盈利的问题。

在运营方面，互联网已经成为中国台湾数字内容业务运营的主要平台，电信运营商、ICP、设备商、传统出版商等各类企业都有所参与，主要面向岛内市场提供服务。在终端方面，台湾地区擅长制造PC、电视机、机顶盒、电子书、手机、学习终端等各类终端产品，其中一些产品还拥有全球领先的技术。随着这些终端的联网性能不断增强，终端设备企业可以基于设备提供从软件到网络平台再到内容的一揽子解决方案。

从具体企业来看，"中华电信"是台湾地区最大的电信运营商，2004年后通过MOD业务进入影音方面的数字内容市场。MOD全称为Multimedia On Demand，即多媒体数字互动电视，其特点是利用互联网接入，将丰富的高画质数字影音内容传送到用户家里。

在视频方面，早在2000年，台湾"中华电信"就推出了Hichannel的网络视频平台，提供网络直播、网络视频观看、网络广播业务。这项业务与MOD不同，主要面向宽带用户。除了通过浏览器观看，"中华电信"还提供软件终端Hifree，可以观看Hichannel的视频并收听来自KKBOX（与愿境网讯合作）的音乐频道。

在移动方面，"中华电信"除了拥有原先的emome品牌下的视频、游戏等业务平台，以及能够在手机上使用的Hifree外，在2009年10月还推出了Hami书城。至2010年年底，已有20万人使用过Hami书城服务，书籍杂志被下载超过100万次，而合作的出版社更是从17家上升到超过100家。2010年7月，"中华电信"进一步推出Hami书城漫画馆，成为整个台湾地区第一家推出漫画电子书增值服务的运营商。

愿境网讯旗下的KKBOX业务是台湾地区备受青睐的在线音乐业务，拥有450万的注册会员和34万的付费会员。在成立之初，KKBOX面临着酷乐音乐网（Kuro）等盗版MP3提供者的竞争。2005年Kuro因使用侵权音乐被台北地方法院判决有罪，此后，KKBOX迎来了发展的转机。KKBOX会员每月缴纳固定费用（目前为149新台币），即可自由点播联机目录中的歌曲或者下载到终端。而联机目录所提供的音乐内容皆由原始音乐创作人、制作商、发行出版商正式授权，经过数字版权管理（DRM）技术，同时结算使用版税给予音乐商。KKBOX目前已经成为台湾地区唱片市场、唱片公司新媒体销售宣传管道的重要收入来源之一，甚至部分音乐创作人也将其作为发行个人数字音乐创作的专门平台。KKBOX的品牌影响力已经深入音乐娱乐界，不再是简单的音乐下载工具，台湾地区每年都会举办“KKBOX在线音乐风云榜”评选活动。

智冠科技是台湾地区最大的游戏公司，也是两岸第一家上市的游戏公司。智冠科技成立初期，台湾地区盗版猖獗，正版游戏软件很难销售。智冠科技首先采取了“4美元策略”，即每卖出一个代理的游戏，需要材料成本1美元、版税1美元、营销成本1美元，而利润只定为1美元。其次，智冠科技创办了杂志《软件世界》以及免费刊物《软件世界追踪》，用来宣传游戏产业。依靠这两个手段，智冠科技在几年内就成了中国台湾最大的游戏代理商，并进入自制游戏领域。除了游戏的开发和运营外，智冠科技还拥有中国台湾最丰富的销售渠道资源，包括7-11、全家、OK、莱而富等便利店，以及彩券、3C卖场、电脑商城等1.6万家店铺。智冠科技的网络游戏储值卡为“my card”，可以通过智冠科技的丰富渠道购买，而“my card”本身也不再是简单的“网游点卡”概念，而是进一步拓展到了其他网络应用领域，比如其他网站支付、网页游戏等。

宏达国际电子股份有限公司(HTC)是台湾地区最主要的智能终端企业，从2011年开始加强了数字内容产业的投资布局。2011年1月投资香港TVB；2月收购视频公司Saffron Digital；3月投资KKBOX并取得一个董事席位。基于这些技术业务布局，2011年第二季度，HTC在其最新的多媒体手机Sensation和平板电脑Flyer中嵌入了其自行开发的HTC Watch应用服务。这也是HTC发展的首项数字内容服务业务，目前在中国台湾和美国、英国开通，未来将拓展至其他市场。HTC Watch业务目前主要提供电影的观看，用户可以通过租用或者完全购买两种方式来获取电影内容，其中租用的价格一般为48元新台币，需要在48小时内观看，购买需要188到288元新台币，没有时间限制。HTC Watch最能吸引用户的地方就在于租用电影的价格远低于市面价格，而且使用方便。

(三)企业积极学习海外经验，重视商业模式的创新

从台湾地区数字内容产业发展来看，数字内容产业本身具有以下特点：数字内容生产成本高昂，但是复制成本却相对低廉，类似于软件和互联网产业，边际成本递减明显，因此若无足够的市场规模难以获利，资金的周转期也较长；数字内容商品的使用往往需要特定平台，消费者在习惯于某种平台特性后较难更换，因此前期用户培养很重要；数字内容产业是内容创意产业，与生活体验、美学素养、人文知识高度相关。

目前，台湾地区的数字内容产业发展还存在一些问题，比如，产业政策

规划缺乏主轴(与文化创意产业规划有一定的重合度),以中小企业和小工作室为主等。这其中的主要原因还是在高技术产业模式对台湾地区发展的深刻影响下,企业和投资者的思维尚未转变。不过,在台湾地区相关机构的推动下,台湾地区数字内容产业确实在快速壮大,产业结构调整也较为显著。

台湾地区的数字内容产业发展带给我们的主要启示表现在两方面:

第一,积极学习海外经验,制定产业规划。台湾地区借鉴了日本、韩国、美国、欧洲等国家和地区的数字内容产业发展经验,比如,产业分类就参考了日本的"内容产业"以及"关联产业"划分。有了明确的产业界定和规划,在研究产业政策和存在问题时也就有法可依。

第二,企业重视商业模式的创新。综观台湾地区成功的领先数字内容企业,其创新的重点均在商业模式方面,而对于内容本身创新关注尚少。随着台湾地区数字内容产业的进一步发展,产业价值将向内容本身转移。但目前的产业发展初期,商业模式创新显得异常重要,有了一定的用户和资本基础也会方便未来转型。

电信运营商由于组织机构一般比较庞大,业务流程较复杂,创新型业务的发展较困难。因此"中华电信"的增值内容服务计划最后只剩下在线音乐,而音乐业务本身也是更多地与其他企业合作。"中华电信"在IPTV市场快速发展,除了其网络优势外,另外一项主要因素是当地政府的监管策略。总体来看,台湾地区电信运营商在数字内容产业中属于平台提供者,而基本不会直接在内容上进行设计和生产。

对于增值业务(SP)企业,尤其是在线音乐企业,参考愿境网讯的发展经验,早期台湾地区盗版猖獗,因此唱片公司在收入快速下降的情况下愿意通过新的平台来发展市场。不过最重要的还是当地法律环境对数字音乐版权的保护,使得盗版音乐市场开始收敛,才能够推动正版在线音乐市场的发展。

对于游戏企业,台湾地区企业主要依靠低价策略发展单机游戏市场,培养用户的正版使用习惯,从而为自制游戏的发展建立基础。不过目前中国台湾的游戏产业发展主要依赖于网络游戏,这一点与全球某些国家和地区类似。

对于终端设备企业,目前台湾地区主要依靠技术和设备在全球领先。尽管个别企业已经开始向内容服务延伸,不过这种延伸才起步,目前还不知道是否有较大市场潜力。

第三章

媒体融合与数字内容产业融合

随着信息技术的发展，媒体融合已经成为当今媒体发展一个不容置疑的趋势，其理论也成为当前传媒学界和业界最为热门的话题之一。2010年1月13日，国务院总理温家宝主持召开国务院常务会议，决定加快推进电信网、广播电视网和互联网三网融合。会议指出，要推进电信网、广播电视网和互联网融合发展，实现三网互联互通、资源共享，为用户提供话音、数据和广播电视等多种服务。这是媒体融合这一全新理念首次上升到国家战略层面。

媒体融合不仅在于媒体技术上的融合，更在于内容的融合。“内容为王”已成为当今各类传媒发展的核心内容。数字内容产业本身就是融合的产物，以三网融合为核心的媒体融合为数字内容产业的发展带来了契机。本章主要分析媒体融合的内涵及其表现形式，探析媒体融合对于数字内容产业发展的意义，并从产业融合的视野窥视数字内容产业融合的特点。

第一节 媒体融合的内涵及现状

一、媒体融合的内涵

"媒体融合"(Media Convergence)是近年来传播学术界比较热门的一个概念,在新媒体和传统媒体并存的当下,在媒体产业和媒体市场的竞争中,各种媒体形态在自身已经比较成熟的情况下,纷纷通过应用日益成熟的数字技术来增强自身的竞争力。新媒体和传统媒体在竞争中开始走向联合,呈现出融合的态势,并初步显现出融合特征。媒体的融合在传媒行业中自然发生,呈现出纷繁复杂的状态,因此学界对于"媒体融合"概念的内涵也存在着争议。正如有些学者所说,"媒体融合"只是一种发展趋势。我们现在看到的一些现象,很可能只是其中的一种表现形式,随着社会的发展以及技术的进步,媒体融合必然会呈现出更多的表现形式,而很多发展趋势是我们无法预测的,正如十年前我们无法预测现今微博、微信大行其道一样。

关于"媒体融合"一词,有人指出是美国麻省理工学院媒体实验室创始人尼古拉斯·尼葛洛庞帝(Nichols Negroponte)首先提出的,1978 年他提出"融合"(Convergence)的概念:"所有的传播技术正在遭受联合变形之苦,只有把它们作为单个事物对待时,它们才能得到适当的理解。"①也有人指出"媒体融合"的概念最先是由马萨诸塞州理工大学的浦尔(I. Pool)教授提出的,指各种媒介呈现出多功能一体化的趋势,最初人们关于媒体融合的想象更多地集中在将电视、报刊等传统媒体融合在一起。②

浦尔教授对于媒体融合的关注主要在融合模式(Convergence of Modes)上,也即是媒介传播技术上的融合,他在《自由的科技》(*The Technologies of Freedom*)一书中指出:"对于目前融合的解释和历史上的分离通讯模式认识的不同是在数字电子应用的习惯上产生的,现在绘画、戏剧、新闻和文字越来越多地通过电子形式传播……电子和数字技术会将所有的传播模

① 王菲:《媒介大融合》,南方日报出版社 2007 年版,第 4 页。

② 王漱蔚:《媒介融合:传媒业发展的必然趋势》,《当代传播》2009 年第 2 期,第 55—57 页。

式纳入一个大的系统中。"①

美国西北大学教授戈登(Rich Gordon)在2003年归纳出"媒体融合"的五种类型:一是所有权融合,即大型传媒集团拥有不同类型的媒介,以实施这些媒介之间的内容和资源共享;二是策略性融合,即所有权不同的媒介之间在内容上共享;三是结构性融合,即与新闻采集与分配方式相关,如报纸新闻加工打包后出售给电视台;四是信息采集融合,即新闻报道层面上一部分新闻从业者需要以多媒体融合的新闻技能完成新闻信息采集;五是新闻表达融合,即记者和编辑需要综合运用多媒体的、与公众互动的工具与技能来完成对新闻事实的表达。②

此外,还有一些定义是侧重于对媒体融合综合性的描述,如詹金斯(Jenkins)详细阐述了媒体融合的三种形式:技术融合、产业融合、社会或组织融合。③ 美国新闻学会媒介研究中心主任安德鲁·尼克森(Andrew Nachision)的观点:"印刷的、音频的、视频的、互动性数字媒体组织之间的战略的、操作的、文化的联盟。"他强调"媒体融合"最值得关注的并不是集合了各种媒体的操作平台,而是媒体之间的合作模式。④

对于"媒体融合"的定义,在国内学者中也有不同看法。最早系统研究媒体融合的中国人民大学蔡雯教授,通过对国外学者此方面研究的分析,她认为比较有代表性的观点有以下几种。如美国南加州大学安利伯格传播学院教授Larry Pryor认为:"融合新闻发生在新闻编辑部中,新闻从业人员一起工作,为多种媒体的平台生产多样化的新闻产品,并以互动性的内容服务大众,通常是以一周七日、每日24小时的周期运行。"⑤而四川大学新闻传播研究所所长、博士生导师欧阳宏生教授认为,媒体融合包括技术融合、产品融合、业务融合、市场融合、组织融合等方面。国内学者如高钢、陈喜红等认为,媒体融合这一概念,并不仅仅指媒介产业内部各不同形态的媒介之间的融合,它还包括媒介行业与其他行业之间的整合⑥。

此外,国内其他学者多是根据国外的一些研究进行适当的归纳和延伸,这里就不再一一列举。国内外的学者,在探讨"媒体融合"的定义时,都

---

① Richard A. V. Diener.:*Technologies of Freedom*,Journal of the American Society for Information Science,1987,38(4),p313.

② 《再论"媒介融合"》,http://www.baoye.net/News.aspx? ID=209375。

③ Jenkins H.:*Convergence? I Diverge*,Technology Review,2001(104),pp.93—94.

④ 蔡雯:《融合:新闻传播正在发生重大变革》,《新闻战线》2009年第6期,第12—17页。

⑤ 蔡雯:《从"超级记者"到"超级团队"——西方媒体"融合新闻"的实践和理论》,《中国记者》2007年第1期,第81页。

⑥ 刘艳、童婵瑶:《媒介融合的动力分析》,《现代视听》2008年第12期,第17页。

特别强调了"融合"(convergence)的含义,并寻找到这个词的词源。根据《牛津高阶英汉双解词典》,它有两个意思:(1)线条、运动物体会于一点,向一点会合、聚集;(2)(用于比喻义)两种事物相似或者相同。因此,媒体融合就有两层意思,第一层意思是"汇聚""结合",是将不同的媒介结合为一个共同体,是低层次的"融合";第二层意思才是融合,是将不同的媒介形态"融合"为一种,是突破媒介形态的内在的统一,是融合发展的最高阶段。[①]

在这个意义上的媒体融合,体现出一个过程性,从最初的不同媒体之间的合作,到组建多媒体传媒集团,再到实现全媒体传播的内容和形式的融合。从简单的汇聚、合作,到真正意义的"融化"结合,这是一个逐步发展和程度不断加深的过程。虽然"媒体融合"的内涵绝非"各种媒介形态功能的一体化"的表述能完全涵盖的,但是众多西方学者对"媒体融合"概念做出界定的尝试,正是试图用学术语言完成对不同媒介形态之间对于各自传播形式和传播特点的相互使用,并向数字化方向发展而显露出融合这一过程的描述。正由于媒体在融合的过程中显现出不同的形式,对于"媒体融合"概念的界定才会出现众多意见。正如2002年在一次学术会议上南卡罗来纳大学大众传播系主任查尔斯·俾尔巴渥(Charles Bierbaver)所说:"大家观点不同反映了这样一个事实:在不同的国家、不同的媒体组织、不同的媒介文化环境下,媒体融合有着不同的表现。"

对于"媒体融合"的界定会因为视角不同而得出不同结论,或侧重于媒体技术上的融合,或侧重于媒体产品生产的融合,或侧重媒体组织之间的融合,或侧重媒体文化,等等。多样化的视角带来多种定义,我们认为"媒体融合"作为新闻传播界正在探索的一个前沿性课题,属于国际传媒大整合之下的新作业模式,简单地说,就是把报纸、电视台、电台和互联网站的采编作业有效结合起来,资源共享,集中处理,衍生出不同形式的信息产品,然后通过不同的传播平台传播给受众。这种新型的作业模式催生的"融合新闻"已逐渐成为国际传媒业的新潮流。以信息海量、双向互动性、共享性、全时性等优势独树一帜的数字媒体为信息传播提供了一个从未有过的综合表现方式。具体而言,媒体融合的表现形式主要有两种,其一是在传媒界跨领域整合与并购,并借此组建大型的跨媒体传媒集团,打造核心竞争力,应对激烈的市场竞争;其二则是通过媒体技术的融合,将新的媒体技术与旧的媒体技术联合起来形成新的传播手段,甚至是全新的媒介形态。

---

① 陶喜红:《媒介融合的效应分析》,《新闻界》2007年第6期,第19页。

二、我国媒体融合的现状

我国在1998年曾提出过“互联网、电信网、电视网三网合一”的设想，但后来因中国电信拆分，导致该设想无疾而终。不过“三网融合”始终是人们热议的话题，并被认为是行业不可阻挡的趋势。党的十六届五中全会公布的“十一五规划”明确提出：“加强宽带通信网、数字电视网和下一代互联网等信息基础设施建设，推进‘三网融合’。”这表明在宏观政策层面上出现了新的曙光，标志着国家决心打破行业壁垒，这将极大地推动作为传统媒体的广电业以及电信业和信息产业之间的融合。全国人大代表、中国网络通信集团公司原总经理助理兼计划建设部总经理朱立军曾在2006年“两会”的议案中谏言尽早出台三网融合政策，并预测：“如果实行了鼓励电信网络服务广电的三网融合政策，不但将减少国家重复建设约2000亿元，而且在2008年，通信网络所承载的媒体娱乐业务收入将达1200亿元左右，仅此一项业务将促进我国GDP增长约0.8个百分点。”[①]目前，三网融合从技术上来看已经不存在障碍，从现实必要性上来讲也不再存在争议，在以IPTV和手机电视为代表的融合类业务的推动下，我国的三网融合已经取得了较大的进展，行业之间建立了适当的合作模式，并得到了市场的认可。

目前，在国内，媒体融合还仅停留在初级层面，属于尝试阶段。就当前情况而言，主要有以下几种形式：

(1)报纸与网络的融合。这其中最早的要数1997年《人民日报》、新华社先后推出自己的网站——人民网、新华网。《北京日报》《北京晚报》《北京青年报》等十几家传统媒体也紧随其后进行了颇具规模的跨媒体合作，推出了千龙新闻网。今天，国内大大小小的报纸几乎都有各自的网站、电子版。

(2)电视与网络的融合。如2002年4月4日，新华网联合北京电视台《荧屏连着我和你》栏目开展跨媒体合作，使网络和电视媒介有机地结合在一起。合作的内容涉及《荧屏连着我和你》最新节目的内容实录、往期回顾，以及访谈话题和观众的征集、编导手记、媒体评论、嘉宾手记等诸多内容。

(3)报纸和电视融合。2006年1月22日，大连日报社主办的《北方体育报》联合大连数字电视教育频道、大连沿海传媒有限公司创办《北方体育

① 唐自华:《人大代表谏言“三网融合”》,《中国新通信》2006年第7期,第14页。

报》电视版，标志着我国第一个专业报纸电视版项目启动。

(4)全媒体化——媒体全方位、立体化融合。这其中烟台日报传媒集团创建的“全媒体数字采编发布系统”比较具有代表性，在这一全媒体数字平台中，集团记者采集的同一个内容包含文字、图片、音频和视频等素材，全部进入全媒体数据库。

(5)其他媒体融合方式。如手机报、手机电视等。目前，不少报纸开设了自己的手机报，大部分是由报社与电信部门合作。

第二节　媒体融合的动因分析

当今社会是一个媒体高速变革的社会，网络、手机、博客、流媒体等新的媒体形态不断涌现，媒体技术已经从推动媒体发展的辅助力量转变成媒体发展的最强大的原动力。此外，在技术的推动下，报纸、广播、电视、网络、手机等媒体形态之间的界限日益模糊，网络广播、手机电视、手机报纸等媒体的汇流展示了媒体走向融合的大趋势。媒体融合是指在数字技术的基础上，报纸、广播、电视、网络、手机等媒体形态在内容和形式上走向一体化。所有的媒体将在数字平台上得以展现，在手机媒体上得以交汇，在跨媒体集团中得以运营。媒体融合能够得以实现主要归因于以下四个方面。

一、受众需求的召唤是媒体融合得以实现的内在动因

人类历史中的每一个进步都由人类自身的某种需要作为内在的动因。在人类文明进程中，始终可见的是“需要——创造——新需要——再创造”这样的求索轨迹。在媒介发展的进程中也是如此，受众的需求是支撑每一个创新和进步的最重要的内驱力量。麦克卢汉在《理解媒介》一书中提出，媒介是人的延伸。媒介发展过程中，受众的需求是支撑每一个创新和进步的根本动力，媒体融合的理论探索和业界实践正是为了满足受众的多元化需求。因而，对于媒体融合的理论假设和不懈探索，绝不是出于科学家及学者们单纯的好奇心或研究兴趣，而是源于他们对受众潜在需求的及早发掘和对理论与技术可能性的率先探索。

首先，媒体融合相对于传统媒体的分立状态而言，最主要的变化是使受众实现了对不同媒介内容的集合式消费。所以，媒体融合的价值和可

行性是建立在受众对于不同的媒体内容的集合式需求，即综合性需求(Integrated and Convergent Needs Clusters)上，它表明了消费者对于能够满足一系列相关性需求的单一供给者的偏爱。① 受众的这一需求是随着网络媒体的发展而被逐步激发的，网络媒体带有传播非地域性、信息容量超限性和信息链接无限性的特质，这些特质使人类的信息传播方式产生了革命性的变化，也带来了人类信息消费方式的改变。网络媒体彻底改变了受众地位，同时也改变了信息消费方式——由传统媒体对信息的分割式消费向集合式消费模式转变。人们已经不满足于对报纸、广播、电视、书刊的分割式消费，更希望在网上看报纸、听广播、看电视、读书刊，只要拥有一台电脑、一部手机或一台数字电视机，便可满足多样性的媒介需求，如同在超市购物一样，不用分别跑食品店、服装店、日用品商店等。网络媒体的海量内容激发了人们潜在的集合式需求，加速推动了传统媒体在网上实现跨媒体融合的步伐。

其次，媒体融合将带来受众地位的革命性变化。受众地位从被动向主动转变：一方面，在选择媒体内容方面变得更加自由和主动——可以自由选择观看节目的时间和地点，比如，网络电视可以实现异步传输和非线性传播，手机电视可以实现移动收视等；另一方面，人们越来越不满足于传统的单向传播，而更倾向于传受之间的双向互动，传统媒体与网络和电信业的融合，可以使更多的受众获得作为传播者或内容提供者的满足。

再次，如今的受众已不再满足于信息同质化的大众传播，而倾向于适合小众口味的内容和个性化的信息服务。昔日定义受众的主要参数，例如性别、年龄和收入等，已经被受众需求、生活方式，以及个人特征等要素取代，需求个性化、多样化是现代社会的特征之一。而媒体融合恰恰可通过崭新的媒体形态开拓和满足受众的新需求，更加细分化地适应社会的多样化需求，从而提供更加丰富的内容和渠道选择。受众主体地位的确立、个性化需求的张扬，以及传受关系的改变，都在一定程度上推动了媒体融合的进程。

二、数字技术是媒体融合得以实现的技术平台

科技革命正在改变着媒体及媒体生态环境，数字技术成为支撑所有传

---

① [意]玛格赫丽塔·帕加尼：《多媒体与互动数字电视——把握数字融合所创造的机会》，罗晓军等译，人民邮电出版社2006年版，第8页。

媒存在的基础、技术标准与发展方向,正在改变不同形态传媒的边界。报纸、广播、电视、网络、手机都将建立在数字技术的基础之上,电子媒体和纸质媒体的信息在到达受众前也已经处理成数字形态。所有的媒体内容都必须数字化,数字出版、数字广播、数字电视、数字音乐都必须实现在数字平台上运行。现代化的数字压缩技术能使报纸、图文、电话、广播、电视、电影的传播功能融于一体,信息发布过程简易,运营成本低廉。数字媒体平台不仅可以使信息、娱乐和广告传播变成个人化的、参与式的、亲密的、移动的、可测的,而且可以搭载人类文明的所有创造物,可以延续传统媒体的生命。

为此,新华社新闻研究所所长陆小华提出了数字媒体观。他认为,不同形态的传媒,如广播、电视、互联网、手机短信和数据库,是基于数字技术内核及其运作规则和分享基础的不同传播方式或不同传播手段。数字技术为不同传媒提供了资源整合的平台和基础,也为不同传媒形态或业态的聚集提供了新的基础,并且提供了分享资源和影响力空间的内在机制与条件。

数字技术对媒体融合的影响主要体现在媒体内容的生产和使用过程中。数字技术的本质特点是兼容、开放、共享,数字技术将文字、图像、语音、影像等资料加以数字化并整合运用。数字传媒改变了以往某类传媒仅提供单一形态信息的特点,如今任何传媒都具有了提供多媒体信息及产品的能力;并且使得采集、处理的内容得到更深度的共享和重复使用。其发布的信息可以通过各种平台或通道进行传播,而受众亦可以通过多种数字化终端进行接收。过去人们单一地看电视、看报纸、上网,现在则谋求媒体的整合贯通,如在手机上看报纸、看电视、上网。融合已经成为媒体行业的趋势和潮流。

三、手机是媒体融合得以实现的媒体平台

在全球传媒研究协会第三届国际会议上,上海交大传播系姜进章副教授提出了"手机是技术黑洞"的理论。他认为,手机媒体将是吸纳所有信息技术的"黑洞",互联网、电视、报纸、广播等媒体技术都将在手机媒体上会合。手机犹如一个大磁场,尽情地吸纳现有的和以后出现的媒体技术。当手机只能传输声音时,它与固定电话没有本质的区别,只是一种通信工具;当手机可以阅读时,它就成了真正的媒体。随着科技的创新,彩信、WAP等一些新的技术得到广泛应用,手机越来越多地被人们称为"第

五媒体”。手机的通讯功能渐渐被淡化，娱乐游戏、网络社区、信息服务等附加功能不断增加，手机小说、手机报纸、手机电视、手机电影等手机新功能都已出现。

随着3G技术的成熟，3G手机已经突破了多媒体功能的局限，拥有对数据和多媒体业务强大的支持能力以及在线影视、阅读图书等多种多样的流媒体业务，3G手机的发展势不可挡。它能够处理图像、音乐、视频流等多种媒体形式，提供包括网页浏览、电话会议、电子商务等多种信息服务。手机除传统的通讯功能之外，其所能提供的网络社区、信息服务等诸多增值功能，成为信息行业、新闻媒体、SP领域最具潜力的经济增长点。手机媒体是“实时通信＋报纸＋电视＋广播＋网络＋移动工具”的结合体，代表着受众真正的分散化、小众化、个性化，预示着传统媒体接触时间的下降，传统媒体的生存方式面临巨大的颠覆。

在实践方面，手机电视、手机报纸、手机上网等基于手机的融合媒体已经开始运营。手机电视的实质是利用具有操作系统和视频功能的智能手机观看电视节目。2004年4月，中国联通在全国范围内推出“视讯新干线”移动流媒体业务；同年6月，上海文广和中国移动签署了开发流媒体手机电视业务的合作，通过手机同步收看中超比赛成为现实。紧接着，天津联通开通基于CDMA手机的掌上电视(GOGOTV)，利用CDMA移动通信网络，在手机上成功实现流畅、清晰的视音频传输效果，轻松收看天津卫视、中央电视台和其他省市电视台节目，使近20套丰富多彩的各类移动视音频节目的消息热传于坊间。而所谓的手机报纸是指，将纸媒体的新闻内容，通过无线技术平台发送到用户的彩信手机上，使用户每天在第一时间通过手机阅读到当天报纸的全部内容。2004年7月18日，《中国妇女报》推出了全国第一家手机报《中国妇女报》(彩信版)，引起各类媒体关注。同年12月，重庆各大报纸联手推出《重庆晨报》《重庆晚报》和《热报》WAP手机上网版，其成功使得各地同行跃跃欲试。2005年5月，《浙江手机报》正式开通，引发杭城报业上网热。

根据Computer Industry Almanac发布的有关研究报告，2005年全世界手机用户突破20亿，中国拥有世界最多的手机用户，总人数达3.98亿。据2005年12月发布的一项调查结果显示，美国手机用户中，3%使用视频，6%听音乐，8%玩游戏，14%下载彩铃和壁纸，19%发图文信息。手机媒体之所以能够成为媒体融合的平台，主要是因为其流动性和使用的便利性，以及对新技术的集聚效应。无论是电视、互联网，都受制于相对固定的终端设备，其移动性较差，而手机则具备很强的移动性，使用方便，受到受众的青睐。各种媒体纷纷与之嫁接、融合，使其形态在手机上得以展现。另外，对技术的强大融合能力也是手机的重要优点，信息技术的每一项新成果，几乎都能在手机上得以应用。手机成为包容各种媒体形态的平台，各种媒体都能在手机上共生共赢。

四、跨媒体集团是媒体融合得以实现的运营平台

在媒体运营上，跨媒体发展成为媒体行业的规律。时代华纳、新闻集团、维亚康姆、迪士尼等世界传媒巨头都是横跨电视、电影、网络等多种媒体，甚至横跨多种产业的媒介帝国。正如中山大学林江提出的"碎片化"理论一样，在一个碎片化市场上，媒体公司已无法单纯依靠某一种旗舰节目或出版物获得大批受众。相反，要获得大批受众，需要通过一个遍布一系列平台的传媒工具组合。

以美国在线—时代华纳集团为例，这个全球性的传媒集团出版 64 种平面媒体，拥有 2.68 亿读者，旗下时代华纳贸易公司拥有两个出版社，并提供书刊直邮服务。WB Television Network 公司经营着 16 座电视广播站，拥有全美 25%的电视用户。时代华纳有线系统公司拥有有线用户 1280 万个，是美国最大的有线电视网，控制了全美最大的 100 个市场中的 22 个。华纳兄弟国际电视公司向 175 个国家的电视台发行 40 种语言 4 万个小时的电视节目及部分电影节目，华纳兄弟国际影院公司在多个国家拥有 1000 多个电影院线。华纳兄弟旗下的影音资料馆 The West Wing 拥有 6500 部电影、3.2 万个电视节目及 1.35 万个动画节目，AOL 拥有 2800 万顾客，华纳音乐集团是全球最大的音乐内容及产品提供商之一。[①]

规模经济和范围经济成为媒体融合的经济学基础和最强大的经济动力，传媒具有典型的规模经济和范围经济的特征。规模经济和范围经济指的是传媒企业在不同市场经营时的成本效率问题。规模经济存在于任何边际成本低于平均成本的产业中，当每多生产一个单位产品的成本随着生产规模的扩大而降低时，就出现了规模经济。对于大众传媒的信息产品而言，边际成本趋于零，信息可以几乎以零成本无限制地进行复制。当同时生产和销售两个或更多相关产品比分别生产和销售这些产品更合算的时候，就出现了范围经济。传媒产业的范围经济可以横跨传媒市场的多种产

---

① 陈钢：《传媒集团扩张的三种模式》，http://www.people.com.cn/GB/paper79/9251/858703.html。

品组合,以实现效益最大化。

不同的媒体形态的融合,为媒体集团提供了不同的信息产品销售渠道。在规模经济和范围经济的作用下,节目供应商可以通过仔细安排在不同发行渠道投放他们作品的顺序和时间,来最大化地发行和播放他们的作品进而获得超额利润。比如,维亚康姆可以通过它旗下的派拉蒙电影公司来制作电影,然后通过它的付费频道“娱乐时刻”(Showtime)将之推给观众,还可以通过百视达录像及音乐商店(Blockbuster)的录像带租赁获得额外利润,最后通过旗下其他的发行放映以及出版渠道合力向外推广。

西方传媒实现媒体融合的手段,大多借助于兼并和重组。对世界传媒业来说,20 世纪 90 年代中后期至 21 世纪初,是一段激情燃烧的岁月。传媒巨头们的兴趣已不再是兼并中小传媒企业,他们热衷于吞并那些知名度较高、竞争能力较强的大中型传媒企业。较有代表性的案例有时代华纳公司合并美国在线。2000 年 1 月 10 日,美国在线公司和时代华纳公司合并,组建“美国在线—时代华纳公司”。这是一个庞大的互联网和传媒业集团。美国舆论称,“这是网络时代的里程碑”,“可能是因特网世界发展至今最为重大的事件”。另外还有维亚康姆兼并美国哥伦比亚广播公司。1999 年维亚康姆以 370 亿美元收购了美国三大电视网之一的哥伦比亚广播公司,两个公司的合并于 2000 年 4 月完成。

第三节 媒体融合的表现形式

媒体融合的表现形式涉及的范围比较广,从目前国内外媒体的具体实践来看,其表现形式纷繁而多样,有信息传播形式的融合,内容生产的融合,从业人员业务技能的融合,媒体间不断进行的兼并等。因此,对于媒体融合的表现形式有必要归纳出一个较为清晰的框架。我们认为,从媒体融合的具体表现方式上看,当前媒体融合主要表现在内容生产的融合、媒体终端的融合,以及媒体组织的融合三个方面。

一、内容生产的融合

所谓内容生产的融合,是指面对报纸、电视、手机、网络等不同形态的媒体,对其传播的内容进行一体化的生产,不再将各媒体视为独立的形态,从而最大限度地利用资源，减少内容生产的制作成本，获取内容生产最大限度的收益。这是不同媒体间不断进行融合，发展到一定阶段后的产物。融合的动机主要有两个方面：一方面为了适应多种媒体形态的发布信息需要；另一方面则是为了提高信息的利用效率，扩大信息的影响力，节约媒体资源，降低内容生产成本。

美国的一些大型媒体组织较早开展了内容生产融合方面的尝试，例如，美国媒体综合集团(Media General)在佛罗里达州坦帕市建立的“坦帕新闻中心”(Tampa's News Center)，是美国新闻界公认的进行媒体融合试验比较成功的典范。2000 年，美国媒体综合集团投资 4000 万美元在坦帕市建造了一座传媒大厦，将其旗下《坦帕论坛报》、网站 Tampa Bay Online、电视台 WFLA-TV 还有集团网站 TMO.com 的编辑部一起搬入大厦办公，虽然这几家媒体有各自独立的人员、办公区域和运作机制，但实行资源共享。大楼内部设有统一的突发新闻指挥台，能在第一时间将突发新闻传递给分布在其四周的三家媒体，并有专人指挥、协调对新闻的采访。媒体综合集团设立一个“多媒体新闻总编辑”，统管三类媒体的新闻报道。该总编辑负责寻找适合在报纸、电话和网站上同时报道的重要新闻线索，进行报道策划，并组织和落实报道。总编辑通过每天的编前策划会使三类媒体在新闻采编方面实现联动。坦帕新闻中心的这种媒体融合模式被称为“合作操作模式”(cooperation model)①。

从目前媒体融合的形式来看，坦帕新闻中心的这种“合作操作模式”具有明显的优势。首先，它整合了不同媒介形态的资源，实现唯一的制作中心，这就减少了员工规模，有利于削减采访和编辑的成本；其次，在总编辑的统一管理下，可以就一个新闻线索根据不同媒介表达形式的差异，从多个角度进行策划报道，实现了新闻信息资源的充分利用，达到信息价值的最大化；第三，根据不同媒介表达形式制作的内容能够契合该媒介的传播特点，达到信息传播效果的最大化，又能实现报纸、电视台和网站的同时占有，巩固和扩大市场占有量，有利于提高媒体自身的知名度和打造品牌影响力。

媒体内容生产的融合是一个不断发展的过程，由不同媒体保持自身独立地位的同时开展以内容交换为主要形式的合作，向最终实现多种媒体形态内容生产一体化的方向发展，呈现出融合深入发展的趋势。

1992 年美国的《圣何塞信史新闻报》创办全球第一份电子网络版报纸；

① 蔡雯：《融合：新闻传播正在发生重大变革》，《新闻战线》2009 年第 6 期，第 12—17 页。

1993 我国的《杭州日报》成为国内第一份拥有网络版的报纸;2009 年美国《基督教箴言报》则宣布停办纸质日报,将报道和编辑资源集中于网络版,成为美国首家以网络版替代纸质版日报的全国发行的报纸。同时,报纸也与其他传统媒体进行有益的合作,比如,我国湖北的长江商报社与湖北城市电视台组成战略合作伙伴。这是报纸媒体在媒体融合方面做的大胆尝试。除此之外,传统媒体对于媒体融合的尝试还在于通过媒体组织的联合,共同成立新媒体公司或组成综合媒体集团。如 2002 年 3 月北京"千龙网"首次以产业的形式实现了电视、报纸、广播和网络的融合,随后上海九家单位联合成立的"东方网",广东报业集团与广播电视、出版单位联合打造的"南方网",都成功地实现了跨媒体的融合。①

各类型媒体在保持自身传播特点和内容独立制作的条件下,通过资源的整合,实现内容的多渠道发布,比如,报网融合,报纸与电视台联动等。这种形式的融合实现了媒介内容的多渠道发布,同时占有报纸、网络和电视等主要媒介形式,扩大了各自品牌的影响力,有利于对市场的巩固和开拓。但是这种不同媒体的简单合并或合作,却没有达到削减生产成本的目的,各媒体之间只是实行内容上的交换和共享,虽然扩大了新闻传播的覆盖面,但也造成了报纸与网站、电视等媒体的内容同质化,并未打破不同媒介之间的壁垒,只能与"媒介集团化"联系在一起,被视为一种短暂的过渡行为。因此,不同媒体实现内容生产上的融合,就是为了打破各媒体之间"各自为战"的状态,将融合的程度进一步加深。

就媒体而言,内容的生产是其最重要的职能之一,在媒体融合的实践上,首先表现的就是内容生产方面的融合。内容生产的融合建立在一个全媒体的生产平台上,同时依赖媒体技术和媒体组织融合的支持。在拥有多种媒体的状态下,媒体的内容生产不再局限于不同媒体之间的分工与合作,而是体现在不同媒体和信息传播终端之间对于信息的分享,如报纸和网络之间的合作。媒体内容生产的融合,不仅实现了信息的多媒体发布,更实现了媒体与受众的互动提升和内容共享。

媒体内容生产的融合要求从业人员在进行内容的生产制作时,必须具有多种媒体形式的采编和制作技能,也就是从业人员在媒体技能上必须具备复合型的才能。2010 年安徽省最大的都市报《新安晚报》为全体记者配备了当时最先进的智能手机 iphone4,率先在全国建立起一个"全媒体"的

① 关梅:《媒介融合的现状及其应对》,《新闻爱好者》2008 年第 3 期,第 15—16 页。

记者采编队伍。[1] 这正是为了适应全媒体时代的媒体内容生产的需要。《新安晚报》经过多年发展，目前已经成为一家集报纸、网络、音视频、手机报等多种媒体形态于一体的综合媒体。为适应企业发展需要，《新安晚报》为编辑记者配备先进的具备信息采集、传输、储存等功能的智能手机，这些编辑记者就由过去只负责采集文字和图片，转型成为同时负责采集文、图、音视频的全媒体记者。这就要求记者不仅能够拍照、录像、录音、文本录入，采集多媒体素材聚合成为多媒体稿件，而且能够随时随地通过高速网络，实时回传现场最新信息、图片、音视频，实现“记者现场采集，全天候滚动播报”的信息发布要求。

由上述事例可以看出，在媒体融合时代，由于全媒体信息发布的要求，媒体内容生产的融合必然要求记者在业务技能上要“与时俱进”。在采访业务中，既是一名平面媒体的记者，也是电视台的摄像记者，更是网络媒体全媒体形态的记者；在写作能力上，不仅要适应平面媒体发布的需要，更要符合电视、网络等其他媒体的信息发布特点的要求。从业人员在业务技能上的融合，一方面，最大限度地提升了其业务水平，节约人力资源；另一方面，也有利于推进内容生产融合的进一步发展，满足全媒体时代的内容生产制作的要求。

二、媒体终端的融合

媒体终端的融合，是指媒体内容实现文字、图片、音频、视频等多形式的发布，并在一个或几个终端上显现，它是媒体产品形式的整合和集聚。

目前，人们通常使用的3G/4G智能手机，既是移动通信设备，满足人们对于人际交往的需求；又是一台便携式计算机，通过3G/4G快速通道接入网络，实现信息的收发活动；它也是一台轻便的电视机，可以收看直播或历史的电视节目；更是一个电子阅读器，可以满足用户对于电子文档的阅读需求。凡此种种类似功能，都让人们感受到媒体终端的融合。对于媒体来说，其生产的多媒体形式的内容，无论是文字、图片、视频或音频，都可以在一个终端上显示，完全满足用户各方面的需求，同时也提高了媒体内容推送的效率，实现对目标用户的占有。

媒体终端的融合是建立在计算机、通信和电子产品的融合的基础上，

---

① 新浪新闻中心：《新安晚报全媒体新闻采编团队诞生》，http://news.sina.com.cn/m/2010-11-22/140821513110.shtml14。

基于对网络的接入，实现对媒体发布信息的获取，并能够自主地实现与媒体的互动，影响媒体内容的生产。在这种形势下，用户（受众）在信息传播过程中的被动地位正在悄然发生变化。同时，媒体终端的融合在实现媒体产品形式融合的基础上，或将可能导致网络、媒体、通信三者的终端实现"大融合"，打造出一个全新的多媒体数字平台。在这个平台中，媒体是信息内容的制作者和提供者，更是提供服务满足市场需求的主体。这个平台不再受到时间和版面空间的限制，不再受到媒体信息储量的限制，而能够实现多种形式的媒体内容的集中展现。这个平台可以实现全天候的信息内容的更新和信息接收；而用户也最大限度地实现了信息接收活动的自由，他可以自由决定浏览的内容、顺序和时间，可以随时进行信息的获取和信息的发布，同媒体进行随时的互动交流和信息反馈。受众将在媒体终端的融合面前获得在此前漫长的历史中人类都不曾体验过的高度的信息传播自由。

三、媒体组织的融合

媒体组织的融合，是指媒体在所有权、内部结构、管理和经营上实现融合。

在媒体组织的融合中，最关键的问题是媒体所有权的融合，这种融合又分为以下两种情况。一种是结构性融合，即同属一家媒体集团的多种形式的媒体，所有权为这个媒体集团所有，在统一的目标下为集团的整体战略发展目标服务，这种形式的融合可以称为结构性融合。在结构性融合中，也有一种情况需要注意，那就是媒体集团进行的兼并或重组，如美国时代华纳（AOL），尽管时代集团和华纳集团之间实现了合并，但是各自所拥有的资源仍处于独立的状态，并不共享编辑决策或在不同部门中进行各种合作。另一种情况是媒体联合，即多个独立媒体之间不需要进行所有权方面的作业，在内容生产、信息发布，以及业务经营上实现共享，这种形式的融合，相对于前者其融合程度相对较浅，可以称为"媒体联合"。

结构性融合是在众多媒体解决了所有权的基础上进行的，一种是所有权属于一个集团所有，但在具体的运行上仍保持各组成部分的主导地位；一种是所有权属于一个集团所有，在内容生产、发布及经营上，必须听从来自集团的命令。前一种形式的融合，如 2008 年在马来西亚成立的世界华文媒体集团，由马来西亚星洲媒体集团、南洋报业集团，以及中国香港明报集团等企业合并组成，旗下拥有马来西亚发行量排名前四位的华文报纸《星洲日报》《中国报》《光明日报》和《南洋商报》，以及中国香港的《明报》《亚洲周刊》、马来西亚的《亚洲眼》《风采》等期刊及一些多媒体报刊和企业。[①] 它的成立就是在打破原有各个媒体集团界限的基础上，实现所有权的整合，从而归属于一家媒体集团所有。但是，这种形式的融合，并不意味着要在集团内部实现编辑决策的统一，以及在各报纸、杂志中实现相互合作，而是更大程度上尊重各自的编辑和生产风格，保持其独立运行的地位，仅仅只是将其纳入到一个大的集团之中。这种大规模的媒介集团的组建，与其说是推进媒体组织结构上的融合，不如说是在业务形态上相似或接近的相对较小的媒体集团之间实现联合，在共同的战略目标的指引下，实现在市场竞争中的优势存在。后一种形式的融合，如湖南广电集团，其旗下拥有包括电视台、网站、影视制作中心等多种形式的媒体，各媒体之间在统一的目标下最大限度地实现新闻资源的共享、开发与整合，各媒体平台协同运作，实现整体影响力大于各局部简单相加的结果。这不仅能最大限度地做最好媒体内容的生产，还能最大限度地占领市场。

在解决所有权基础上的媒体组织结构性融合，就以上两种形式而言，前者并不需要媒体组织结构及员工工作方式进行较大程度改变，但在媒体组织的管理方面却需要进行深入改变，以实现对整个集团的整合，便于之前属于不同集团的媒体能够在管理上顺利纳入新的统一的集团中，进而形成一个能够发挥整体优势的有机结构体。而后者则需要媒体组织在结构上进行较大变化，如前文提到的美国坦帕新闻中心，该中心由坦帕电视8频道、《坦帕论坛报》和TBO新闻网站组成。这三家媒体同属于Media General公司，在同一栋大楼里运作，各自有着独立的人员、办公区域和运作机制，彼此实现资源共享。公司设立一个突发新闻指挥台，在第一时间内将突发新闻传递给所属的三家媒体，并有专人指挥、协调对新闻的采访。媒体组织结构性融合的目的，是将整个传媒公司或集团所拥有的有限新闻资源实现效益最大化，将报纸、电视、广播、网络、手机等不同媒介形态的优势发挥到极致，同时又弥补新老媒体自身存在的不足。在这样的平台下，传媒工作者对信息的采集、加工、处理、传播，不是以多种分割独立的同时进行的媒体产品制作的形式呈现，而是以一个完整组合的流程表现出来的。

---

① 腾讯网腾讯新闻中心：《多家华文媒体合并组建世界华文媒体集团》，http://news.qq.com/a/20080430/003566.htm16。

不需要进行媒体所有权合并的媒体组织融合，可以称为不同媒体之间的“媒体联合”。这里也存在两种形式，一种是相互独立的媒体之间，彼此就各自优势进行合作，如报网联动，就是报纸在其内容生产上发挥严肃性、可信度高，以及报道更具深度等优势，而网络媒体则在及时性、互动性方面占优，两者之间实现内容上的交换共享，实现信息在各自平台上的发布，进而扩大自身在市场上的占有率和影响力。一种是各媒体集团针对媒体市场的现状，各自出资共同组建一个新的媒体集团，如北青传媒集团与MSN公司共同出资组建由北青传媒控股的“北青网”；广州日报报业集团与上海文广新闻传媒集团、《北京青年报》联合推出全国首家综合性财经类日报《第一财经日报》等。通过组建新的传媒公司，各传媒集团实现在某方面的优势整合，这种形式的融合与在所有权合并基础上的结构性融合的第二种形式相似，完全可以看作报纸、网络等多种媒体在同一个媒体集团旗下，在内容生产、市场运营等方面必须服从集团的命令。

“媒体联合”通常是指在不同所有制下电视、报纸、电影、网络等媒体在内容和营销领域的通力合作。这种融合并不涉及媒体所有权合并，属于较浅层次的融合，属于各媒体之间的互动合作。在这一过程中，各媒体之间仍然泾渭分明，但在内容上、营销方式上出现互动和交叉的格局。这种形式的融合初衷是为了推销各自的传媒产品，例如报纸和电视的合作，交叉助销可以促使报纸的读者去看电视、电视观众去读报纸；电视观众可以知道明天报纸上的新闻故事，而报纸的读者又可从天气版上看到电视台的最新天气预报；报纸记者能让电视记者在现场播报新闻时提供更详细、更深入的信息；电视记者携带照相机，而报纸摄影记者可以携带数码摄录机。后来，媒体联合形式的融合不再局限于推销各自的传媒产品，而是致力于提高市场占有率、收入等。

第四节　媒体融合对于数字内容产业的意义

一、媒体融合将带来的变革

（一）可以实现新闻业务上的资源共享

媒体融合将打破媒体之间的限制，整合现有的各类媒介，进行统一规划与协调，实现资源共享，形成全新的新闻采编流程。首先集中力量采集新闻素材，然后根据各自受众的群体分类将共享的新闻内容加工制作成文字、音像等形式，形成不同文本风格的新闻产品，供不同的媒体平台传播给各自的受众。将同样的信息以不同的形式包装成适合不同媒体的产品，从而实现资源共享，节约成本。在现有的传统媒体中，电视媒体的前期投入最大。美国学者布雷德利测算得出：同一个新闻选题，报纸、广播、电视记者的前期采访成本比例大约是1∶1.8∶3.5，电视采访成本高于报纸3倍多。[①] 电视采访所需要的高附加成本使其在信息传播过程中，往往是投入产出的绝对性价比不大，前期投入产生的传播价值无法实现最大化。据《青年时代》总编陈小川分析：如果报纸、电视、网络、杂志全套做，成本大约能节省30%—35%。[②] 如果同一个传媒集团不同媒体实现互动和整合，发挥协同效应，同样的信息通过不同的形式，包装成适合不同媒体的产品，达到一物多用，信息复制的成本就会大大降低，传播的速度就能大大提高，既扩大了市场，也获得了较大的社会效益和经济效益，同时还可以在具体地域内强化交互媒体的品牌效应。

（二）新闻载体将全面数字化

科技的进步不断地改变着媒体及媒体生态环境，数字技术已成为支撑所有传媒存在的基础并决定着其未来发展方向。数字技术和通信技术的飞速发展，使得媒体发展至今已经呈现边缘淡化、相互融合的传播形态。随着媒体融合的深入和传媒科技的发展，数字化将成为未来各个媒体平台的共同存在形式，最终将实现网络、媒体、通信三者的“大融合”，打造出全新的融合多种媒体形式于一体的数字媒体平台。报纸、广播、电视、网络、手机都将建立在数字技术的基础之上，所有的媒体内容都将必须数字化，数字出版、数字广播、数字电视、数字音乐等等，都必须实现在数字平台上运行。

（三）新老媒体之间的界限将越来越模糊

数字技术的出现，所打破的不仅仅是传统媒体之间的界限。从大的平台来看，它能把语音、数据和图像信号统统编码成由“1”和“0”组合而成的数字化符号进行传输，而这种符号可以成为电信、计算机网和有线电视的共同语言。所有业务在数字网中都将成为统一的0/1比特流，而无任何区

---

①② 王漱蔚：《媒介融合：传媒业发展的必然趋势》，《当代传播》2009年第2期，第55—57页。

别。这一特性允许语音、数据、声频和视频各种内容，无论其特性如何，都可以通过不同的网络来传输、交换、选路处理和提供。这实际上打破了以往泾渭分明的电信、广电、信息三大领域的界限，也就使我们通常意义上的"三网融合"成为可能。美国《芝加哥论坛报》公司总裁杰克·富勒在《信息时代的新闻价值观》一书中也指出："每一种媒介都有自身的优势与劣势，它也会将这些强加在所携带的讯息上。新媒介通常并不会消灭旧媒介，它们只是将媒介推到它们具有相对优势的领域。"[①]这给我们带来的启示是：在逐渐走向融合的过程中，原有的、既定的媒介概念将渐渐消失，呈现在受众面前的将是整合了各种功能的终端产品，如电子报纸、网络电视、数字电视等，也可称之为"全媒介"或"泛媒介"。而且一个新媒介的兴起并不会导致旧媒介的消亡，相反，两者会相互渗透、相互包容甚至相互转化进而整合为一体，彼此间的界限也终将得以彻底消除，最终达到"你中有我，我中有你"的媒介形态和全新格局。

（四）信息传播方式将呈现多样化

媒体融合意味着我们得摒弃单一的传播形态，利用多媒体技术将文字、声音、图片、影像和动画等集于一体，在视觉传达上打造丰富多样、形象生动的信息产品。媒体融合把我们带进了一个"内容为王"的时代，我们可以更多、更方便地根据信息内容传播的需要来选择和决定使用什么媒介，内容产品的生产进一步与传播的载体分离，载体的使用将完全服务和服从于内容。

当媒体实现全面融合后，传统媒体与新媒体的界限将会消解，它们在形态上将会殊途同归，都汇流到一个空前的数字媒体平台中。这样的一个数字媒体平台所包含的内容容量非常巨大，它可以不再受到传统新闻版面和时间的限制，存储成本也变得越来越低；而且这些内容还可以通过多个不同的终端来呈现，比如计算机、手机，也可以是电视，甚至可能是能随身携带的电子书报；这个数字媒体平台可以做到随时随地更新信息，有着完美的实时性；同时，这个平台拥有非常强的互动性，其信息传输是双向的，受众既可以接收信息，也可以实时地反馈信息，并且可以自己决定浏览的内容、顺序和时间。

---

① 吴晓珍：《媒介融合情境下中国传媒产业面临的转型》，《新闻天地》2009年第2期，第5—7页。

(五)将可以实现优势互补,形成舆论合力

媒体之间的融合,可以促使各媒体之间相互借鉴彼此的优点和经验,从而最大限度地扩大传播的效果,形成舆论的合力。各媒体充分利用各自的传播优势,进行立体报道,达到舆论合力,这是媒体融合的目标之一。比如,电视可以通过形象具体的动感画面和时效性强的长处,使观众尽快得到初步的、鲜明的、直观的感性认识;报纸则由于能供读者反复阅读,从而克服了电视稍瞬即逝的缺陷,可以通过具有稳定性的文字报道和犀利评论来引导读者深入思考;而网络则能实现时时在线、无穷链接,满足受众即点即看、不受时间和空间限制的愿望。媒体融合既发挥了各自的特长,又交叉互补,弥补了各自的不足和局限,从而扩大了传播的深度和广度,形成立体报道的舆论合力。

二、媒体融合对数字内容产业的影响分析

只有在内容融合、网络融合和终端融合三个核心要素的共同作用下,才能完成真正的、彻底的媒体融合。其中,网络融合是指宽带网、广电网和互联网的“三网”融合;终端融合主要指 3C 的融合,即计算机、通信、电子消费终端产品的融合,与信息传播服务网的发展关系密切;内容融合也离不开终端融合这个集成端口。媒体融合已经不仅仅限于原有意义的媒介或传媒集团,以“融合”为中心而参与到传媒产业中的电信业、IT 业和电子产业等也应该纳入媒体融合的考查视野。因此,“三网融合”是实现媒体融合的必经过程,为媒体融合提供了技术背景和产业背景。

三网融合概念的提出,表象是通信技术的发展促成了通信网、计算机网和有线电视网的互联互通,促成了信息流动的范围扩大;其实质是所有的文化内容数字化后都可以在三网上传输。三网融合使不同媒体产业的边界越来越模糊,随着数字技术和网络技术的不断发展,媒介形态开始向融合化的“大媒介”产业形态转变,媒体融合带来了内容生产方式和生产关系的变化,表现出全新的特征。媒体融合对于数字内容产业发展的影响在世界范围内都是适用的,在美国、欧盟等融合业务开展得好的国家,它们的新兴融合业务,如 IPTV、手机电视、数字家庭等都成了数字内容产业发展的新的利润增长点。

(一)媒体融合背景下数字内容生产的特点

1. 内容生产呈现出提供全业务经营和差异化服务的特征

数字技术使得一切信息内容,包括文字、数据、语音和图像都可以数字化后在网络上传输,媒体融合则使得这些数字化后的信息可以在电信网、广电网和互联网中自由传输和交换。这些特征使得如今内容生产出现了规模化的特征,内容运营商不再仅仅局限于传统业务的经营,而是打破了原先按市场和业务分类的行业界限,开始向全业务经营方面转型。如中国电信提出"由传统的基础网络运营商向综合信息服务提供商转变",并联合微软进军互联网搜索业务;中国网通提出向"宽带通信和多媒体服务提供商"转型,并成立了运营宽带内容的宽带在线有限公司;中国移动入主凤凰卫视,试图把自己的企业形象由"移动通信专家"转变为"移动信息专家";中国联通则提出由"基础电信网络运营商"向"现代化的综合通信与信息服务提供商"转变,推出"TIME"[①]计划。

同时,正是由于技术的进步,媒体融合的不断推进,业务的创新更加方便,出现了许多针对不同用户群的新兴业务,以满足用户差异化的需求。比如,同是传送电视内容业务,就可以采取好几种不同的业务形式,如IPTV、数字电视、手机电视、网络电视等。这就说明内容生产呈现出了差异化服务的特征。

2. 内容生产的多角色化和分工精细化形成对立统一的融合性生产关系

融合的意义就在于通过技术边界的模糊、产业边界的模糊实现资源的一体化运用,进而通过协同优势获得更高的生产效率。这样在融合的过程中就产生了两种相反状态的分工形态:一方面,产业链上各生产主体向关联领域渗透,每一个主体在产业链上的角色增多;另一方面,对分工的要求更加精细化。这样,在融合式的生产中,一方面,多角色化和分工精细化之间相互矛盾冲突;但另一方面,多角色与分工之间的边界又是模糊的,这一对矛盾构成了融合后内容生产形态中独特的生产关系,即多角色化和分工精细化所形成的对立统一的融合性生产关系。因此,在媒体融合下内容的生产活动就是一个在多角色化所带来的收益和分工精细化所带来的收益之间不断寻找平衡的过程。比如,广电与电信之间的竞争与合作就是一个典型的例子。在2008年1月公布的《国务院办公厅转发发展改革委等部门

---

① "TIME"是指电信服务(Telecom)、信息服务(Information)、传媒(Media)、娱乐(Entertainment)四大内容。

关于鼓励数字电视产业发展若干政策的通知》大力鼓励广播电视机构利用国家公用通信网和广播电视网等信息网络提供数字电视服务和增值电信业务，同时，在符合国家有关投融资政策的前提下，支持包括国有电信企业在内的国有资本参与数字电视接入网络建设和电视接收端数字化改造。这实际就打破了原来分业经营的局面，市场的交叉进入带来了数字内容业务的多角色化经营，而广电和电信在分别被允许进入对方业务市场后，主营的业务还是各有侧重。他们之间是既竞争又合作的关系，这也正是国家制度革新所希望看到的一种和谐的融合性的生产关系。

3.新媒体解除了受众在时空上的限制

传统媒体包括报刊、电视、广播等。人们在通过这些传统媒体接受信息时，要使用比较多的时间和空间。比如，人们在看电视或者收听广播的时候，都需要花上一段时间才能看完或者收听到一个完整的节目，而且在收看电视节目或者收听广播节目的时候都处于被动接受的状态，听众与媒体间交互性很差。再如，人们还习惯从报纸、书刊中获取信息，但是报纸、书刊的体积较大，不便于携带，而且一份报刊本身携带的信息量也少，要是多带几份就更占空间了，因此在过去人们从传统媒体中获取信息受到了时间和空间的限制。而互联网的出现相对减少了人们获取信息的限制，尤其是在时间上的限制，人们可以随时便捷地从互联网上获取大量的信息。但是，随着互联网的不断发展，网站越来越多，信息内容也越来越丰富，信息的海量使得人们要花很多时间才能找到需要的信息，虽然有搜索引擎的帮助，但是找出来的信息还是非常多，要找到真正有用的内容还要消耗人们大量的时间。而且，电脑体积过大，不便携带。所以在互联网时代，人们并没有真正从时间和空间的限制中解放出来。

到了媒体融合时代，许多新媒体为人们随时、随地便捷地获取信息提供了更多的方式。在新媒体中，最值得一提的就是被称为“第五媒体”的手机。手机体积小，便于携带且功能齐全，在媒体融合时代，借助宽带无线互联网，手机可以给人们提供多媒体的信息，人们可以随时、随地获取需要的信息，解除了人们在获取信息上的时间和空间的限制。

4.新媒体将极大分流传统媒体和互联网中的内容和受众

随着数字技术的不断发展，出现了各种各样众多的数字新媒体，如被称为“第四媒体”的互联网媒体，以及由于媒体融合出现的众多的新媒体。这些数字新媒体与传统媒体相比，具有实时、随地、交互性强等特性，因此这些数字新媒体更容易成为人们获取信息的渠道。

在互联网时代,网络对传统媒体的分流作用就已经非常明显,而在媒体融合时代出现的新媒体,增加了大量的受众获取信息的方式和渠道,也必将大量分流传统媒体和互联网媒体中的内容信息和受众。

我们依然以手机媒体为例来说明这个问题。人们对信息的需要是有限的而不是无限增长的,而且随着生活节奏的加快,人们没有太多的时间可用于获取信息。最典型的就是,现在许多人下班后看电视也就是看个新闻,没有多余的时间去看其他如连续剧等占用大量时间的节目。现在大量的节目充斥在各种媒体形式中,不是人们不愿去看这些内容,而是没有太多的空闲时间,人们的空闲时间呈现出一种破碎的"时间片"的状态。那么,如果有一种媒体以可以接受的成本来满足人们的这些需要,就会极大分流人们的注意力。并且,前面也说了,人们对信息的需求是有限的,人们如果在这种媒体中获取了自己需要的内容就不会从其他媒体中再去获取一样的内容信息了。由于手机媒体是随身携带的,用户众多,它与受众在时间和空间上接触时间最长、接触点最多。手机电视、手机报,以及其他一些手机业务,实际上已经可以使大部分人获取自己需要的足够的内容信息。当然,在手机多媒体业务上应该有创新,收费上应该是消费者能够接受的价格,这样才能吸引更多的用户使用这种业务。手机媒体能够更灵活、更集中地聚集人们的注意力,如果采取适合的定价策略,那么包括手机媒体在内的新媒体将极大分流传统媒体和互联网媒体中的内容信息和受众。

5.以"数据库系统"为生产体系的核心资源

在数字化和网络化的生产技术平台上,0,1变量的数据成了贯通整个生产体系的唯一元素,即数据的普适性是媒体融合中的内容产业体系的一大特性。由此,系统性的利用数据成为融合形态下的媒体产业不可替代的核心竞争资源,"数据库系统"成了媒体融合时代媒介产业的核心实体生产资源。而这一"数据库系统"由面向生产和消费两大端口的两个子系统构成,一个为内容数据库,一个为消费者信息数据库。

(二)从应用的角度看媒体融合对数字内容产业发展的影响

1.业务、市场和行业的融合

传统意义上的电信网、计算机互联网、广播电视网由于网络结构不同,在它们上面传送着适合各自网络特点的业务。随着技术的融合,它们之间的技术壁垒被打破，三网可以通过交叉平台和交叉业务提供全业务经营，从而实现业务的融合，三网融合下的业务形态如图 3-1 所示。

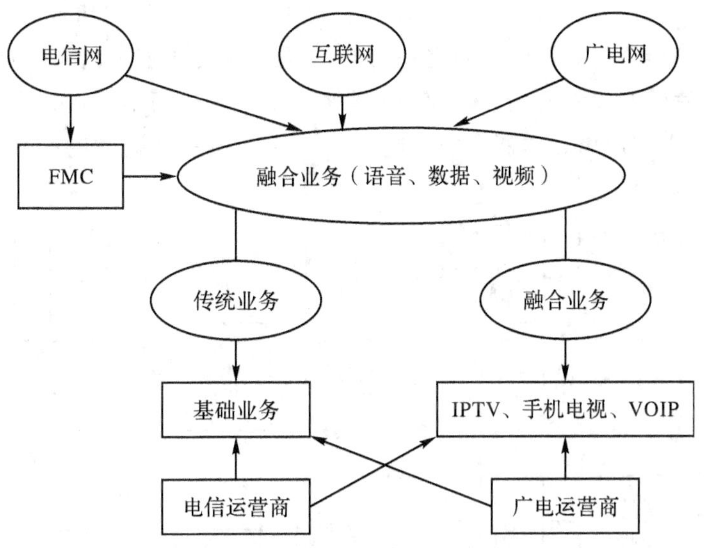

图 3-1　三网融合环境下的业务形态

业务的融合宣告了以三大业务来划分市场和行业的时代已告结束，而三网又有着相同或者说相近的用户群，这些都为市场和行业的融合奠定了基础。各国运营商出于满足市场需求、适应市场竞争，以及追逐利润的需要，纷纷突破传统的市场界限向用户提供更为多样化的服务，其中最突出的是电信运营商和广电运营商互相进入对方的传统业务市场。传统企业出于进入新市场的需要，通过兼并、联合、资产重组、调整经营范围，使传统的行业界限变得模糊。业务、市场和行业的融合对于数字内容产业的影响，就是在原来按业务、市场和行业分类的不同领域引入了新的竞争者，使得在不同领域的竞争变得更激烈。其中典型的例子就是电信和广电互相进入对方经营的传统业务领域，如电信运营商可以通过 IPTV 运营电视内容节目，而广电也可以运营电信的基础业务和增值业务等；再如 2006 年 6 月 8 日，中国移动收购新闻集团旗下星空传媒所持 19.9％的凤凰卫视股权，以电信运营商的角色首次进入媒体行业。而被收购方——凤凰卫视也借此丰富了“网络电视媒体”传播战略，扩大了电视内容绕道落地内地的途径。

2. 重铸传统产业链

在融合之前，电信和广电行业有着各自完整的产业链，从网络、终端设备、业务模式到内容供应等，产业链上各个利益相关方之间的关系错综复杂，相互依赖。现在，媒体融合正在再造传统产业链。IPTV、手机电视等代表性融合性业务产业链由内容（服务）提供商、内容（服务）集成商、信息服务提供商、网络运营（传输）商、终端制造商和用户组成，如图 3-2 所示。与传统产业链的不同之处在于：一是网络与内容可以完全分开；二是融合后的产业链的核心是业务提供商。业务提供商不一定是独立存在的，它可以与网络运营商合为一体，也可以与内容提供商和内容集成商合为一体。

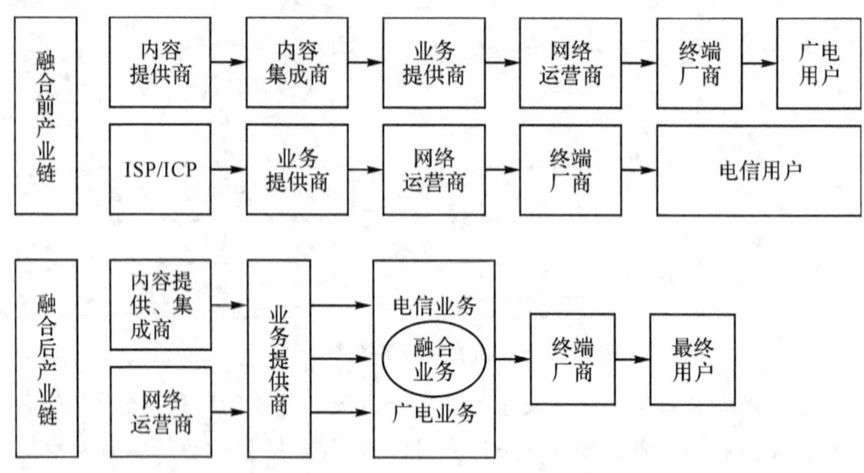

图 3-2 融合前后产业链对比

3. 政策、法律和监管的革新

以三网融合为代表的媒体融合还是个新生事物，它在许多方面与现有的政策、法律相抵触，因此迫切需要由政策、法律的修改和重新制定来保障它的合法性，使政府管制行为有法可依。而对于三网融合政策、法律和监管的不断革新实际上都有利于数字内容产业的发展，并且也会促进数字内容产业在政策、法律和监管上的革新。

（三）新兴融合业务对数字内容产业发展的影响

在以三网融合为代表的媒体融合背景下出现了许多新兴的融合业务，如博客、IPTV、网络视频、手机广播、手机报、手机电视等。这些新的融合应用可以承载所有的数字化内容信息，它们的出现在传统的媒体之外增加了新的内容信息传播媒介，因此这些新的融合应用也可以称为“新媒体”，它们的发展将极大影响数字内容产业的发展。这里要明确一下数字内容产业的发展不光是指自身产业的市场规模、产值的直接增长，也包括间接影响，如通过数字内容产业的发展带动传统内容产业的发展以及增加社会福利等方面。下面为了便于讨论，把媒体分成传统的媒体、广义上的互联网媒体，以及由于三网融合出现的新媒体三种形式。

1. 融合业务将成为数字内容产业发展新的利润增长点

首先，数字内容产业的市场规模在不断增长，但是增速将趋缓。数字化、网络化技术的出现，为原来表现为不同形态的所有信息提供了可以进行连接、转换的载体和接口，这使得媒体产业的市场不断扩大。目前，数字化内容的主要载体是互联网，随着文化内容不断数字化应用到互联网后，这部分数字化应用对数字内容产业的整体拉动作用将趋缓。

随着三网融合出现的新兴融合业务，增加的是数字化内容的载体形式，这些新媒体的出现将分流传统媒体和广义互联网媒体中的内容信息。随着互联网整合传统内容产业对数字内容产业的拉动作用减缓，新兴的融合业务将成为数字内容产业发展的新的利润增长点。

2. 融合业务的发展将带来更有效、更充分的竞争局面

首先，融合业务对于传统的业务有替代作用，这直接加剧了市场竞争。三网融合打破了原有的市场壁垒，在传统业务领域中引入了新的竞争者，一方面打破了原有的垄断，另一方面也带来了更加有效的、充分竞争的格局，撇开由于竞争使得各方面利益调整的因素，充分竞争将促进数字内容产业整体的发展，并增加社会福利的产出。

3. 新媒体有更强的受众优势

新媒体比传统媒体和互联网媒体在受众上具有更大的优势。手机作为无线终端的一种，小巧、便携、功能齐全，这些特性决定了它与用户在时空上拥有更密切的联系。三网融合时代丰富的多媒体应用，将使用户可以随时、随地便捷地获取多媒体信息。手机终端自身的特性决定了手机能更灵活、更集中地聚集受众的注意力，受众的注意力被聚集到哪，哪里就是巨大的商机。

第五节　产业融合视野下的数字内容产业

产业融合是一个产业走向竞争的途径，数字内容产业正是通过相关领域的技术和市场的不断融合而产生的，同时也打破了原有产业的垄断地位，使得新的竞争态势出现，最终发展为一种竞合的态势。数字内容产业正是产业融合的产物，产业融合与数字内容产业之间具有密切的关系。

一、产业融合概述

(一)产业融合的内涵及特征

在产业演进和产业发展的过程中,产业融合从供给、需求和成本费用等方面促进了企业创新发展,改变了产业环境和企业市场结构,促使企业调整其市场行为,不断推出新战略、新产品和新服务,最终使企业获得更大的经济效益,大大提高了其市场绩效。

对于产业融合的研究,一般可以上溯到20世纪90年代末期,技术因素开始在产品创新和产业发展中发挥越来越重要的作用。尤弗亚(1997)认为,融合是指"采用数字技术后原本各自独立的产品的整合",并且可以从替代性融合和互补性融合两个方面来分析。Bores(2001)认为,融合意味着消费者有能力使用任何类型的终端进入任何种类的消费内容中,这些融合最终导致产业竞争关系的改变即产业的融合化倾向发生。Ono 和 Aoki(1996)提出了研究媒体信息服务融合的理论框架,认为信息产业融合的方向是从专用平台向非专用平台转换,从低宽带要求向高宽带要求转换,产业链中价值创造环节的延伸和转换功能将进一步增强。日本经济学家植益草(2001)认为产业融合是加强不同行业间企业竞合关系的一种方法,其主要通过降低行业壁垒来实现,主要途径有技术革新和放宽管制。

国内学者周振华(2003)指出产业融合是"产业边界固化走向产业边界模糊化的过程"。随着信息化技术,特别是互联网的发展及运用,首先在通信、广播电视和传媒出版等行业出现了产业边界的模糊与消失的现象。①

南京大学马建在总结国内外学者研究的基础上,对产业融合进行了较为完整的定义:由于技术进步和放松管制,发生在产业边界和交叉处的技术融合,在经过不同产业或行业之间的业务、组织、管理和市场的资源整合后,改变了原有产业产品和市场需求的特征,导致产业的企业之间竞争合作关系发生改变,从而导致产业界限的模糊化甚至重划产业界限。② 目前对于产业融合分类的研究有两种角度,一种角度从融合性产品产生的效应来区分,一种从产业融合的程度来分,其具体分类方法如表3-1所示:

---

① 周振华:《产业融合:新产业革命的历史性标志——兼析电信、广播电视和出版三大产业融合案例》,《产业经济研究》,2003年第1期,第1—2页。

② 马健:《产业融合论》,南京大学出版社2006年版,第4页。

表 3-1　产业融合的分类

代表学者	分　类	具体含义
张　磊(2001)	替代型融合	替代型融合是指:(1)固定数量的用户可以利用不同的产品来替代实现更多的不同任务;(2)更多的用户在完成特定任务时将不同产品视为可替代品。
	互补型融合	互补型融合是指两种产品联合使用比单独分开使用时效果更好或者比以前联合使用时更好,它主要发生在统一标准约束下所开发的新产品或者子系统之间。
马　健(2005)	完全融合	原来的两个或多个产业完全重叠,新产业逐渐替代原来产业的市场需求,使得原来产业的市场空间不断缩小,从而导致原来产业衰落直至最后完全消失。完全融合的情况常发生在新兴产业衰落或消失的情况下。
	部分融合	原有产业之间出现了部分的重叠和交叉,融合的新产业部分替代原有产业的市场需求,与原有产业之间形成了既替代又互补的关系。原来的产业之间的界限模糊化,但并没有完全消失,它们仍然在一定的市场范围内按自己的方式成长。部分融合是产业融合最为普遍的现象。
	虚假融合	由于产业融合只是发生在本产业的边界内部而没有发生在产业边界处,虽然出现了融合的产品形态,但是,融合的产品并没有替代原来的市场需求或存在大量新的需求,因而市场的融合没有发生,真正的产业融合并没有实现。

产业融合的特征有以下几个方面:

(1)产业融合是产业创新的表现。包含技术创新、产品创新、组织结构创新、管理创新和市场创新等内容的新产业革命不仅仅是信息技术产业对传统产业的整合和改造,更在融合后形成了全新的主导性的技术,这种技术使原本具有不同生产方式和具体形态的产品都集中在同一个技术平台上。不同产业之间的交叉融合催生了新的产业,并成为原有产业内部的一个新的分工部门,但它的功能得到了加强,在数字经济时代,传统产业以及融合后的新产业已经表现出了不同的发展特点。

(2)产业融合最易发生在产业边界处。[①] 不同产业之间通过技术、制度、产品、资源的互动与交换,不同产业的企业之间可以获得更多的支持,产业具有横向边界和纵向边界动态性,产业融合并不等同于横向兼并和

① 唐颂:《产业融合问题的研究》,上海大学 2004 年硕士学位论文。

纵向一体化[①],例如,一些融合现象属于一类混合型融合,从企业的角度看可能表现为某种多角化经营,而有些多角化经营则不是产业融合的表现。

(3)产业融合具有动态特征。在产业融合发生之前,各产业内的企业之间是相互独立的,它们各自生产不同的产品,提供不同的服务,完全是一种互不相干的状态。随着企业规模的扩大和技术进步,一些企业为了生存,选择了多元化生产的路径和方法,生产多种产品、提供多种服务,这样一来,就会有部分企业的产品和服务有接近的地方,但它们之间的影响甚小。当越来越多的企业选择多元化生产和服务时,产业边界会逐渐模糊,不同产业之间发生交叉,融合型产品的出现,标示着产业融合的发生。不同产业之间的相互融合,会促进产业创新,当新兴产业出现并且融合型产品成为市场的主导时,产业的融合成为现实。

另外产业融合还体现了行业分工的内部化,也是社会工业化发展和信息化管理的统一和融合。

(二)产业融合的发展阶段

产业融合的全过程大致可分为技术融合、业务与管理融合,以及市场融合三个阶段。也就是说产业融合只有经历技术融合、业务与管理融合,以及最后的市场融合,才能完成整个产业融合的全过程。这三个阶段是相互衔接、相互促进的。

1.技术融合

技术融合是产业融合的基础阶段,是实现产业融合的前提。它具体是指技术的创新或发展被其他产业所采用,实现了两者的渗透融合,创造出了新的生产函数,提高了企业的生产效率。在传统的工业化时代,技术融合更多地表现为蒸汽机、电力等技术发明与传统工业如铁路、冶金、机械等的融合。随着信息化时代的到来,技术融合的领域也更加广泛,更多地体现在信息、网络与通信技术等与各个产业之间的技术渗透和融合,从而实现创新发展。

2.业务与管理融合

技术融合实现后,就需要在技术融合渗透基础上协调和整合生产路径、业务与管理流程、生产组织、生产制度等,从而实现资源的优化配置,以

---

① 胡永佳:《产业融合的经济学分析》,中共中央党校2007年博士学位论文。

管理层面的优化和结构调整来保证业务上的突破创新，实现以市场需求为导向的业务创造和管理整合。如数字音乐是以互联网和通信技术为基础的计算机、通信与音乐的融合，互联网以及无线网的远程下载技术使数字音乐的出现成为可能，而在此基础上数字音乐的业务形式也在随着互联网和通信技术的发展不断丰富和扩展，其音乐公司也应对数字音乐的迅速发展而进行管理层面的整合。

3. 市场融合

技术融合以及业务与管理融合都是以市场融合为导向的。没有成功的市场融合就不能算是实现了真正的产业融合。市场融合是产业融合发展的最后一个阶段，它更注重的是依托技术以及业务与管理上的融合，形成差异性的新产品或业务，对人们的消费观念及消费偏好进行潜移默化的影响，从而在市场上获得更多的份额，获得竞争上的优势。仍以数字音乐为例，随着计算机网络技术及电子商务的发展，越来越多的人愿意通过网络来购买个性化铃声、彩铃等数字音乐，从而创造了巨大的市场空间。①

二、产业融合进程与数字内容产业发展

(一)数字内容产业的产生源于产业融合

数字内容产业的产生与发展源于信息技术高速发展下文化产业与信息技术产业的产业融合趋势。

1. 信息技术的运用是数字内容产业出现并得以发展的根本动力

技术进步与技术创新是产业融合的根本原因。技术创新使生产成本下降，企业开发出替代性或者关联性的技术、工艺或产品。这种替代性或关联性的技术创新通过渗透、扩散到其他产业中并实现了融合，从而改变了原有产业生产的技术路线，丰富了原有的产品，从而为产业融合提供了动力。②

从20世纪90年代末期起，随着以网络开发、电脑软件、通信卫星等科技成果为核心的信息技术革命在文化产业的渗透、扩散与广泛应用，文化产业朝着信息化方向快速发展。信息技术的发展彻底改变了原有的传统文化产业的技术基础、发布平台和运营模式，由此出现了数字内容产业。

---

① 马健:《产业融合论》,南京大学出版社2006年版,第6—8页。

② 马健:《信息产业融合与产业结构升级》,《产业经济研究》2003年第2期,第38—42页。

此外，信息技术开发和应用极大地扩展了数字内容产业的产业范围，出现了网络视频、网络游戏、手机游戏、增值服务等在内的新型数字内容产品，进一步丰富了数字内容产业的"内容"。

2. 放松管制是数字内容产业出现并得以发展的外在保证

放松管制为产业融合提供了外部条件。为了让企业在国内和国际市场的竞争中占有一定的市场份额，一些国家放松管制、改革规制，取消或部分取消对相关产业的进入和退出、价格、服务、投资等方面的限制，使得其他相关产业的业务得以加入本产业的竞争中，从而形成了各产业之间传统边界的模糊，促进各产业之间的融合。

20 世纪 90 年代，信息技术在文化产业的应用和创新，改变了各个国家文化产业的运营模式，面对国际市场激烈的竞争，各主要发达国家相继放松了对文化产业的管制，为文化产业与信息技术相互交叉、渗透与融合提供了宽松的政策和制度环境，促进了数字内容产业的发展。

3. 追求经济效益是数字内容产业出现并得以发展的内在原因

追求经济效益是产业融合的内在动力。不同产业中的企业存在的首要目标都是追求经济效益，获取利润以维持企业生存壮大。为此企业不仅需要努力开发可以长期获利并满足市场需求的多样化产品，而且要以市场为导向进行产品和服务的多元化、多层次的经营，以降低生产和研发成本，改变原有产品的结构，形成产品的差别化，实现新的利润增长点。这就为产业融合创造了条件。

数字内容产业的产生一方面满足了内容企业依托技术平台进行多样化产品的生产和研发，同时也为数字内容创造者和运营者提供了更多样的运行平台和产品运作模式。此外，数字化的产品在储存上的便利性，有助于企业实现规模经济，即一种既定数字产品的开发，可以依托互联网、手机等新兴平台实现无限期获利的长尾效应，从而可以获得范围经济的竞争优势，增加企业收入。在这种情况下，原有的传统文化企业选择将信息技术融入传统文化产品就成为一种必然。

(二)数字内容产业融合的几个阶段

产业融合一般以技术融合为先决条件，逐渐深入业务融合和管理融合中，最终产生新的产业形态。每一次技术创新之后几乎都会在原产业内部或原产业交汇领域催生出融合点，模糊产业界限，改变传统产业结构。

数字内容产业的形成伴随着产业融合的发展，充分验证了技术、市场、管理三方面充分融合的过程，数字内容产业从产业融合程度、融合广度、技术创新方面可分为三个阶段，每个阶段都有关键技术作为基础，影响不同产业的发展，产生了不同于以往的融合产品，而且关键技术在产业融合的过程中由于越来越多子产业参与其中，呈现出了新的应用。具体阶段、代表性融合产品，以及关键技术如表 3-2 所示。

表 3-2　数字内容产业进化的三个阶段

观察指标／演化阶段	关键技术	主要产业	代表性融合产品
第一阶段	数字出版技术 互联网技术 通信技术	出版业、通信业、广播电视业、互联网	电子数据库、电视、广播、短信、手机报、彩铃、网络广告、网络游戏、网络学习等
第二阶段	信息处理技术 数字化技术 传媒技术	软件业、广告业、传媒业、新闻业、电影业、出版业、广播电视业、通信业、互联网	数字内容、软件、数字音乐、数字电影、电子书、网络动漫等
第三阶段	电子信息技术 移动互联网技术	信息资源商务服务业、软件业、电子信息业、广告业、传媒业、新闻业、电影业、出版业、广播电视业、通信业、互联网	移动视频、移动阅读、数字电视、电子阅读器、智能手机、数字屏幕等

第一阶段是以三网融合和数字出版为代表，新一代通信技术、互联网应用技术、数字出版技术逐渐成熟，在通信领域、广播电视领域、出版领域、互联网领域都出现了新的产品，包括最初的电信增值业务，比如短信、彩铃、彩信，网络游戏、网络音乐下载，网络广告，还有主要以纸质学术期刊或图书数字化为主的电子图书馆等。

第二阶段参与融合的子产业逐步扩大到软件业、电影业、广告业、新闻业、传媒业，主要的代表技术有信息处理技术、数字影视技术、数字传媒技术等，产品形态也更为丰富，比如产生了一大批网络应用内容软件，涵盖了教育、娱乐、艺术、文化等领域，还有数字电影、电子书、网络动漫等产品，极大地满足了市场需求。这一阶段的主要特点是越来越多适合于网络传播的数字内容产品被创造出来，而不仅仅限于传统内容产品的数字化，产业链的参与者也更加多样化，产业链变得更长更宽。

第三阶段是以移动互联网技术和电子信息技术为主导的技术应用在

更大的范围内促进了产业融合的进一步发展。移动视频、移动阅读和电子阅读器、智能手机、智能笔记本电脑、数字屏幕等智能终端让市场逐步扩大,培养了消费者新的消费习惯;手机应用的大力开发提高了移动数字内容在整个产业发展中的份额,成为产业发展新的增长点。在产业融合的过程中,衍生出了呼叫中心、数字内容服务、市场调查等商务服务,产生了以数字内容服务为主的价值增值方式,受益的市场参与者越来越多。

第四章

媒体融合与传统内容产业转型

媒体融合时代，传统内容产业首当其冲。媒体融合要求传统内容产业摒弃单一经营模式和单打独斗的发展思路，积极转型，加入媒体融合的大潮。传统内容产业必须重塑自身产业发展模式，打造全新的数字内容产业链。本章主要探析媒体融合时代内容产业新变革，建构媒体融合时代的新型内容产业链模型，并着力探索以报纸、广播、电视，以及出版业等为代表的传统内容产业的转型路径。

第一节　媒体融合时代内容产业的新变革

一、媒体融合时代内容产业的主体变化

媒体融合时代的内容产业相比传统媒体时代的内容产业的一个显著不同，就是内容产业主体的转变。这种转变可以用两个“多元化”来概括：一是内容产业主体多元化，即无论是专业机构还是业余用户都能够成为内容的生产主体；二是传播者职能多元化，即传播者不仅仅是把关人、内容的制作者，同时还要成为主持人、推销员。媒体融合时代传播者职能的多元化又使得内容产业主体的工作方式、职业特征、思维特性相应地发生变化，以适应这一时代的需要。

（一）生产主体多元化：专业机构和业余用户都能成为内容的生产主体

在传统的大众媒体垄断新闻传播的时代，为新闻媒体提供内容的主要是政府机构、社会团体和企业组织，承担采集与发布新闻内容这一任务的主要是专业传播机构的工作人员，包括记者、编辑等职业新闻工作者及作为“准新闻工作者”的新闻通讯员。媒体的产品生产是单边的，也就是说，它仅仅依赖于媒体这一边的力量。但在媒体融合时代，新闻信息源结构与新闻传播主体发生变化，内容的生产者更加多元化。手机媒体、网络媒体等新媒体的出现，使普通公民获得了从未有过的参与新闻传播的能力，他们借助手机、博客、播客、BBS等，发布新闻、表达观点，无论是专业传播机构的工作人员还是“业余”的用户（包括网民、机民等）都能够在融合媒体上发布内容或展现自己制作的内容，开创了媒体产品生产的“双边”时代。

在全世界范围内，受众在重大突发事件现场发布的新闻一次次产生了全球性的轰动效应，从东南亚海啸到英国伦敦地铁爆炸事件，第一时间发出的现场新闻报道都出自普通民众而非职业记者。虽然专业媒介机构在新闻传播中依然占据主导地位，但不能否认的是，只有把用户那一端的力量激发出来，双边共同生产，两者之间有效互动，才能够更好地实现媒体产品多样化及个性化。开拓网络、手机等新媒体，更重要的意义在于调动受众的积极性，为他们参与媒体的产品生产提供途径。在媒体融合时代，媒体面对的不再是传统意义上的仅仅具有选择或不选择权利的受众，而是全

新的、具有强烈参与感和积极发言权的“用户”，受众逐步演化成为传播的主体之一。与此同时，专业传播机构的内容生产者在职能方面也与传统媒体时代有了很大的不同。

媒体融合，尤其是网络媒体的冲击，令“传—受”关系变为“传—传”关系。受众潜藏的传播能力，被自由、共享、无边界的互联网最大限度地激发出来。传播对象从被动的“受众”转变为积极的“用户”、内容发布者。

受众成为内容产业的主体主要有以下表现：

(1)通过即时反馈，与传播者、其他受众互动，反馈内容与原内容一起形成新的内容。中国互联网络内容中心 2013 年 7 月发布的《第 32 次中国互联网络发展状况统计报告》显示：截至 2013 年 6 月底，我国网民规模达 5.91 亿，互联网普及率为 44.1%，而在 2013 年上半年的新增网民中 70.0%使用手机上网。[①] 新的媒介技术使传播者和受众的身份不再固定或明确，传播和接收内容几乎可以同时完成，每个人都是传者，每个人也都是受众。

同时，在媒体融合背景下，受众所享有的媒介权力之一就是对内容的评论，他们通过评论表达对内容的不同理解。在传统媒体领域，受众对媒体所发布的内容无论是赞同还是反对大多是不可见的，即使有反馈也要经过一定的时间才能反映出来，处于明显的弱势地位。而在互联网上，我们时常可以看到对媒体信息的质疑、否定乃至抨击。如 2012 年发生在湖南永州的“上访妈妈”被劳教事件，在媒体及相关机构发布信息之后，网友们的评论不仅表达了他们自己的意见，也引发了其他接受内容者的新的思考，同时促进了媒体及相关机构对事件的态度转变。也就是说，受众不再只是纯粹意义上的内容接收者，他们能动地接收信息，同时传播自己的意见。传播技术使受众接触的内容面大大扩充，他们接收信息时，开始变得有选择，有目的，以更好地满足自身的需要。这种互动性赋予人们在传播过程中进行角色转换的自由。受众不再是被动地接收内容，而是主动地掌握和控制内容，参与内容的传播。在新的传播时代，人们接收内容是能动的，比如，通过搜索引擎获取内容。如丹尼斯·麦奎尔的“咨询模式”所描绘的，在这一模式中，接收者决定他们所需要的内容和内容接收时机，并且从媒体所提供的范围广泛的内容和文化内容中去寻找和选择。[②]

(2)通过“自媒体”发布内容。当今，媒体的传播正进入一个“自媒体”

---

① 中国互联网络信息中心：《第 32 次中国互联网络发展状况统计报告》，2013-07-17，http://www.cnnic.net.cn/hlwfzyj/hlwxzbg/hlwtjbg/201307/t20130717_40664.htm。

② [英]丹尼斯·麦奎尔：《受众分析》，刘燕南等译，中国人民大学出版社 2006 年版，第 157 页。

时代。中国互联网络内容中心截止到2013年6月底的调查表明,我国博客和个人空间网民数量为4.01亿,网民中博客和个人空间的使用率为68.0%。[①] 博客只是“自媒体”中运用或认知度比较高的一种,除了博客之外,任何草根平民都可以通过个人空间、BBS、微博、播客、网络相册等平台书写日志,上传照片、DV,记录生活中的所见、所闻、所感。甚至在IPTV中,只要掌握了相关的基本操作技术,任何一个用户都可以让自己的接收终端成为一个小型的IPTV发送装置,向他人传播自己的节目。如果觉得有必要,用户可以把那些属于自己的个人化内容集中起来,编辑属于自己的个人电视频道。从这个意义上讲,“受众”这一特定概念已经失去了其本来意义。

手机、互联网、互动电视等新的融合媒介不仅为公众提供了自主选择所需信息的数字化平台,更提供了一个让受众参与内容传播的公共平台。传播的新技术极大地丰富了社会传播的路径,为普通公众提供了可以接近的内容传播渠道。

在以新的传播技术为核心的媒体中,媒体不再是垄断的产物,而是人人都触手可及的手段。这些新的传播手段的即时性、互动性、连通性等特征,不仅可以使一则信息瞬间便实现全球发布,也可以使某种民意瞬间广为人知。过去,电视是电视台的专用媒介,现在DV成为把用影像表达自己的权力从少数垄断者手中归还给大众的一把利器。这也印证了梅罗维茨提出的“传播媒介越是倾向于融合内容世界,媒介就越会鼓励平等的交往形式”[②]。

(3)通过主动提供意见影响内容的制作者,或主动设置议题发表对公共事务的意见。受众可以向制作者提供意见,让制作者按自己的意见进行内容制作。受众的意见即使在传统媒体时代也是受到极大重视的,但从没有像今天这样可以那么直接、那么效果显著。如在IPTV的传播中,IPTV不仅能让用户在观看节目时有更多的自主权利,而且能让用户决定节目的内容。“比如在一个电视剧中,用户看了前面的节目,对剧情的发展、人物的命运有自己的预期,那么,他们便可以将自己的观点告诉节目的制作者,制作者可以根据用户的意见调节后期节目的制作。制作者

---

① 中国互联网络信息中心:《第32次中国互联网络发展状况统计报告》,2013-07-17,http://www.cnnic.net.cn/hlwfzyj/hlwxzbg/hlwtjbg/201307/t20130717_40664.htm。

② [美]约书亚·梅罗维茨:《消失的地域:电子媒介对社会行为的影响》,肖志军译,清华大学出版社2002年版,第61页。

也可以推出多种情节,让用户自己选择剧情,甚至让用户对节目进行二次编辑加工。"[①]

受众也可以主动设置议题,发表对公共事务的意见。大众传播中的"沉默的螺旋"理论说明,传媒揭示或强调的即使是少数人所持有的或不公正的意见,也会被人们当作"多数意见"来认知,其结果是形成"沉默的螺旋"。新媒体则打破了这一传播定律,在网络上建立起公共交流平台,使各种各样的意见有了表达机会和场所。内容的全球化传播,使网民参与各种议题的空间大大拓展,网民除了可以参与对议题的讨论,还可以主动设置议题,发表对公共事务的意见。除了公共议题之外,网民还讨论具有贴近性、反常性或趣味性的议题,丰富和扩大了议题的范围。公众通过发布有价值的见解或独特话题,很容易获得关注,获得多方反馈,并由此形成多元化的舆论氛围。这样必定会吸引更多的受众发表看法,而受众的声音最终会形成一股强大的社会舆论,直接影响政府的决策,影响媒体的发展方向乃至生存。

随着我国互联网的发展,网络在促进网民关注和参与社会活动方面发挥着越来越重要的作用。尤其是近年来微博用户爆发式增长,网民对社交网站青睐有加,越来越多的应用性工具帮助网民发挥了日益增强的能动作用。"微博从满足人们弱关系的社交需求上逐步演变成为大众化的舆论平台。"[②]随着公众对主流媒体的依赖性减弱,过去因大量公众会聚所产生的主流媒体的社会联系、协调、动员功能也在衰减,博客、播客、微博等新的媒介形式都为不同意见和声音的传达与交流提供了机会。在媒体融合时代,新媒体的双向互动、平等参与的特点,以及博客、微博等的发展,在一定程度上体现了对业余用户成为传播主体的肯定与尊重。

(二)传播者职能多元化:从把关人、内容制作者到服务者、社区主持人、推销员

传统媒体在进入新媒体产业后,赫然发现原本封闭的内容生产、发行链条中多了新的合作者——内容集成商、网络运营商、增值服务提供商等,新媒体时代可以扮演传播者角色的机构和组织大大多于传统媒体时代。媒体的相互融合带来资源配置与内容的重组。当传统媒体实现数字化,变

---

① 田智辉:《新媒体传播:基于用户制作内容的研究》,中国传媒大学出版社 2008 年版,第 106 页。

② 中国互联网络信息中心:《第 32 次中国互联网络发展状况统计报告》,2013-07-17,http://www.cnnic.net.cn/hlwfzyj/hlwxzbg/hlwtjbg/201307/t20130717_40664.htm。

为多媒体集团中的一分子，并且这一集团又是以媒介互动与融合为运行规则的时候，传播者显然不再只是过去人们熟悉的“把关人”了。新的传播平台一方面在调整甚至削减他们固有的权力，另一方面又在赋予他们新的职责和能量。在数字化时代，客观上要求传播者做好三个转变[①]：

1. 从单纯的“新闻编制者”转向全方位的“服务提供者”

在媒体融合的背景下，传媒产业已经进入以终端为掌控、以数字化为平台、以提供个性化服务为目标的阶段。在这里需要注意的是，要实现“提供个性化服务”的目标，就必须建设媒体自己的客户数据库。这个客户数据库不是邮寄地址，而是对客户的描绘，如身份、爱好、消费习惯等。传统媒体很少能拿出自己的客户数据库，但对网络、手机、互动电视等新媒体来说，客户数据库的建设已经比较成熟了。比如，一个网站可以拿出某一注册用户检索内容的数据，软件可以分析出该用户经常搜索哪一类关键词，经常关注哪一类内容，对哪一类行业，甚至是哪一类产品感兴趣。有了对客户需求的深度分析，就可以有针对性地提供服务，这是媒体融合时代媒体从业人员面临的一大转变。

不仅是手机、网络、互动电视等新媒体在由“提供内容”向“提供内容和服务”转变，传统的纸媒也在努力实现这样的转型。如天津报业提出以客户为中心，就是想把读者真正变成客户，变成数字化的客户。从这一思路出发，他们借助数字化的力量，为客户提供服务。“集团自办发行，自己控制发行公司，有近 90 万长期订户。这种用户优势跟现金流优势一样，是媒体的重要资源。集团在有了这个优势之后，开始对其进行数字化概念改造。比如，某个人的爱好、身体状况、家庭状况等相关情况都在掌握之中，可提前为客户做好软件。客户只要每年给集团一定金额，便可以消费任何报纸和任何其他增值服务，甚至可以透支，集团还可以返给客户利息。通过这样的手段，集团不断掌握终端，细分读者。这是集团从数字终端改造进入数字报业的建设的重要举措。”[②]

媒介的融合发展使得以数字与网络技术为基础的传播渠道与内容载体剧增，所有传媒组织都能够实现不同程度的资源共享和协同动作，共同打造产品链以实现内容增值，并延伸媒介产品的生命周期，实现效益最大化。在这样一个时代背景下，媒体人不能只满足于制作内容的角色，还要根据客户数据库提供的客户内容，对新闻内容资源进行深度开发；通过对

① 周兆华：《数字化时代新闻编辑的角色定位》，《现代视听》2007 年第 10 期，第 31 页。

② 霍静：《报业：怎样在数字化趋势下寻求突破》，《中国记者》2008 年第 2 期，第 75 页。

新闻与内容的整合，提升内容产品的品质和价值，使新闻与内容传播进一步延伸到知识与服务领域。

2. 从“新闻把关人”转向“新闻解析者”

在媒体融合时代，新闻编辑需要更多地承担对新闻进行解释和评析的任务，而不是简单地决定报什么不报什么。技术发展促使新闻传播方式正在从传统媒体主导的单向式变为专业媒体机构与普通公民共同参与的分享式、互动式，大众传播与人际传播更加紧密地结合与汇流。这种新格局一方面造成新闻内容供给过剩，另一方面也促成人们对专业媒体组织整合、诠释内容的更多依赖。新闻编辑的任务就是要根据受众千差万别的需要，提供内容产品和内容服务。编辑要知道受众需要什么，并且知道如何从多媒体数据库中提取原始新闻素材和资料，把它们加工成“适销对路”的新闻产品，并通过最恰当的渠道发布到受众那里。

在这个新闻生产过程中，记者只是原始新闻素材的采集者，编辑要负责对最终产品进行设计、加工和制作。从这个意义上说，编辑工作的重点已经从对新闻能不能发和怎样发的“把关”转向了对新闻、内容和知识等多层面内容进行嫁接和整合的“解析”。

3. 从“内容制作者”转向“社区主持人”“推销员”

以数字化为基础的媒体融合拓展了内容传输的渠道，使媒介的内容传输能力空前膨胀，因而对内容的海量需求成为融合媒体时代的重要特征之一；市场细分加剧，新节目形态被不断开发，以满足各细分市场的多元需求。媒体融合领域又平添了网络、手机以及个人数字助理等新的平台。从家庭到办公场所，甚至移动状态，媒介渗透于人们生活中的所有时间和空间，受众从来没有面对过如此之多的媒介选择。对受众而言，面对数量惊人、令人眼花缭乱的媒介，要想做出自己的选择也着实需要费一番精力。同时，对于内容制作者来讲，每个新的内容都面临着被淹没在浩如烟海的内容中的危险。在这个背景下，吸引核心受众，进行内容营销的重要性空前凸显。

由于传播的发展和互动的需要，受众逐步从被动走向主动，越来越多的受众通过反馈和参与建立了紧密的联系，并通过互动形成了一定的文化认同，受众的“同质化”特征逐步显现，最终形成了一个以媒介为中心的具有相同兴趣和爱好的“精神共同体”——媒介社区。[①] 如杭州日报报业集团旗下的 19 楼(www. 19lou. com)是中国最大的城市生活社区网站。经过多

---

① 罗自文：《新型“村落”的崛起：媒介社区的内涵与本质》，《国际新闻界》2011 年第 10 期，第 34 页。

年发展，19 楼已成长为中国三大论坛之一及中国十大媒体网站之一。截至 2013 年 6 月，19 楼拥有 3576 万注册用户。2013 年 6 月，19 楼被评为 2012 年度现代服务先进企业。[①]在新媒介不断出现之后，新闻信息源也随之发生了结构性的变化，来自普通民众的新闻和言论在新闻传播中占据越来越大的比重。在这场变革中，专业新闻媒体如果不能把自己改造成公众交流的平台，就将失去受众，失去市场。因此，新闻从业者必须从幕后走到前台，成为社会公众的对话者和新闻论坛的主持人，并将公众意见纳入新闻传播内容的范畴。

我们以“19 楼空间”为例来进行分析。首先，从论坛的互动情况来看，在 19 楼(19 个区域论坛)中，位列前五位的楼层主要内容涉及家庭投资、教育和休闲。19 楼的论坛框架是媒体搭建的，但论坛中的议题及其讨论进程甚至版规、版主都是由用户决定的。互动频率的高低可以反映用户对议题的关注程度，在动态的互动过程中，用户之间实现了情感交流和意义建构。其次，从论坛策划的活动来看，“19 楼空间”利用网络这个平台策划了一系列活动，也就是“线上交流线下活动”。这样一种以共同兴趣或共同目的以及活动为基础的互动方式，更深层地建构了社区，使得虚拟社区回归现实(包括语言的和非语言的)。同时，作为活动平台的提供者，“19 楼空间”在聚集了人气的同时，也获得了赢利的可能性。

现在已经有越来越多的传统媒体在网络媒体上开设了互动专栏，从中获取内容和线索，主持有关各类新闻议题的讨论，这也正是媒体人在媒体融合时代新的职责所在。与此同时，在传播机构中，内容营销正在发挥决定性的作用，“正是这些促销和市场营销领域的专业人员在创造着受众，而这些受众则推动着全球化这台机器的正常运转。不管是自我促销(On-Air-Promotion)、在线促销(Online Promotion)、广告(Advertising)、捆绑广告(Commercial Tie-in)，还是竞赛与游戏(Contesting and Games)、商品促销(Merchandising)和公共关系(Public Relations)等手段，如今的商家必须找到一种能够吸引人的全新方式把受众拉回到屏幕前——不管这个屏幕是数字或模拟的电视设备，还是个人电脑或者个人数字助理”[②]。这也意味着传播者必须越来越多地担负起“推销员”的职责。

---

① 《杭州十九楼网络股份有限公司简介》，http://support. 19lou. com/forum-4-thread-191401335409939594-1-1. html。

② [美]苏珊·泰勒·伊斯曼、道格拉斯·A. 弗格森、罗伯特·A. 克雷恩：《媒介 COO：广播·电视·网络运营实务》，李德刚、何玉译，华夏出版社 2004 年版，第 2 页。

(三)记者、编辑的工作方式实现转变

传媒技术的发展所带来的变革,使记者、编辑的工作方式等也发生相应转变,以适应媒体融合时代的要求。

1. 媒体融合时代的内容采集与发布要求全天候与全媒体

第一,媒体要处于全天候的进行时态。传统报纸以发行周期为内容采集的时间单元,如超过截稿时间,再重要的内容通常也只能等到第二天发稿。而在融合时代,新闻成为一种一天 24 个小时不停运转的业务,以滚动式和即时性为主要特点,可以在网络及手机报等没有严格时间限制的多内容平台上不间断地报道新闻事件的发生与进展。我们来看看芝加哥论坛的网站。从每天上午 6 点开始,网站的内容既包括该网站前一天晚上的内容,也包括打上时间戳和更新标志及时推出的内容。该网站的编辑 Ben Estse 说,他们想要读者看到的网页是新鲜的,内容也随着一天内时间的不同而不同。他说,“人们上午 9 点看到的新闻与当天下午 3 点看到的有很大的不同”①。

第二,要实现全媒体化的采集与发布,即注重多媒体内容(但清晰的写作仍然是记者的基本任务)。传统纸质媒体以文字和图片这两种内容传播形式为主,而媒体融合时代的新媒体传播要求集文字、图片、音频、视频于一体,记者不仅要写作、拍摄,还要能够熟练地运用相关的软件整合不同的内容形式并发布到不同的平台。

全天候、全媒体化的内容生产使得媒体融合时代对媒体人的要求也与传统媒体时代有了很大的不同。在媒体融合的情况下,传统媒体从业人员与新兴媒体从业人员的界限将会被突破,编辑或者记者的身份将会被淡化,因为融媒从业人员将同时具备多项技能,扮演多种角色。例如,从事报纸文字报道的编辑也可以编辑为电视新闻播音员提供的稿件;从事网页制作的人员也可以为报纸编辑提供三维图像;从事网站视频工作的人员也可以为电视台提供视频报道等。

而工作方式的大融合,离不开对数字化技术、网络平台、多媒体转换等现代化技术的应用和依赖,这要求媒体人必须具有与此相关的各种能力。这些能力包括“内容检索能力,即能熟练地利用各种搜索引擎查找到策划及编辑加工所需的资料;计算机操作能力,即能利用计算机处理素

① [澳]Stephen Quinn、[美]Vincent F. Filak:《媒介融合——跨媒体的写作与制作》,任锦鸾译,人民邮电出版社 2009 年版,第 183 页。

材，并加工成媒介传播所需的成品；多媒介转换能力，即能将一种媒介的成品熟练地转换成另一种媒介所需的文件格式，为另一种媒介的产品生产创造条件”[①]。

美国密苏里大学新闻学院副院长布莱恩·布鲁克斯教授说：“关于未来的新闻工作，我们有一种大胆的设想，媒体将大规模合并与联合。记者必须跨平台承担不同媒体交给的工作。98%的工作将和今天要做的极大不同。媒体将穿越不同的形式，打破藩篱，创造出媒体融合的新平台。”[②]

如今，新闻或传媒学院将训练学生从适应单一媒体向适应平面、广播、电视、网络等一切媒体领域转变。这不仅仅是美国媒体的新需求，也是全世界的媒体在融合形势下对传媒人才的新需求。但是，并不是说全能记者哪一样都要精通，只要对一样多媒体报道精通，其他的基本了解就可以。美国密苏里大学新闻学院未来传播技术中心负责人麦金表示，该学院媒体融合专业的学生在前三年接触的都是跨媒体技能和经验的培训，他们学习理论知识，在不同的媒体平台获得经验，在第四年的时候，会决定自己发展的方向。“我们的学生也不可能是多媒体报道的天才，必然有自己精通的一个平台，剩下的就是要学会合作，这在多媒体报道中是最关键的一环。”[③]

2. 媒体融合时代的编辑要增强报道策划能力和素材控制能力[④]

(1)增强报道策划能力。随着媒体之间的融合和编辑流程的变革，媒体对编辑人员的报道策划能力提出了更高的要求。编辑接受一项任务以后，需要对传播内容进行筹划、组织报道，寻求多媒体传播效果的最大化。在媒体融合的环境中，编辑不仅要针对某一报道制定“报道策划书”，还需要分解任务制作“子任务书”。因此，编辑需要具备非同一般的多媒体策划理念和能力，这样才能使成品的社会效益和经济效益远远超出单一媒介的成品。编辑设计“报道策划书”时，首先必须考虑报道在多媒体上运作的可能性，要具有综合策划的能力。如策划图书的选题时，要考虑将其转化成光盘等封装电子出版物以及 e-Book 等数字化网络出版物，还可以考虑制作成 MP4，以及利用电讯系统发布、通过手机接收阅览的手机出版物。编辑

---

① 刘玉清：《媒介融合中的编辑流程再造与编辑能力要求》，《中国编辑》2009 年第 4 期，第 23 页。

② 高钢、陈绚：《关于媒体融合的几点思索》，《国际新闻界》2006 年第 9 期，第 51 页。

③ 王丽萍：《媒介融合：传媒与受众全新对话平台》，《中国传媒科技》2009 年第 8 期，第 42 页。

④ 刘玉清：《媒介融合中的编辑流程再造与编辑能力要求》，《中国编辑》2009 年第 4 期，第 23 页。

人员要熟悉各类媒介的成品及其运作要求，具有策划和设计“一次内容生产，多种媒介发布”的能力。

(2)增强素材控制能力。数字时代的素材采集与加工难度加大了，由于素材资源的分布面更广，素材数量大为增多且传播价值参差不齐，加上多种媒介的产品对素材资源有着各自不同的要求，因此编辑必须有很强的素材资源控制能力。在融媒工作平台上，编辑面对的素材可能有媒介记者采集的稿件、作者为投稿发来的电子邮件、网民发来的信息、受众通过短信平台发来的短信，以及公众打来的电话，等等。

编辑处于这种多渠道信源的环境中，就必须具备超凡的素材资源控制能力。这种能力包括素材资源开发能力，即善于从海量的素材资源中选取有价值的资源进行有效开发，将其转化成受消费者欢迎的媒介产品；素材资源质量把关能力，即能对素材质量进行准确鉴别，以确保拟开发成品的质量；素材资源有效转化能力，即能组织有关人员将素材资源按照各类媒介的要求加工成适宜的作品。

二、媒体融合时代内容产业的新特点

新闻在本质上是一种信息内容。提供信息内容是新闻媒体的首要功能，在媒体融合时代，情况依然如此。媒体的首要功能仍然是为受众提供信息内容，消除受众的不确定性。只不过在媒体融合时代，以互联网为代表的数字化技术领域的技术均等原则正不断削弱着电视、报刊、广播等传统媒体原有的技术、资金等优势，新兴的融合媒体崛起，其主要表现就是内容的呈现方式呈“全媒体化”。但是，“在媒体融合的过程中，除了要关注‘全媒体化’这一方向外，还必须关注另一个方向，那就是传媒业与用户关系的改写，以及由此带来的产品内涵与生产机制的变化”[①]。

除了内容的呈现方式“全媒体化”之外，内容产品的开拓还需要同时考虑以下几个问题：

一是在新技术条件下，“内容”不再是单一的追求目标，媒体的内容产品需要把“内容”和“服务”有机地结合起来。要做到这一点，各媒体机构需要构建自己的用户数据库，根据客户需求提供内容和服务。

二是要更加重视用户制作的内容，并为其提供发布的渠道。只有把用

① 彭兰：《如何从全媒体化走向媒介融合——对全媒体化业务四个关键问题的思考》，《新闻与写作》2009年第7期，第18页。

户的力量激发出来，才能够更好地实现媒体产品的多样性及个性化。网络、手机等新媒体的出现也为用户参与媒体的产品生产提供了途径。

三是媒体机构需要增强内容产品的可重组性和再分发性。如运用于网络媒体的RSS，WIDGET等技术可以帮助用户实现在一个页面中融合来源不同的内容。如在美国，iPhone手机用户可以在iTunes商店里寻找各个不同的服务提供者提供的内容，在手机中组织起一个"个人门户"或者说"我的媒体"。在新技术条件的支持下，产品的个性往往是由用户的选择来实现的。这不仅要求媒体自身是一个强大的平台，也需要媒体开发出适合不同平台的产品。

基于以上考虑，与传统媒体的内容产业相比，媒体融合时代内容产业呈现出以下六大特点。

(一)内容传播的交互性

从传播的本质这一角度来说，所有的传播形式都应该是互动的。如果没有反馈，就不能完全实现传播的功能。但传统媒体提供给受众的互动机会和可以互动的渠道是非常有限的。在传统媒体时代，传播者与受众的角色泾渭分明。

传播者通常是指媒体的编辑、记者、评论员、播音员、主持人等从业人员，传播什么内容，什么时间传播，以何种方式传播，都由他们决定。而受众只是内容的接收者，处于传播活动的末端。在媒体融合时代，受众不仅是内容资源的消费者，也是内容资源的生产者和提供者。互动性成为融合媒体最重要的特征之一。这种互动，一方面表现为人与机器的互动，电脑以日益人性化的界面和交流方式实现了与使用者的互动；另一方面表现为人与人的互动，用户可以与其他用户进行实时交流。如任何一台连接上网的电脑、手机都既是接收工具又是传播工具，受众既是接收者也是传播者。新媒体内容的传受两端都是媒介人，或者说新媒体的受众不应该再被称为"受众"，而应改称"用户"。

"用户"与受众的最大区别在于前者不再只是参与消费内容产品，还能够参与生产与传播内容。新媒体最重要的特点就是以用户为中心，充分激发用户的主动性，发挥用户的原创能力，改变了用户旁观者的地位，并真正形成网上网下的互动。这种互动可以分为以下几种类型：第一类是受众与内容的制作者互动，如节目剧情在播放中受到互动的影响，用户可以决定剧情的发展；第二类是受众之间进行互动，如通过受众对剧情或对内容的讨论，形成新的内容；第三类是受众向媒体机构或其他受众传播自己制作的内容，如之前举过的IPTV的例子。

互动还形成了交互性的内容。“交互性内容包括以下两大类：一类是有限交互，一类是完全交互”[①]。有限交互又包括两类：一类是内容生产商提供一定的逻辑结构，由用户完成逻辑表达，最典型的代表就是网络游戏；另一类是用户按照自己的需求逻辑提出要求，内容生产商按照这种需求提供相应的逻辑结构进行满足，这又包括两类，一类是定制，一类是点播。定制又分为两类：一类是用户不参与生产的定制，即由内容生产商按用户需求完成逻辑编排；另一类是用户参与到生产中来的定制，即用户可以提交自己的设计概念，与内容生产商共同完成内容产品的生产。这种方式也是目前全球营销模式中的一股新锐力量，例如iPod的设计就采用过这样的理念。而点播和定制不一样，点播只是一种交互性的使用，是对现成的内容的应用，并不参与完成逻辑结构的交互。

完全交互指用户个体是一个独立的内容生产者，在连通的网络中将各自创造的内容通过网络传播出去，形成相互间的内容共享。典型的代表有博客、播客、维基百科等。比如，维基百科国际新闻的编辑过程是这样的：进入维基百科主页后，会看到一个十分类似常规词典的页面，其中每一条都链接着许多相关条目。蓝色的条目表示已经被编辑过，但可以修改；红色的则表示该条目无记录，有待编辑。如果用户想对某一新闻的动态内容或背景知识进行增删或修订，只需进一步单击该条目下的“编辑”链接，就可以在一个专用的文本框中进行编辑和修订。可以说，完全交互是对传统内容生产的颠覆性变革，深刻地改变了长期以来的“点到面”的传播形态，生成了一种“点到点”的新型传播形态。

(二)内容形式的全媒体性

传统纸质媒体经历了以文为主、图文并重直至读图时代的变化，但仍然未突破文字和图片这两种内容传播形式。传统的报纸是一种以文字、图像承载内容的平面印刷媒介；传统的广播和电视是以时间为轴线、以无线电波传送声音和图像的线性电子媒介；而以网络媒体、手机媒体、互动电视为代表的融合媒体几乎是一种“全媒体”。这种全媒体性主要表现为两点：一是整合了文字、图片、音频、视频等多媒体内容，要求集文字、图片、音频、视频于一体，即同一则内容用全媒体的方式表达；二是不受时空限制，以超链接、内容聚合等手段整合了内容交互传播的功能。以Web 2.0的应用为

① 王菲：《媒介大融合》，南方日报出版社2007年版，第69页。

例，用户生成内容、微内容聚合、个性化定制等都体现了这一点。这意味着内容产业的总量大大增加，内容使用的效率大大提高，内容消费的需求大大扩张。

仅以媒体融合时代的报业内容生产为例，基于互联网应用的传播手段、传播方式、传播形态而实现的数字化变革已经改变了传媒产品。从目前报业的选择来看，其产品策略主要体现为以下两个方面：一是媒介产品的数字化，如建设网站（包括网络版）、多媒体数字报（包括手机报、电子报纸、电子显示屏内容）、数据库等。报业的新闻生产与传播方式是数字化的，在融合了文字、图片、动画、视频、音频等多媒体内容后，可以分化出多种产品，向多种终端分发，以满足受众不断细分的需求。二是报网互动，这里的网包括互联网和手机 WAP 网。从采编层面来说，报网之间主要是内容生产上互为上下游、互相影响，如增加新闻内容采集渠道、开展社区讨论、实行媒介间议程设置等。报网互动产生了新的内容产品，整合了内容交互传播功能，增加了内容传播能量。

全媒体化的内容生产使得媒体融合时代对媒体记者的要求也与传统媒体时代有了很大的不同。全媒体记者并不是简单的“视频记者”，还要学会全媒体新闻生产所要求的“用脑”“用眼”和“用手”。用脑，即要有新闻聚合的头脑。全媒体新闻要适合传统媒体和互联网、手机，以及其他载体的特点，不同载体的不同组合产生的效果大不一样。用眼，即要充分利用网络、手机等互动传播媒介的“新闻眼”，挖掘来自受众的新闻资源，善于与受众互动。用手，即要会用图文、视音频等复合技术进行内容采集，还要能够熟练地进行电脑、手机新闻的制作发布，以实现一次采集、多渠道编辑和多媒体发布。

(三)内容发布的跨平台性

内容形式的全媒体性与内容发布的跨平台性是联系在一起的。目前，跨平台传播的情况主要有三种。[①]

一种情况是同一内容分别在不同的终端上发布。如同一电视节目（体育赛事直播、大型晚会等）可以在传统电视、网络电视、手机电视上播出。在媒体融合初期内容尚不丰富的情况下，这种现象是比较多见的。多终端的同步播出，扩大了收视规模，也使受众在收视地点和收视条件上更加自

---

① 刘婧一：《应对媒介融合——新环境下的电视节目营销》，中国传媒大学出版社 2008 年版，第 69 页。

由。如中央电视台的新央视国际成立四个月来，在CCTV第12届青年歌手大奖赛、“我爱世界杯”台网联动上探索了新的模式。央视国际总经理汪文斌称，央视国际以精选品牌栏目为基础，正在促进电视制作队伍和网络制作队伍的结合，努力进行多媒体的策划和跨终端的传播。央视国际将提供技术平台和专业服务，部分节目既要面对电视平台，也要面对网络平台，进一步推动从台网联动到台网联办机制的发展。在2006年6月9日到7月9日的世界杯报道中，央视国际与中央电视台体育节目中心联动，策划建立了“我爱世界杯”专题网站，集内容发布、互动、图文、视频于一体，能够发挥博客、搜索引擎、图文直播、专题报道、收视指南、论坛、在线访谈、视频点播、播客、网络广告等互联网功能，网络报道成为世界杯报道的重要组成部分。

第二种情况是内容制作商根据不同平台的特点对内容进行一定程度的改造、包装和对象化营销，使之以不同版本在多个平台上播出。比如将传统的电视剧改造成系列剧，投放到手机平台以每个单元3—5分钟的形式播出；或将传统的较长的小说改造成情节独立的多集，以手机短信的方式发布；等等。新媒体的内容形态需要针对渠道特点进行改变，传统电视节目的形态并不能简单平移。以手机电视为例，因为手机的屏幕比较小，把电视节目简单地移植到手机上显然不行，这就需要对节目进行改造。一些从事手机电视内容制作的公司，对传统内容进行重新编排、转码，去掉大部分元素，只留下一个爆发点，做成专供手机播放的短片。在视频新闻方面，新华社与中国联通合作，专门为手机量身打造电视节目——新华视讯。节目形式为30秒以内的口播新闻，以近景镜头为主，字幕的字号更大，适合在手机上播放。

第三种情况是在内容策划和制作的过程中就充分运用多媒体联动的方法，从而实现节目的跨平台传播。内容从开始策划的那一刻起，就以多个媒体平台为载体。这些平台相互依托并彼此强化，不同媒体上的内容结合在一起构成一个完整的故事。任何一个单一平台所承载的内容虽然也可以独立成篇，但其实都只是一棵大树上的枝干而已。如美国ABC电视网2006年推出的电视剧《迷失》，除了电视之外，制作方还通过网站、杂志、报纸等多种媒体发布同剧情相关的线索，吸引大批受众的关注，全方位、跨媒体地追踪剧情的发展，并且制作了手机版的《迷失》，每集只有几分钟。手机版中的主要人物没在电视版中出现过，但又与电视版的人物有联系。

内容发布的跨平台性对受众而言意味着选择的增加，对内容提供商和集成商而言意味着渠道的增加和舞台的扩大。

(四)内容生产的针对性

传统媒介时代是“大众媒介时代”,媒介把相同或类似的内容,毫无区别地传达给最大范围的受众,而少部分受众的个性化需求因不能产生内容产业的规模效益而被媒介机构有意或无意地忽视。在媒体融合时代,由于两个原因,媒介机构开始更加注重特定受众的个性化需求。

一是个人需求的差异化程度不断提升,特别是对于内容产品的需求更是呈现出多样化。新媒介环境下受众面对的内容是海量的,不同受众的个性化需求则形成了不同的细分市场。传播者把握住了这一点,就可以对目标受众进行准确定位。值得注意的是,在新技术条件的支持下,产品的个性往往是由用户的选择来实现的。比如用户可以购买不同的应用,在手机或平板电脑上组织一个“我的媒体”。媒介组织可以挖掘、分析用户以往的选择,进而向用户推送个性化的、符合用户兴趣和需要的内容产品。

二是长尾效应使得媒介机构开发针对小众的内容产品变得有利可图。长尾效应理论认为,只要渠道足够多,非主流的、需求量小的商品的销量也能和主流的、需求量大的商品的销量相匹敌。在媒介领域,这可理解为:互联网等新媒体技术的发展为非主流的新闻内容传播提供了足够多的传播渠道,因此非主流的、关注度小的新闻内容能够与主流的、受关注度大的新闻内容相匹敌。新媒体相对丰富的传播渠道和开放的传播空间,使其新闻内容传播呈现出与传统媒体相异的“长尾效应”,这使得媒体融合时代的媒体更加注重所生产内容的针对性。

1.基于客户数据库的针对性内容产业

回顾大众传播媒介的发展历程,“传者本位”长期居于主导地位,“传播什么、怎样传播、为什么传播”这些最基本也最根本的问题,主要由传播者来解决。受众是静止和被动的,是一个个分散的、互不联系的个体。进入媒体融合时代,伴随着新闻媒体争夺受众的竞争日趋激烈以及媒介资源的增多,受众的选择余地大大增加,“传者本位”开始让位于“受众本位”。在这一理念下,受众不再被认为是被动的接收者,而是有自主性和相对独立性的“主人”。受众不再是相互之间没有差别的整体,而会因文化传统、教育背景、经济地位、社会声望、宗教信仰等的不同而产生不同的内容需求。受众本位的理念进一步推动了受众市场的细分。在此情况下,新闻媒体必须针对客户数据库进行有针对性的内容生产,制作不同的新闻内容产品。

在载体过剩的年代,受众市场“碎片化”还意味着资源开发必须满足小众甚至个体的特殊需求。对于过去新闻内容只要求抢时效、求准确的编辑思路已经不是唯一的要求了，除了新闻价值方面的专业判断之外，编辑还要考虑针对这些载体的不同受众如何在多种载体上重组、编制不同的新闻内容，包括选择不同的报道角度，采用不同的传播方式，运用不同的传播技术。

2. 基于媒体形式的针对性内容产业

媒体融合意味着各种媒体产品有了共同的平台基础，这就使多种媒体的产品集中到一个共同的渠道有了可能，但是这并不意味着媒体融合带来的是一个单调的产品市场，丰富、多元和个性化的产品应该是媒体融合追求的目标。新闻媒体的内容产业将突破传统媒体载体间的限制，整合所有的媒介，统一规划，资源共享，建立新的新闻采编流程。其基本流程就是集中力量采集新闻素材，再根据各自受众的接受特点进行加工，制成适合不同媒体形式的新闻产品，通过不同的传播渠道传播给受众。

“在融合背景下，媒体从选题策划阶段就开始了资源整合运作，以充分体现各媒体的报道特色与风格为目的，以各媒体拥有的‘组合终端载体’为新闻发布平台。新闻报道形式上，不同终端之间要实现内容的区分、联系与整合，表现其‘整体性’的特点，根据不同载体的介质差异，研究不同载体所服务人群的需求差异，以这两方面的差异为依据，确定报道选题并设计报道方案、规划报道样式。在具体的后期制作中如何凸显不同媒体的介质特征，体现其言语风格，是一个需要重点把握的难题。”①

伴随着数字技术和通信技术的飞速发展，媒体的边界逐渐模糊，传播终端呈现出数字化特点，电信服务商和互联网服务商纷纷介入传播终端领域，与传统媒体融合在一起，推出各种数字移动终端作为新闻内容的载体，进入人们的内容生活中。因而，在媒体融合时代，各媒介组织要借助多媒体技术，进行有针对性的生产。

(五)内容的个性化

媒体融合使内容产业迎来了个性化时代。媒体融合带来了多样化的渠道，同时也意味着海量内容的传播成为可能。在这样的时代，同质化就意味着被淹没，创新、个性成为内容存在的理由。多样化的平台、多样化的受众，需要多样性的内容，内容的创新性和个性是受众选择接受一条内容的理由。因此，在媒体融合时代，要突出新闻报道的个性化特征。

---

① 梁媛、彭祝斌：《新闻报道形式创新的途径与方法》，《新闻战线》2009 年第 2 期，第 76 页。

传播学者陆小华在《整合传媒》中指出：一个媒介所赖以赢得竞争、赢得对手的主要因素，绝不只是具有原创性的独家新闻，还要靠独家的、具有原创性的信息加工标准、加工方式，信息处理手段及信息表现方式。① 在新媒体时代，融合新闻理念要求新闻报道具有创新意识，突出个性化特征。个性化特征是指新闻作品所具有的独特风格和独特视角。这种独特性是借鉴多种艺术表现手法、融合多种文体表达方式的结果。

在媒体融合的背景下，传统媒体新闻报道形式的创新主要体现在三个层面：新的传播技术和传播现象诱发传统形态的“人有我有”型创新；技术应用和流程变革导致网络形态的“人有我优”型创新；理念更新、跨媒体扩张引起联动形态的“人优我特”型创新。网络媒体的受众习惯于篇幅短小和层层链接、自主选择的阅读方式，习惯于接受文字、声音、图片、视频、音频等多媒体形式相融合的报道方式，习惯于对重大事件的报道通过点开一个个链接，集中阅读。这些都给传统媒体带来一系列报道形式的创新。②

媒体融合时代内容产业流程的建构发生了巨大的改变：新闻媒体需要突破传统载体的樊篱，将传统新闻报道范式进行整合重构，制作出适合不同对象的多媒体的新闻产品；对新闻事件不再单面呈现，而是多侧面、多角度地展示；媒体不再单纯追求独家新闻，而是更加重视原创性的内容产业加工；不再是我传你受的单向灌输，而是倡导受众参与和互动。“媒体融合时代，新闻报道方式已从平面化的线性方式，转为立体化、个性化、互动化的全新方式。”③

（六）内容生产的精益化

内容生产的精益化与前文中所论述的内容生产的针对性有联系，但侧重的角度有所不同。前者主要是指针对受众的不同需求和不同媒体形式进行生产，后者则涉及媒体的成本控制问题。

与传统媒体相比，新媒体的内容生产可以做到更加精益化，这都源于载体形态的不同所带来的生产方式的变革。对于通过生产普适性产品从而追求规模效应的传统媒体来说，即使有革新性技术产生，它们主要考虑的也只是如何让技术支持系统，适应于现有的运行组织和人员结构，如果

---

① 陆小华：《整合传媒：传媒竞争趋势与对策》，中信出版社2002年版，第66页。

② 梁嫒、彭祝斌：《新闻报道形式创新的途径与方法》，《新闻战线》2009年第2期，第76页。

③ 刘寒娥：《融合新闻理念对新闻报道方式的影响》，《新闻实践》2007年第10期，第19页。

要把这种粗放式的生产模式放到个性化产品生产上，新媒体公司肯定是无法适应的。新媒体则是让人员结构和运行组织反过来适配技术支持系统。因此新媒体的精益生产基础是技术支持系统，通过系统结构的调整来规范人员组织、运行方式和市场供求等方面，使生产过程中一切无用、多余的东西被精简，最终达到包括市场供销在内的各方面最好的结果的目标。

那么，新媒体精益生产方式的主要特征是什么呢？有学者认为主要包括以下几个方面：(1)标准化模块——寻找内容的最小颗粒，组建不同的模块单元；(2)个性化——小批量、多品种；(3)规范——串联各个传品单元的规则，从而保证平均品质；(4)流程化——缩短产品周期，为生产个性化产品而大力削弱生产过程的个性化；(5)效率——做资讯聚合，在关键点上原创而非全程原创；(6)柔性——同一模块的不同产品应用；(7)提升——定期反馈总结，持续改进改善。[①]

媒体融合时代内容产业的特点，从总趋势上看，是从以传者为中心到以受众为中心，从线性传播到立体传播，从资源的单向开发到多元开发。

第二节　媒体融合时代的新型内容产业链

媒体融合时代的内容产业要求内容的大规模存储、大规模处理、大规模生产和大规模流通，随之产生了对数据库系统的需求。数据库技术是进行内容加工、处理、存储的内容技术。它是为了方便人们使用内容、通过种类逻辑关系建立的数据系统。利用数据库，人们可以进行数据的输入、编辑、修改、检索、查询和存储，大大提高了使用内容的效率。数据库的应用带来了内容采集、存储、加工、传输方式的变革，为媒体融合中的内容生产提供了基础平台。

内容的数字化和数据库系统的开发也使带有媒体融合时代特色的内容生产成为可能。渠道融合、终端融合之外的内容融合也以内容的数字化和数据库系统的开发为技术基础。

在媒体融合时代，内容形态的发展呈现出以下几个方向：

一是数字媒体领域是媒体发展的必然方向。传统媒体首先以数字媒体作为增补的内容输出渠道，来应对受众注意力被分割的局面。在这一时期，数字媒体是作为经营活动的补充而被运用的。而后，在与数字新技术

---

① 夏鸿：《手机彩信杂志的“精益生产”》，《中国传媒科技》2009 年第 3 期，第 18 页。

交融的内容生产中，传统媒体的内容生产也逐步数字化。伴随着网络的融合、终端的融合，传统的传播渠道和数字新媒体的传播渠道之间的藩篱被彻底打破，传统意义上生产、播出一体化的媒体组织不复存在，拥有大量内容和渠道的传统媒体组织的任务分化为两大领域：内容的拥有和终端的占有。拥有内容的是内容生产商和内容集成商，占有终端的是负责内容传输的网络运营商及它们拥有的相应的接收设备。

二是终端个体化生产将趋于规模化。数字技术意味着低成本、连通、快捷，即在传统大众媒体时代内容生产作为组织特权和组织行为这一生产方式在数字时代遭到颠覆，每一个个体终端都可以在低廉的投入下成为一个内容生产的端口，并通过网络与外部连通，即个体终端具有了规模化的生产能力。终端的规模化生产能力和终端的规模化消费需求在生产成本和支付意愿达到均衡时就能够催生个体终端生产，而且随着终端的不断增多，要平衡不断膨胀的生产和需求，就需要更多的个体终端生产参与进来。这样，个体化终端生产就会越来越多，趋于规模化，成为媒介内容生产体系中的一个重要组成部分，与组织性内容生产共同构成媒体融合形态中的内容生产源。[①]

三是内容生产与物质生产的融合会越来越充分。中国传媒大学黄升民教授指出，由于内容生产与媒体机构发生了分离，从传统的媒介产业中剥离出来成为内容产业，所以内容产品就具有了被多渠道、多层次运用的可能性。内容产品的共享性增强，则作为共享介质的“品牌”在这一过程中就强化了其“符号威力”。增强了符号力的品牌其价值就得以增大，具有了吸引内容生产以外的产业来应用内容产品品牌的可能性，由此带来内容生产领域与物质生产领域的广泛合作与交融。

数字技术对内容融合的意义不仅在于它是内容融合的前提条件，还在于它催生了内容产业，使内容生产和媒介载体分离开来。传统时代的内容生产是与相应的媒介形态连为一体的，一种媒介形态生产出一种媒介内容，媒介内容间没有交融性，这就使得对内容进行转换的成本高昂。而在以数字技术连通的平台上，数字技术使内容与渠道、载体分离开来，内容生产得以高度集中，并独立出来成为一个产业链的上游集群，基于数据库进行内容生产，通过各种渠道分配到不同终端，打破了传统的“生产、发行、消费”的单一的线性产业链，形成了由原创、生产、应用三个层面构成的伞式产业链（见图 4-1）。

---

① 王菲：《媒介大融合》，南方日报出版社 2007 年版，第 77 页。

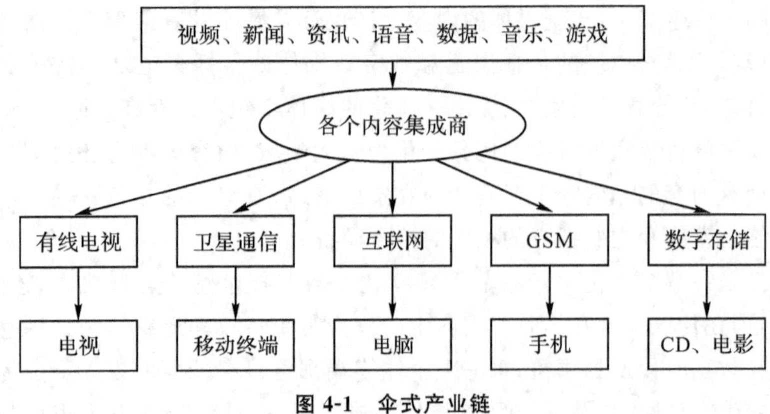

图 4-1 伞式产业链

传统媒体的产业链主要包含以下四个要素:内容提供商、频道运营商、网络运营商和电视观众。媒体融合使电视节目得以在多个传播平台传输,目前主要有数字电视、个人电脑和手机三个平台。平台的增加,使整个电视产业价值链以及其中的各个环节都发生了相应的变化。新的产业链是建立在多媒体复合市场这个前提下的,因此传统媒体所形成的纵向一体化的产业链逐渐开始向横向一体化的新媒体产业链演进,包括以下五个环节:内容制作、内容集成、内容传输、服务开发与管理,以及内容接收。

一、内容制作

内容制作环节的主体是内容提供商。在我国传统电视产业中,电视节目的提供主要由电视台和一些民营制作公司来完成。由于我国长期以来采用的是制播合一的体制,所以专门的电视节目制作公司并没有在节目提供中占有重要的地位。而国内的电视播出平台属于垄断资源,从根本上阻碍了节目市场上公平而又有效率的竞争的展开。因此,以电视台为主的节目生产者在无须竞争的环境下,没有展现出应有的活力和创造力。这导致节目数量匮乏,质量堪忧。媒体融合在不同产业中的渗透,带来了电视的新形态。IPTV 和手机电视的发展,不仅需要在内容的量上实现安全感,更需要在内容的质上实现新突破,故而内容提供商的地位和作用将在整个产业链中逐渐凸显。数字付费电视、IPTV、手机电视、数字助手等都需要大量与各自媒体特性相符的音频、视频、图文及数据内容。而针对传媒产业内容资源缺乏的现状,一个重要的战略就是将内容提升到产业的高度,通过引导或支持相关产业组织的建设并促进产业组织合理的竞争与协作，构建较完善的产业链并保证产业链通路的顺畅，从而使内容能够规模化生产，大批量集成，面向大市场销售。强大的内容提供商也可以通过丰富而有质量的内容，提高自身在整个产业链中的议价能力。与此同时，制播分离、网台分离的体制，也将为内容提供商创造广阔的发展空间。

电视台是我国电视节目的主要生产者，面对媒体融合大潮以及新媒体带来的发展机遇，它们争相确立自身在竞争中的有利地位。IPTV 和手机电视是媒体融合的典型产物。在新兴市场上，央视和上海文广集团等主要国有媒体机构因为掌握着庞大的内容资源而成为内容的主要提供者，它们通过与不同的 IPTV 提供商和电信运营商合作来推行 IPTV 和手机电视。比如上海文广集团作为一个集广播、电视、报刊、网络运营于一体的庞然大物，先后与中国电信、上海移动、江苏移动等电信运营商合作，一方面提供流媒体内容，一方面开始根据新媒体特征及不同终端量身定做电视节目。其他传统媒体也没有认为 IPTV 仅是电视的事，如中央人民广播电台和中国国际广播电台在 2005 年春节后成立了网络电视台，各传统报社创办的网站也纷纷推出了各具特色的视频节目。

近十年来，中国拥有了越来越多独立的影视机构。尤其是近几年，中国的网络游戏和移动增值业务的成功启动预示着中国将会产生新的内容提供商，它们能向大众提供一种全新的服务内容。民营企业身份的光线传媒是国内最大的娱乐节目制作和发行商，但受制于电视频道和牌照垄断等因素，其节目在和电视台竞争播出时间以及收入分成等方面一直受到挤压，这也是中国所有的民营电视内容提供商面临的共同困境。面对媒体融合的新环境，光线传媒将自己的发展目标定位于“中国最大的多媒体视频内容提供商和发行商”，有关节目内容也会放到 IPTV、宽频电视乃至手机电视终端上。凤凰卫视同样对新媒体“虎视眈眈”。它目前着力于围绕资讯门户网站“凤凰网”打造凤凰新媒体这一囊括了无线增值业务、流媒体等内容的新平台。凤凰新媒体的定位是旨在提供新媒体所需要的与传统电视节目高度差异化的内容。此外，北广传媒旗下的北京中北电视艺术中心有限公司作为我国主要的电视剧制作公司之一，也已开始试水新媒体，其与上海文广合资成立的新媒体内容制作公司 EMF 已经启动，根据新媒体互动性强的特点制作相应的节目。①

① 刘婧一：《应对媒介融合——新环境下的电视节目营销》，中国传媒大学出版社 2008 年版，第 48—57 页。

内容生产商不仅包括传统领域的节目制作者，还包括新兴的交互内容生产者，如盛大，从游戏、家庭终端娱乐进入内容生产领域。盛大集团的发展定位是“互动娱乐媒体企业集团”，发展愿景是“世界领先的数字出版商”。盛大网络通过盛大游戏、盛大文学、盛大在线等主体业务和其他业务向广大用户提供多元化的互动娱乐内容和服务。

二、内容集成

由于内容生产成为独立的规模化生产体系，从原来的传媒产业链条中剥离出来，产业分工更为精细，因而这时内容生产环节就只从事内容资源的搜集和生产，而原来作为统一整体的内容分配环节也相应地剥离出来，专门从事内容的分配。但是在分配之前，还需要向庞大的内容供应空间进行带有目标性的采集，这样集采集和分配两大功能为一体的内容集成平台必然就产生了。内容集成平台除了汇聚内容从而成为庞大的版权拥有组织外，还有一个重要功能就是聚合功能。依靠规模化的资源，一方面可以多层次地进行内容的整合应用，实现增值；另一方面，由于产业内容生产规模的扩大，以及终端也具有了生产内容的可能性，所以富有创意的个性化内容将会大大增加，但这些内容是分散的、琐碎的，如果能够将它们整合起来，规模会是巨大的。

在新的产业链中，内容集成商的地位变得十分关键，因为内容产业中的内容集成商同时面对两大类碎片——内容的碎片和碎片化的媒介消费者。一方面，无序、海量、繁杂的内容素材需要内容集成商分类、编辑、压缩、存储；另一方面，内容集成商既可以把加工过的内容打包销售给不同的媒介运营商，也可以将内容数据库直接连入运营商的服务接口，通过快速的引擎及时满足碎片用户的个性化定制需求。

目前，广电系统内部主要的电视、广播运营机构皆具备成为内容集成商的先发优势：首先，这些机构有着丰富的内容运作经验，并且长期充当把关人的角色，能够较好地控制内容的导向及质量；其次，这些机构建立了较庞大的音、视频内容库。比如，上海文广集团在其发展战略中已有清晰的思路——不再单纯地做一个内容提供商，而是希望成为搭建平台的内容集成商和服务商。在内容提供方面，上海文广集团对 PC、电视、手机三种新媒体的终端布局很清晰，例如，旗下的“东方宽频”经营网上视听，“上海文广互动”经营数字电视与高清电视，“百视通”经营 IPTV，“东方龙”经营手机电视。但上海文广集团更远大的目标是通过与电信的合作，利用运营商的网络，搭建内容服务平台，直达用户；同时可以把更多的内容商吸纳过来，通过帮助内容提供商计费、管理用户、管理节目编排等服务来获得自己的收益。上海文广集团副总裁张大钟说："如果我们成为平台提供商、内容集成商和服务提供商，各个内容提供商、运营商、设备商都可以通过我们的平台在这个互动电视产业链中融合，从而向全国市场推广。"上海"东方龙"移动内容有限公司总经理王耀国认为，"手机电视的集成运营平台获得成功的标志，就是SMG在其中所占的内容份额逐渐降低，而来自于SMG的合作伙伴，即各地的广播电视机构和节目内容提供商的节目内容占有率逐渐升高而最终占据绝大部分。节目的内容和来源极大丰富，才能满足手机电视用户的需求，真正体现出手机电视的个性化特色，推动手机电视业务的大规模普及，从而拉动整个手机电视的内容产品产业链，实现良性循环和规模运营，用户才能从这样的全国集成运营模式中得到真正的实惠"①。

内容集成的战略意义和发展前景，也被广电以外的产业看好。2006年9月，中国移动副总裁鲁向东在互联网大会上介绍了中国移动未来的战略目标："我们要从简单的语音信道的传送，过渡到以丰富的数字内容分发为主的渠道，也可以称为数字内容的分发商。"除了MP3、彩铃、音乐、游戏下载等业务，中国移动以后的战略目标是"传递内容以外，还要集成内容、销售内容、管理内容"。

今天，在视频产业链里，内容集成的方式正在发生改变，一个负责视频分发的渠道商，在未来也可以成为一个新媒体内容的集成商或代理商。这种角色的出现才会带来改良的内容，也才会带来更有商业价值的流量。集成商的存在将所有卖方集中在一起共同面对买方，可以大大提高节目销售的效率，内容提供商则可以将精力放在受众调查和制作品质精良的节目上，而不必单独上门推销节目，也不必四处拉广告。这也使节目销售收益的最大化成为可能：借助集成商的分销网络或者播出平台，同一个节目可以在不同区域的不同播出平台反复播出；内容集成商的存在，还有助于打破强势播出平台的垄断地位，实现卖方平等，不管是民营制作机构还是有电视台背景的机构，节目的生产和交易完全由市场来调节，这也将有利于新的产业价值链的健康发展。

---

① 王耀国：《手机电视怎么做——上海"东方龙"的运营实践》，《中国记者》2006年第4期，第69页。

三、内容传输

内容传输环节主要是由提供基础设施的企业——如使用有线网络的电话和电视企业，以及提供天线和卫星进行非有线方式传输的运营商来完成。它们提供必要的基础设施，并为目标消费者管理信号传输。媒体融合的实质是实现终端的“无所不能”，而这是基于各种传输网络来实现的。“无所不能”要求未来的广电网和电信网绝不止提供一种服务，无论是广电的地面微波传输网、卫星传输网、有线网，还是电信的移动蜂窝网、双绞线固话网、卫星通信网及计算机互联网，都可被改造或升级，以支持消费者随时随地利用任何网络享受各项数字内容服务。在中国，三网融合之所以多年难以获得实质性推进，就缘于运营商不愿意开放自己的网络，而想进入对方的领域。现在，三网融合已经正式启动，但可以预计的是，运营企业之间的争斗不会停止。

总之，在内容传输这一环节，不同的网络运营商都在抢夺资源，并企图使自己成为一个真正的“Triple-Player”，即一个集语音、数据、视频于一体的网络运营商。大融合趋势下业务领域的交叠是指以提高用户忠诚度为目标的竞争在不同运营商之间展开。

四、服务开发与管理

媒体融合在使内容多媒体化的同时，也使增值服务成为与创新内容相伴随的一个重要部分。过去为电脑所提供的通信服务和互动服务等，如今也可以在以电视或者手机为终端的平台上使用，并与电视节目相结合，形成新型的增值服务，如娱乐、内容、电视商务、电子节目单、互动服务和消费者服务等。

服务和应用开发商在这个环节中起着重要的作用。随着媒体融合进程的加快，这一环节将产业价值链中日益成熟的部分(服务、应用)与多媒体内容共同构成融合产业用户的综合价值，这也是新兴产业价值链区别于传统电视产业价值链的重要特征。

五、内容接收

新的产业链的末端是终端接收设备，它是把内容传递给消费者的直接载体。对于传统电视产业而言，只有一种终端设备，就是电视机。但媒体融合使终端设备多样化成为可能，同时也使每个终端的功能变得多样化。模拟电视、电脑以及手机是目前最主要的三种终端，但随着新业务和新内容的需求的变化，新的终端设备将成为产业链中最后的关键环节。

IPTV跨终端传输的融合功能为视频节目通过跨终端复用增值提供了商用的可能。因此，数据库智能管理下的节目库，成为IPTV跨媒体节目利用增值的信源。以PC终端为播控节点，通过机顶盒在PC与电视机之间建立通信，以电视机作为浏览器，这样用户既可以享受到即点即看海量视频节目的网络电视体验，还可以保留传统的电视消费习惯；同样，以PC终端为播控节点，将同类视频节目编辑加工为小码流视频文件，可以通过手机或其他个人移动终端播放。当技术成为内容的一部分，再融合新的编辑思想，便可以通过播放终端的差异化使同质的节目显现出异质的特征，尽管这种异质的特征还仅仅处于平移的过渡阶段。

媒体融合在使广电、电信和互联网发挥自身优势的同时，也要求并推进了各自多元功能的实现。广电网的优势在于节目内容的编制传输及广电信号的传输，而技术水平日新月异的电视机是非常好的广电、互联网终端接收设备；电信网的优势在于覆盖面广，且有长期积累的大型网络设计和管理经验，拥有相对完美的宽带网络和比较成熟的宽带增值业务，终端设备（如手机）已经同样可以用于接收广电、互联网内容；互联网的特点在于其技术不断创新发展、大容量资讯的传输和存储、互动沟通模式的更新，其终端设备（个人电脑）已经完全具备接收广电节目、即时语音通信的条件，并逐渐被广泛使用。

在这个新的产业价值链中，每一个环节都有相应的变化，也都承担着独特而重要的使命。各要素之间基于共同的利益需求进行着横向或者纵向的联合与合作。每个环节都企图提高自身在整个产业链中的地位，但任何企业都无法单独满足消费者复杂而多样的需求。不过，有一点可以达成共识，就是内容提供商和集成商将在产业链中处于优势地位。基于这样的新情况和新认识，许多竞争者都纷纷试水内容业务，比如电信对内容生产领域的介入。因为从媒体领域寻找内容远远不能满足电信运营商的扩张需要，只有自己直接掌握内容生产的来源，才能够在融合形态中具有稳固的竞争位置。所以，电信运营商对内容生产的介入就催生了两个内容增产空间：一是自己直接参与内容生产，与内容生产商融合来生产内容；二是行业里出现了大量的新的内容生产商来满足电信运营商的这种需求。对于那些要试水内容业务的竞争者而言，要占领未来的媒介市场，优质的内容及适当的整合加工将是取得成功的两个关键因素。

第三节　媒体融合时代传统内容产业转型

一、媒体融合时代报纸内容产业的转型

在传统的三大媒介中，日子最不好过的算是报纸了。原因很简单，电视本来就是三者中的王者，声画合一，能够给受众以视听上的巨大享受，在技术复杂性上远远超过报纸、广播。能够对电视构成威胁的网络视频是近年来网络基础设施水平大幅度提升的产物：高速宽带、大容量存储、影像设备普及。即便如此，计算机等媒体融合终端还受到可视面积、语音播放质量等多种限制。广播因其一心多用的伴随性和低成本也拥有一定的筹码。而报纸在媒体融合浪潮中的地位最为尴尬。它几乎是最早也是最直接受到网络冲击的传统媒介，网络的海量信息、自由共享、超链接、交互性等优势对它构成直接威胁。这些年来，报纸在到达率、广告额、受众质量等各方面都呈现不断下降的趋势，并且迄今还看不到尽头。

在我国，以2005年为“拐点”，传统报纸进入一个抛物线般的下滑轨道。广告增长率从持续了20年的高位跌落成个位数，与之伴随的是年轻读者的流失和发行市场的萎缩。日到达率从2001年的71.2%下降到2009年的64.9%，更糟的是受众结构的变化，2005年至2009年，15—24岁读者的日到达率从61%下降到48%，25—34岁读者的日到达率从70.7%下降到64.7%，高学历读者所占比例从78.6%下降到71.5%。国外同样如此，2009年，美、英、日三国的报业收入分别比2004年下降了34%、22%和18%。2008年，美国普通工作日的报纸发行量下降了3.6%，周末报纸的发行量下降了4.6%。①

就现状而言，报纸最痛苦的地方在于，随着自身赢利能力的下降，能够应对媒体融合趋势的筹码越来越少，电视业则从容得多。此外，技术问题也增加了报业参与媒体融合的难度，技术水平相对较高的电视向文字、语音内容和服务的扩展相对容易，而报纸则受困于一定的技术升级障碍。那么，报纸的媒体融合转型之路应该怎么走？

报业和电视业的媒体融合转型在整体上是一致的，表现为：(1)在确立

---

① 《新媒体时代纸媒应如何应对?》，http://media.sohu.com/20111101/n324105973.shtml。

一个媒体融合起点的基础上，不断调整自己的业务模式，提供适应媒体融合时代要求的内容和服务；(2)寻找到自身在媒体融合中的独特优势、精准定位，并持之以恒地推进；(3)通过资本和产业融合，整合内容、技术、渠道和市场。这些关键环节对于所有传统媒介机构的媒体融合转型来说并无不同，区别在于各自的操作细节和侧重点。

报纸的媒体融合转型更需要强调在资本和产业上的融合。这主要因为以下几点：首先，报纸在视频、音频内容上进行业务扩展的难度较大，存在一定的技术门槛；其次，报业组织的赢利能力相对不足，转型中的筹码有限；再次，由于报纸被赋予了较多的宣传功能，在天然的娱乐属性上又明显弱于电视，条块分割状况远比广播电视媒体严重，政策限制也更多。因此，借力打力、合纵连横就更有必要了。

《成都商报》在这方面提供了一个比较成功的例子。早在1997年，成都商报社投资组建了成都博瑞投资控股集团有限公司。1999年，该公司成功收购了上市公司——四川电器，成为后者第一大股东，并在后来将其更名为博瑞传播，从而实现了借壳上市。这一举措为《成都商报》进行资本和产业融合开辟了广阔的道路。

2006年12月初，在成都市委支持下，成都广电和成都报业合并，成立成都传媒集团，跨越广播、电视、报纸的界限形成了一个跨媒介集团，旗下包括成都电视二套(CDTV-2)、FM 96.5调频广播、本土时尚生活类杂志《明日快一周》《汽车时尚报》、出租车视频(流媒体)，以及成都全搜索网站、全国性的财经类日报《每日经济新闻》等媒体，从而形成了以《成都商报》为中心的“媒体融合试验体”。

融合体内各媒体以资本为主要纽带展开战略合作。它们彼此相互参股：《成都商报》、CDTV-2和成都传媒集团旗下的上市公司博瑞传播共同投资组建成都蓝海传媒股份有限公司，以完全市场化的公司管理模式进行电视节目制作和销售，探索制播分离的发展模式；《成都商报》和博瑞投资、博瑞传播共同投资组建每日经济新闻报社有限公司；成都传媒集团和《成都商报》共同投资组建成都全搜索股份有限公司……这样的运作模式既保证了国有控股，确保了新闻媒体体制的合法性，又增强了融合体内各媒体发展的活力。同时，相互参股使融合体内各媒体的发展休戚相关，彼此间自觉形成了相互支撑、相互扶持的发展格局，为深度融合奠定了基础。

在资源融合方面，建立融媒新闻指挥中心，实现信源共享。新闻线索同时提供给报纸、电台、电视台，并由他们联合策划开展推广活动。在人力资源方面，《成都商报》派记者到合作的电台、电视台，传递商报的新闻理念；电台、电视台的新人到商报接受培训。智力资源得到共享，管理层实现跨平台流动，网络、电视、报纸各自的操作模式可互相启发。在资金方面，各方充分合作、互为支持。广告资源也得到有效整合，可以为客户打包制作立体广告投放方案，整合资源，确保广告份额。

在 2009 年，成都传媒集团进一步在不同形态的媒体中建立联动机制，将集团内不同形态的 12 家媒体按一张报纸、一个电台频率、一个电视频道加一个网站的基本架构，结成三个“联动对子”：第一组，包括《成都日报》、电视台新闻综合频道、电台新闻频率、成都电视台网站；第二组，包括《成都商报》、电视台经济资讯服务频道、电台经济频率、全搜索网站；第三组，包括《成都晚报》、电视台公共频道、电台交通频率、电台网站。每组搭配四种不同形态的媒体。这样设计的优点有两个：结对试行，有利于稳步推进，取得经验，也可以规避内部“大折腾”的风险，降低改革的成本；不选择在同一形态媒体间联动，则规避了同形态媒体内容“同质化”的问题。

同时，《成都商报》努力在全国范围内进行扩张，走向天津、云南、江西……以合作办报的方式实现跨地区融合，打造资源共享与品牌互补的高端互动合作平台。1998 年，创办了《云南信息报》（昆明），与《甘肃日报》联合创办了《西部商报》（兰州）；2003 年 12 月，与全国 35 家主流媒体联合组建“中国主流媒体房地产宣传联盟”；2004 年 11 月，与 19 家全国主流媒体共同发起并组建“全国主流媒体汽车联盟”；2007 年 4 月，与全国 17 家主流媒体发起成立了“中国城市第一媒体联盟”……但是，由于种种原因，这些跨地区融合成效并不十分理想。因此，集团的主要精力还是投入在区域内实现媒体融合。

经过多年努力，《成都商报》发展成为西部第一大报，它投资组建的成都博瑞投资控股集团有限公司也发展成为一个总资产几十个亿的涉足传媒、地产、酒店经营、药店连锁经营等多个产业领域的大型企业集团。

《成都商报》的发展进程，其实就是媒体融合的进程，同时也是资本和产业融合的进程。通过资本和产业融合，《成都商报》突破了自身的资金和技术实力限制，在“赢家通吃”时代获取了先发制人的时间，也突破了各类媒体、行业的限制，实现了自身品牌和资源的价值最大化。虽然在打造跨区域集团方面没能尽如人意，但这主要是由于国情的限制，并不能否认资本和产业融合在其中的必要性。

当然，资本和产业融合并不都是指以自身为核心的融合，对于大多数国内报社来说，将自身化为媒体融合集团的一部分可能是大多数情况下的选择。在这种情况下，能否以尽可能大的资本市场价值参与融合，将是问题的关键,而能否实现价值提升又依赖于能否适应媒体融合时代的要求,这构成了一种有趣而又现实的悖论。

寻找和发挥报纸的独特优势,是报纸媒体融合转型需要强调的另一个方面。电视的转型往往以视频网站为突破口,这显然是报纸不能模仿的。报纸的优势和缺陷在哪里?

我们可能不得不对报纸的前景做大胆的预测。那就是,报纸目前的传统纸张形态可能难以避免消亡的命运,但这不等同于报纸将消失,而只是表明它将在一个更高级的形态上涅槃再生。报刊的无纸化将成为一种趋势,这是由纸质载体的缺陷导致的:印刷、发行成本占据了报纸成本的大部分,这些都浪费了大量社会资源;纸质载体本身会带来新闻信息更新周期的限制,无法满足随时发布、随时阅读的需求;纸张的多媒体表现能力十分有限,无法提供高质量的感官享受;无法成为交互性、个性化的平台……在各类电子信息终端高度普及的情况下,纸质报纸的消亡是难以避免的。

但是,内容原创能力和资源集成能力一直是传统报纸的优势,无论哪个时代的用户都需要精练、权威、深入的报道,在这个角度上可以说报业工作者在媒体融合时代依然有足够的发展空间,而手机报、下载型电子杂志等新平台则成为传统报刊在媒体融合时代的延续。

从目前看来,手机报可能是报纸最理想的突破点。手机在物理上具有与报纸同样的便携特性,手机视频虽然已经发展起来,但难以摆脱手机屏幕太小的限制,因此这是报纸较为理想的媒体融合舞台,可以回避其多媒体表现力差的弱点,避免了与各类新闻门户站点、各类音视频网站的正面冲突。

手机报发展的主要障碍有两个:一个是内容的高度同质化,另一个是三家分账问题。

大量传统媒体对手机报趋之若鹜,但是对文本内容却缺乏有效的统筹规划,再加上手机报本身没有独立的新闻采编权,因此当前的绝大多数手机报都只是传统媒体的翻版或者综合浓缩版,内容缺乏原创性和同质化倾向严重成为市场繁荣表象下最大的病灶。全国手机报的定位都大致相同,除了少数提供财经证券信息的之外,几乎都是综合新闻,传统报业中的同质化问题被变本加厉地植入手机报运营过程中来,如此雷同的信息自然无法满足读者的个性化需求。[①] 媒体融合时代是分众化的时代,但分众化需要以庞大的用户群作为基础,如果整体用户群也不过寥寥数万人,分割后

① 蔡骐:《手机报的盈利模式与发展瓶颈》,《传媒观察》2010年第10期,第14页。

的受众群体人数将会更少。这样一来,手机报的成本增加,收益减少,吸引广告、推销增值服务的目的也难以达到,长期运营必然受到遏制。同时,分众化对手机报采编人员提出了更高的要求,必然需要更专业的编辑人员,这就需要大笔的经费投入。因此,手机报领域很可能最终也将呈现出某种赢家通吃的市场格局,这是媒体融合时代共有的残酷性。

在目前手机报的运营模式中,手机报产业链价值必须通过内容提供商、电信运营商与技术服务商三方机构的合作来实现。传统报纸负责新闻内容的采编工作,技术服务商则负责信息的数字化处理,最后处理好的信息成品由电信运营商通过无线通信技术平台发送给终端手机用户。这也是一种媒体融合时代采编和发行脱节的新运营方式,其中电信运营商在整个过程中占有绝对主导地位,它和技术服务商分得大部分的收益,而报纸所能得到的收益很少。这是传统媒体渠道控制权消解,成为单纯的内容提供商后的必然结果,网络视频发展到一定程度,电视台也将步此后尘。就目前的发展形势而言,报纸的内容资源只能成为网络运营商的附属物,这很可能会产生恶性循环:首先,三家分利造成手机报价格居高不下,几元的包月费用或流量费相对于几毛钱一份的报纸和免费浏览的新闻网站而言,并无价格优势,手机报的数量扩张无疑会导致更惨烈的竞争;其次,在利益瓜分过程中,承担着手机报内容生产重任的媒体却处于绝对弱势地位,低收益分配比例无法激起采编方提高新闻内容品质、拓展个性化服务的热情,从而难以办出特色。因此,手机报不好办,但不办手机报更不好办。也可以换个表达方式,媒体融合转型难,但不转型更难。报业的无纸化还只是远景,走得太快、脱离市场从来都没有好结果,前瞻性和脚踏实地都不可或缺。在当下仍然以纸张作为报纸载体的时期,也有一些基本的变革原则。

首先,需要强调内部改造以提供适应媒体融合时代要求的内容和服务。当下,报业要加快利用媒体融合技术改造传统的报业生产流程、经营管理模式以及传播手段,建设集新闻采编、组版、报纸发行、广告销售、企业管理,以及公众信息服务于一体的工作及信息服务平台,建构数字化、网络化、一体化的新型报纸出版形态和运营环境。

新闻生产可以转向现场发稿和滚动发稿的方式,打破原有的出版周期限制,改变以往记者采访后几小时才发稿的做法,在第一时间向受众提供准确信息。现在很多报纸都通过网站、手机报对当日新闻进行追踪报道,或发布次日报纸新闻的提要,使读者及时获得最新信息。一些报纸还推出了“短信评报系统”,或在网上开设博客,收集读者的反馈或爆料等。这些都增强了报纸内容产品的时效性、互动性，顺应了媒体融合的要求。

其次，在媒体融合时代，报纸与受众的关系需要被重新定义，读者变成了“用户”。过去报社是按照自己的编辑方针来决定报纸内容，而读者只能被动接受。在媒体融合时代，用户在接收信息时的主动性、参与性、互动性，以及个性变得越来越强。报业工作者需要从“传者本位”向“用户本位”转变，需要提供定位更加精确、细分的内容以满足用户的个性化需求，需要努力获取反馈，对正式和非正式内容生产投入同样的热情，组织和引导用户的消费过程。

再次，传统的职业和技能分工格局将被打破，新闻工作者们需要形成一个个全能团队，每个团队都应具备文字、摄影、摄像等各种技能，可以打破线性的、单一的新闻传播模式，针对各种终端平台制作、发布内容。

报业机构应努力让原来仅适合于报纸版面的内容衍生为多种传播形态，使其通过报纸、网站、手机、户外媒体、PDA（个人数字助理）等多种介质发布，让单一产品向多媒体产品延伸，以不同的终端对各个细分市场进行更加细密的覆盖，实现信息的反复增值，并在这一过程中慢慢实现工作重心从纸质载体向多种载体的转移。

二、媒体融合时代广播内容产业的转型

人们不太容易直观地感受到广播电台在媒体融合浪潮中变革的必要性。这首先是因为广播具有独特的物理优势——伴随性和移动性，这使人们在听广播时可以一心二用，如一边开车一边听广播。其次，它更能适应细分化市场的需要，广播台的建设和维护成本低廉，小规模的听众数量就可以维持一个广播台的运转。这些特点使广播在传统媒介中具有某种特殊的天然壁垒，广播依靠这一特性逃过了电视的冲击，在媒体融合时代也占有一定的优势。

市场数据也证明了这一点。赛立信公司2010年6月发布的《中央人民广播电台、华夏之声珠三角及港澳地区广播收听市场研究报告》显示，传统广播依然是听众收听广播的主要渠道，占49.8%，而MP3、手机等也是听众收听广播的重要终端，合计达60%，通过电脑网络收听广播的不足10%。央视索福瑞媒介研究机构对2010年全国100多个城市收听市场的研究同样显示：收音机仍然是最普遍的选择终端，达到45%左右；一线城市的车载收听比例将近1/3；使用手机收听的比例，一线城市和四线城市均超过了10%；使用互联网收听广播的情况处于较低水平，选择比例不足1%。在以

上所述收听终端中,收音机毫无疑问是传统的广播收听终端,而车载广播、MP3、手机等移动终端也都具有接收调频广播的功能,目前基本上都在非网络环境下使用,无疑也都应归类为传统的广播收听终端。显然,传统广播的收听方式仍为广大受众所青睐。

可以说,广播是不能暴富却能维持小康的典型。但是,这不等于广播就能高枕无忧。在媒体融合浪潮中,广播业的生态变化也是明显的。这包括以下几个方面。

首先,渠道垄断消解。如同传统电视台在终端限制和渠道垄断消失后回归应有的本质——视频内容提供者,广播台也不得不面对同样的现实,接受自身作为普通的音频内容提供者的地位。过去,虽然建立广播台成本比较低,但仍然需要一定的资金、人才、技术设备和官方许可,但在今天,几乎任何网民都能在网上提供自己的音频服务,既可以是类似广播台按时间序列线性播出的节目,也可以是各种音频的下载、播放服务,更不用说商业站点。虽然今天的广播收听者仍然主要依靠传统的广播收听终端,但是那些"一边上网一边收听"的用户的流失却难以避免。真正的危机会在不太遥远的将来到来,当无线3G使用成本下降到一定程度、速率持续提升后,通过移动网络终端直接上网获取音频资源就成为大多数用户的必然选择,所有的网络音频服务提供者,包括那些音乐下载站等等,都会成为广播台的强劲对手。

其次,听众转化为音频用户。目前,广播事实上已变为多种音频媒体中的一种,无论是手机、MP3、听网络音频时的电脑,还是卫星广播和其他广播形态,它们都是通过音频传播信息的不同终端,并且种类越来越多,相互之间的界限也渐渐模糊,这些都导致相当一部分传统广播用户的分化和转移。年轻人通过电脑、手机、MP3等收听各类音频,却很少去听广播,而这其实是潜在用户的流失。幸运的是,与其他传统媒介相比,广播是最容易数字化的,因为成本非常低,同时声音和音乐本来就是同质化的,搞广播就是靠声音、音乐,所以广播台的节目可以非常便捷地在不同的新终端之间相互移动,既可以在AM和FM里面听,也可以在手机、互联网上听,下载到MP3、MP4上听,或者依靠其他的音频终端收听。

最后,音频内容高度多样化、个性化和交互化。传统广播本身已经高度细分了,但在媒体融合时代则更进一步。以提供在线和下载收听服务的"博客广播"为例,稍微关注一下就能发现下载的内容中音乐只有一小部分,几乎没有新闻,各种各样个人化的、定制式的内容占据大多数。同时,对于今天的用户来说,无论是音频、视频,还是文字,都倾向于随时获得自己想要的内容,拒绝线性播放、你播我听的模式。因此,对于广播台来说,努力创作各类优秀的音频节目,打破传统线性播放方式的限制,满足新时代音频用户的需求,都是必须强调的点。

那么,广播台的媒体融合转型应当注意哪些方面呢?

与报社、电视台相比,网站并非广播媒体融合转型中最重要的内容。事实上,目前广播台主办的网站一般用户都不多,访问量很少,这与传统广播仍能在竞争激烈的媒介战场占有一席之地相对应,是必然的结果。即使有人喜欢一边上网一边听广播,基本上也是使用能够集成各类广播流媒体地址的软件终端,不会去专门访问某个网站。

强化内容建设永远是广播发展的第一要务,应将音频内容作为主打项目来经营。广播的融合绝不是淡化与削弱广播的物理特性,而是让更多的听众,尤其是那些追求时尚、对新媒体有着浓厚兴趣的青少年听众能从更多的渠道、用更多的方式收听广播。在目前以及今后相当长的一段时间里,中国广播将会以传统广播为主,网络广播、手机广播为辅的多元并举的发展格局向前推进。流动听众和老年听众是传统广播的两大主流受众群,媒体融合对这两个群体影响不大。针对他们的特定需求和收听特点,加强专业频率的内容建设和信息服务,是传统广播继续努力的方向。

近年来私家车保有量大幅攀升,城市交通拥堵状况日益加剧,广播具有的移动性和伴随性的物理特性使得驾驶和乘坐机动车的“流动听众”群不断壮大,他们收听广播的频率更密、时间更长、忠诚度更高。“流动听众”对路况信息、新闻资讯有较多需求,打造特色节目显得尤为重要。我国社会老龄化趋势日益明显,老年群体受到越来越多的关注,而他们也是广播的最大受众群体。受文化水平、接受能力、经济条件、作息习惯等因素限制,网络、手机等新媒体对老年受众分化力不强。针对老年听众群体的生理、心理特点,传统广播的生活服务、养生保健、休闲娱乐、心灵慰藉类节目应得到重视。

广播台网站的访问量有限不等于不需要发展网络广播,随着移动网络终端或者说移动媒体融合终端的发展,网络广播的地位将不断提升。网络广播节目可在网上长久留存,便于听众选择收听和重复收听,弥补了传统广播线性传播、转瞬即逝的缺陷。网络广播的用户以年轻群体为主,他们不习惯同步被动式的“接收”,而喜欢异步主动式的“选择”,要求有“在线收听”或“下载收听”等多种选项。因此,网络广播的内容设置必须契合年轻群体的生活特点和心理需求,以新闻资讯、生活服务、时尚前沿、休闲娱乐类节目为主,这样才能满足用户更加多样的信息需求和日益细分的个性需求。

手机作为未来主流移动融合终端的地位已经清晰可见，它也将会是大多数人唯一的“全天候终端”。当前，手机广播主要是通过手机中内置的FM广播调谐器直接收听电台广播节目。未来通过3G网络，用上网手机实时收听或点播网络广播节目将取代目前的收音机收听模式，成为主流的广播收听方式。

这些都是广播转型过程中进行业务模式革新，提供符合媒体融合时代要求的内容、服务所要做的工作。在资本和产业融合方面，由于广播台大多已经融入了广电集团，专门讨论广播转型的必要性有所削弱，但依然有问题，那就是需要设法在业务流程和组织机构方面进行变革，真正实现“融合”。

大多数广电集团的广播台依然是一个独立的分支，这是传统业务流程和组织结构的延续。传统上习惯于按内容类型和媒介类型来划分组织结构，如电台设有新闻中心、文艺中心、社教中心等，有了手机就办一个手机中心，有了互联网就办一个互联网中心。这种做法无法真正协调资源，恰当的做法是按业务流程和流程当中的某些要素重新架构。对大多数媒介机构来说，可能应按照制作、播出、流通这三个主流业务流程重新架构自己内部的组织机构：制作中心负责内容生产，可以再按照情况划分新闻和非新闻分支，然后由渠道中心来负责内容的编排、设计、选择和分发，最后是整合营销中心。以BBC为例，曾经有广播、电视、网络三个新闻部，现在将三个部门的功能重组为两个部门：一个是多媒体新闻部，负责新闻类节目；一个是多媒体节目部，负责专稿类新闻节目，如新闻调查等。这样的整合形成了新的编辑结构，提高了工作效率，节约了资源，并且为内容产品延伸提供了更好的条件。

不仅对于广播台，对于所有传统媒体来说，进行业务流程再造和组织机构重构，都是媒体融合转型中的必要环节。

三、媒体融合时代电视内容产业的转型

在传统媒体中，电视之所以成为普及度最高的新闻媒体，是因为其能为文字、图片、声音、影像等提供共同载体的特质使其具备快速转变架构方式、适应新的发展空间的先决条件。就新闻生产而言，我国的多数新媒体及“新新媒体”都尚不具备新闻采访的资质，在体制层面不具备与电视媒体直接竞争的话语空间，只有极少数几个大型门户网站，例如“新华网”“红

网""中新网"可以借由其所属或合作的国家级通讯社或广电集团媒体资源,实现对新闻的采访、编辑及报道。这无疑给电视新闻的转型提供了客观上的"时间差",只是随着媒体融合的不断推进,这种"时间差"的优势将不断缩小,留给其转型的时间和空间已经不多。在上述网站的新闻报道中已经出现了"某某网记者报道"等字样,其释放的信号相当于向广播电视等传统新闻媒体吹响了挑战的号角。纵观世界传媒发展史,与报纸五个世纪、广播百年的兴衰相比,电视这个仅仅几十年历史的媒体不能算是行将就木的"老人",然而在网络媒体、社交网络的强大攻势下,电视已经被划归到"传统媒体""旧媒体"的行列中,这不得不让电视人有些唏嘘感叹。然而时代的车轮从不会因为任何人的主观意愿而停下脚步,相对于报纸、广播而言,电视也曾经是"新媒体",也曾经势如破竹地占领了行业巅峰,然而纸媒及广播媒体并没有在这样的发展阶段被彻底淘汰,反而在大浪淘沙、百舸争流中重新梳理了自己的定位,并找到颇具特色的破发点。由此可见,在新一轮的竞合中突出自身优势、积极进行全面转型才是电视内容产业的突围之路。

(一)内容生产转型

传统电视内容生产转型的最终目标是要构建以视听互动为核心,融网络新媒体特色、电视特色于一体的立体化生产平台。

首先,从资源分散向生产聚合转型。就传统电视自身来说,推进融合发展首先要改进自身的内容生产平台,进行资源整合,建设跨媒体协作机制,搭建全媒体内容资源整合和生产发布平台,使电视台所有节目、活动内容针对新媒体的"多元发布、多次营销"进行,实现内容资源的多次利用,放大品牌效应。

其次,从粗放编排向差异化制作转型。互联网电视、IPTV、手机电视等视听新媒体,由于其媒体形态不同,传播方式和受众群体的差异化,决定了内容需求的差异化。传统电视一对多的节目编排做法已经不能适应IPTV 和手机电视等新媒体的要求。新技术的不断更替又会催生新的媒介形式和更加小众化、细分化的用户消费需求,这要求传统电视在内容生产上必须从过去的粗放编排向差异化制作转型。

最后,从单向制作向双向互动转型。新媒体技术进步使得互动需求正日益成为用户的重要需求。在新媒体时代,视频用户已经从单向的信息接受者向互动的内容参与者角色转型。基于这种变化,传统电视要想实现与新媒体融合发展,就必须改变过去单向制作的内容生产模式,而要考虑借用各种新媒体手段实现与用户的互动。例如2010年中秋，北京电视台推出了三台网络中秋晚会，晚会从前期创意到节目内容再到具体的表演者，都通过网络评选产生。而电视只是作为一种终端，将节目呈现给观众。

（二）传播策略转型

传统电视要将内容通过多元化渠道传播给用户，就必须进行传播策略的转型。如果说内容生产转型是产业链的第一步，那么传播策略转型可以算得上是产业链的第二步。传播策略转型目标就是要从"一对多"的单向传播、单一形态传播，向"多对多"的渠道立体化传播、充分满足用户互动需求的交互式传播转变。

一是要努力实现全方位覆盖、无缝隙对接。在三网融合真正实现后，无所不能的终端和无处不在的网络使未来电视可以达到对用户的全天无缝隙覆盖，利用电视、手机、广播、网络等多渠道进行信息分发，使得同一内容不同形式的信息产品能沿着各自既定的渠道得以使用，从而保证一件信息产品的重复多次、多介质、全方位传播。[①]

二是要建立用户互动机制，注重差异性，增强体验性。未来电视要以用户为中心，充分考虑交互式传播的特点。例如，手机电视用户收看电视的时间往往是在路上，因而注意力不是很集中，手机屏幕往往在5英寸以下，而且收视时段会集中在早晚上下班和午休的时间。因此，作为内容供应商必须要针对手机终端的特点进行内容传播。此外，还要增强用户的体验和互动。媒体融合的深入使每一个媒介终端似乎都"无所不能"，用户的主动性应得到最大的发挥和满足。例如，美国苹果公司推出的iPad平板电脑风靡全球，引发了BBC，NBC，ABC等国际一流媒体进行适配iPad传播终端的针对性内容优化。各个视频内容制造商和提供商也相继推出适用于iPad终端的应用程序，增强了用户的体验性。

三是要加强合作，拓展用户渠道。传统电视可以广泛开展与商业网站、电信运营商在内容渠道建设方面的合作，拓展用户渠道。例如，电视媒体与SNS(社交网站）以及微博等新媒体的合作已经成为一个发展趋势。尼尔森最新调查显示，具有社交网络和博客双重功能的SNS的登录人数多达全球互联网用户的2/3，是用户到访率、增长率最高的网站之一。传统电视节目可通过注册或联合开发插件等形式入驻这一平台，拓展渠道资源。

① 栾轶玫:《融媒体时代新闻生产的流程再造》,《视听界》2010年第1期,第24—26页。

（三）竞争策略转型

随着媒体融合的发展，国内主流传媒机构都已经开始了全媒体布局。电视媒体之间的竞争已经从过去的单一节目、单一产品的竞争，发展到全媒体和全产业链的竞争。因此，传统电视竞争策略的转型目标是要从单一品牌、单一产品向全媒体、全产业链的竞争格局转变，力争打通产业链的上下游，以视频优势谋求竞争优势。

首先，建立品牌集群，形成规模效应。在实现与新媒体融合发展的过程中，传统电视固有的品牌优势要不断向新媒体产品和产业链嫁接和转移，形成品牌一体化和集群效应。新媒体由于其品牌孵化周期长、产业链更新换代周期短的特点，正可以借助传统电视的品牌优势，推动新媒体业务快速增长。传统电视与其旗下的视听新媒体，如互联网电视、IPTV、手机电视，在价值理念和品牌形象各方面应该形成一体化构建，形成品牌的叠加放大效应，同时，在竞争中形成各种媒体的优势组合，打造全媒体竞争合力。

其次，进行节目推广的创新，建立循环增值的整合营销模式。推广策略是竞争策略的重要组成部分。媒体融合平添了网络电视、手机电视等新的平台，从家庭到办公室，再到移动状态，电视节目渗透在我们生活的各个空间。电视节目要想在浩如烟海的节目中突出重围，除了节目自身内容、形式、风格吸引人，节目的推广也显得很重要。在融合的时代，要充分利用电视、报纸、网站，进行多平台的宣传推广。2009 年“快乐女生”可谓节目推广的成功案例。海选阶段，往届的赛区制基本被舍弃，代之以六大网络直通区加 20 个“快乐联盟”赛区的方式进行运作。这种“广播种、广收粮”的方式解决了快女海选阶段不能上星直播的问题，在网络和地方形成了超高的人气，影响了全国。决赛阶段，每场都能看到新浪、腾讯、时代华纳、英皇娱乐等媒体和唱片公司代表作为专业评审在决定选手去留上拥有投票权。另外，在关键场次比赛中邀请快乐联盟成员代表到节目现场担任快乐联盟评审团。在直播时间受限、取消短信投票等不利因素下，快女节目收视率还是屡创新高。

（四）经营管理转型

经营管理可以分为内部管理和外部管理，具体体现在体制改革和用户管理等方面。经营管理转型的目标是要改革现有体制，加强用户管理，降低生产传播成本。

第一，尽快建立现代传媒管理体制。这也是内部管理转型的关键。在充分认识新媒体客观规律和重要性的基础上，传统电视应加快体制改革，使台属新媒体企业尽快完成公司化改制、建立法人治理机构，理顺产权关系，通过战略合作、融资、收购、兼并等方式实现新业务、新领域、新渠道的迅速扩张。

第二，完善激励约束机制，创新用人机制。建立新型的人才管理机制是内部管理转型的重要一环。在人才管理方面，大多数传统电视机构还停留在事业体制的观念上，内部用人机制与市场化模式还有很大差距。人才管理转型一是要完善人才结构，配备各类人才；二是要建立科学、系统、合理的任用制度和管理制度；三是要建立灵活的培训机制，加强从业人员的全媒体操作技能和媒体融合的思想理念。

第三，要做好用户管理转型，完善用户调查和引导机制。这是外部管理转型的主要目标。从收视用户管理体系来看，要从传统的电视受众收视调查向新型的全方位受众收视评价体系转型。新媒体业务双向互动的传播特点可以使媒体及时、精确地获得用户数据，对用户行为以量化的形式进行精准衡量，并建立相应的数据库体系，通过更为科学的数据分析进行用户群体的优选和细分，找到受众群体的差异化需求，有的放矢地选择节目内容与服务方式，为节目的创新和可控化播出提供依据。加强用户引导是外部管理转型的重要使命。面对“人人都可能是记者”的网络时代，舆论引导的复杂性和必要性更加突出。需要不断地解放思想、转变观念，扮演好网络意见领袖的角色，及时有效地引导舆论。

第四，重视用户体验，建立良好的监管制度。给用户提供方便独特的体验，这样才有助于提升视频内容的吸引力和影响力。例如 BBC 官方网站的内容改版后突出网站的导航功能，以用户为中心，简洁、实用，提供点播服务，推动“个人电视台”革命，开发下一代搜索引擎，利用新的网络搜索引擎，用户通过输入声音和图像就能查找到 BBC 电视台和广播台相关的音频和视频资料等①。

第五，加快培养复合人才。电视媒体与新媒体的融合发展，复合型人才是关键。传统电视的全媒体化进程迫切需要熟悉传统媒体和新媒体的记者、主持人和策划人，也需要熟悉这两个行业发展特点的经营和管理人才。首先，要加快对“全能记者”的培养。在媒体融合实践中，应培养一批

---

① 付晓燕：《BBC 官方网站在媒介融合中的角色与作用》，《中国记者》2009 年第 9 期，第 86—87 页。

全面掌握多媒体技能，能够同时承担文字、图片、音频、视频等报道任务的全能型记者。其次，应重视与高校建立合作培养机制，加强与高校共同建立复合型人才培养基地，抓好未来全媒体人才的基础培养工作。最后，还可鼓励主持人走向网络新媒体平台主持节目，在线直播与网民互动，形成全媒体传播的核心竞争力。

四、媒体融合时代出版业的转型

(一)媒体融合促进传统出版业变革

我国出版业的变革主要体现在两个方面，一是出版社由事业单位转为企业管理，二是技术的变革与驱动。其中数字技术大大地促进了我国出版产业的升级，成为融合时代出版业转型的主要动因。

1. 加强内容的融合开发

出版企业的内容融合是指在传统出版企业面对媒体融合及数字出版技术的发展，通过内容的重新整合与创新，以及内容的再生产与再利用来实现效益最大化的经营方式。在媒体融合时代，优质内容是媒体生存发展的核心要素，是出版产业的核心竞争力。传统出版社要在强劲的媒体融合与数字出版趋势下，以及激烈的竞争中取得优势，关键在于对内容的深度开发，以及对高附加值服务的追求，此外，还要不断引进和利用新技术、新生产方式、新营销模式。

2. 注重网络传播权

随着数字化新技术在出版行业的广泛应用，不断涌现的新媒体为出版提供了新的渠道。数字化网络出版是对传统出版形态和传播方式的一种变革，具有媒体融合、范围扩张、成本降低、检索便利等优势，然而，随之而来的著作权保障，以及人才短缺的问题成为变革中的一大障碍。数字出版业作为以技术开发与版权增值为核心的新兴出版业态，版权保护必然是发展的核心问题。

3. 跨媒体经营

媒体融合背景下，出版企业的跨媒体经营成为传统出版业建立数字出版趋势下的网络出版系统策略之一。主要通过两种模式进行：一是在技术条件允许的情况下，将出版社大量的纸质出版物转化为电子出版物；二是传统出版物的数字化与销售渠道的建立，实施跨媒体经营。媒体融合是多种媒体之间的合作和联盟，不仅包括内容资源上的互动，也包括媒体间的合作。出版社的跨媒体表现在出版业与其他产业之间的联盟与合作。图书出版业不仅可与传媒产业内部的其他媒体合作,又可与传媒业之外的电信运营商合作,形成一种在空间、时间和含义上的立体化交融。

(二)媒体融合背景下数字出版创新与发展

1.开展集团化经营

数字出版集团化经营有利于实现规模效益和协同效益。可以使集团成员企业之间在产品研发、制造、销售、管理等环节紧密联系在一起,形成利益共同体,减少恶性竞争,降低运营成本。面对竞争,出版集团经营策略需要有创新的发展模式。

首先是范围经济发展模式。“就单品种的出版物而言,出版是遵循规模经济规律的;但从整个出版业来看,范围经济似乎更符合出版产业的特征”[①],如果仅凭单品种销售来提高市场占有率,那么属于规模经济的发展模式,而如果出版产业凭借图书品种上的优势来提高市场占有率,则为范围经济的发展模式。不论从市场数据,还是从外部环境与技术发展来看,都明显体现和强化了出版集团的范围经济发展模式与趋势。

其次是产业链式发展道路。所谓链式发展,是指企业利用社会化生产链中的直接关系来扩大经营范围和经营规模,在供、产、销方面实行链式联合,从而降低成本,获得竞争优势。在我国,一些出版集团已经开始了一体化进程,如 2007 年挂牌成立的深圳出版发行集团等,已经开启了中国出版业的链式发展之路。

此外,就是多元化发展。从资本营运方面来看,多元化经营的目的是降低出版集团单一品种经营的成本和风险,实现稳定收益。国外出版集团如贝塔斯曼、培生、维亚康姆等知名的出版传媒集团大都经历了“专业化——多元化——专业化”的发展之路。中国出版市场面临的市场容量有限与追求业务成长的矛盾,以及集中主业与多元扩张之间的企业投资规律,都需要中国出版集团走多元化道路。

2.加强数字化出版

目前全球数字出版产业年增长率在 33%以上,未来几年,数字出版用户量将以每年 30%的速度、收入以每年 50%的速度增长,到 2018 年,全球

---

① 肖东发、张文彦等:《出版创新与中国文化软实力》,中国社会科学出版社 2011 年版,第 116 页。

电子图书的市场份额将超过传统图书。[①] 2010年手机出版收入达到414亿元，超过网络游戏、网络广告，成为出版产业中的佼佼者。可见手机出版占据了数字出版的大壁江山，手机阅读作为在线阅读的主要方式，随着手机网民不断增加，数字出版也必将得到进一步发展。

数字出版不是简单地将纸质阅读转化为电子阅读，而是数字复合出版，是在生产、技术、人才培养等多个环节进行创新和改革，实现改变传统的阅读习惯和传播方式，创造新的利润空间和赢利模式。前提是构建自身的数字出版编辑，建设资源数据库，搭建数字内容整合平台，提升数字产品的内在价值，发展以内容生产、管理过程、产品形态数字化与传播渠道网络化为方向的数字出版新业态，推动数字内容加工、存储、传输、阅读等技术的研发和装备的制造。

3.提供定制化服务

定制化服务简单地说就是预先准备很多服务项目，消费者可以自由选择部分或者全部服务。随着内容数字化的进一步发展，新闻出版将会越来越贴近读者的个性化阅读习惯，进而为读者提供定制化服务。与此同时，传统出版企业应向内容服务提供商转变，为读者提供定制化服务。数字内容资源平台将成为定制化服务中预先准备好的各项服务的数据中心，消费者即受众可以在此自由选择内容进行定制服务。

定制化服务要求传统出版企业在向内容服务提供商转变过程中，在内容上实现“碎片化”，真正为读者提供一对一的定制化服务。需要认识到互联网、数字阅读器、手机等阅读平台共性之外的个性，着力开发不同终端下充分展示不同终端优势的内容产品，最大限度满足个体化定制需求、最大限度延伸传统出版产业链，实现个性化出版、按需出版、即时出版、远程出版和一种信息多种载体传播的复合出版的目标。

---

① 《我国数字出版产业总值突破“千亿大关”》，http://www.gd.xinhuanet.com/newscenter/2011－05/14/content_22766462.htm。

第五章

数字内容产业传播技术分析

在媒体发展史上，数字技术的时间还非常短暂，从 1946 年第一台数字计算机诞生开始计算的话，也不过短短六七十年的时间。进入 21 世纪，我们看到了许许多多新生的媒体形态，而旧有的媒体也在这场新技术革命的推动下发生了彻底改变，原本不同媒体之间泾渭分明的界限开始变得越来越模糊，受众也从接受信息一跃而成为使用信息的“用户”，数字传播技术正在改变全世界。

现在，数字传播技术的应用范围越来越广阔，形形色色的数字新媒体风起云涌，对数字传播技术和内容产业的认识也越来越需要宽广的视野。本章所要解决的核心问题就是要厘清何谓数字传播技术以及分析各类内容产业的数字传播技术的形态特点。

第一节　数字内容传播技术的界定

一、数字内容传播的概念

从1946年第一台数字计算机诞生以来，由数字技术迅猛发展而带来的崭新传播方式就深刻地改变着我们的生活。随着数字技术的发展，学界和业界从各个维度对数字传播、数字传媒、数字化等概念进行了阐述，虽然这些阐述各具特色，但直到今天，对于上述概念的统一认识尚未形成。下面首先让我们简要回顾这一发展历程。

1946年，世界上第一台通用数字计算机的问世拉开了数字传播的序幕。计算机技术的不断提高和广泛使用，大大提高了人类处理、存储信息的能力。而计算机网络的出现和近年来的全球普及，使人类信息交流的空间在很大程度上得到了拓展。

1995年，美国麻省理工学院教授兼媒体实验室主任尼古拉·尼葛洛庞帝推出的《数字化生存》这一巨著将数字化传播提到了前所未有的高度。他认为与物质世界的基本粒子——原子相对应，信息时代新世界的基本粒子就是"比特"。他在书中指出，"比特，作为信息的DNA正迅速取代原子而成为人类社会的基本要素"，在这种新型信息传播方式的作用下，"计算不再和计算机有关，它将决定我们的生存"①。

随着新世纪世界范围内新媒体产业全面崛起以及不断发展，学界业界对数字传播的认识不断加深，新的概念界定也不断出现。

中国社会科学院新闻与传播研究所研究员闵大洪从传统媒体数字化的角度出发，将数字化(Digital)定义为："信息(计算机)领域的数字技术向人类生活各个领域全面推进的过程，包括通信领域、大众传播领域内的传播技术手段以数字制式全面替代传统模拟制式的转变过程。"②

2005年底，由国家"863"计划计算机软硬件技术主题专家组编撰了《2005中国数字媒体技术发展白皮书》，该书将数字媒体定义为："数字媒体是数字化的内容作品，以现代网络为主要传播载体，通过完善的服务体系，分发到终端和用户进行消费的全过程。"这一定义强调数字媒体的传播方

---

① ［美］尼古拉·尼葛洛庞帝：《数字化生存》，胡泳、范海燕译，海南出版社1996年版，第3页。

② 闵大洪：《数字化时代与数字化传媒》，《新闻实践》2001年第11期，第37页。

式是通过网络，而将光盘等媒介内容排除在数字媒体的范畴之外。

中国人民大学新闻学院教授喻国明在对新媒体的研究中，对数字传播的特征进行了概括，他认为数字传播有以下几个特征：首先，由科学技术进步带来的数字化传播方式是新媒体最重要的特征。与以往的传播技术相比，数字传播具有双向互动的特点，信息接收的主动权越来越多地向受众方面转移。其次，数字传播技术改变了以往受众收听收看广播电视必须同步性的特点，而实现了异步性，即受众可以在任意选定的时间进行收听收看，如有兴趣的话还可以反复收听收看。再次，数字传播技术改变了以往媒体信息受控严格的局面，使信息的传播流通更为自由，尤其是互联网通过其各种强大的功能，形成了海量信息源。最后，数字传播技术改变了以往众多媒体地域性传播的特点，使传播的范围扩大至全球，它是推动全球化的强有力因素，它使任何人在任何地点任何时间都可以与其他任何人进行任何形态的信息的沟通交流。①

清华大学新媒体传播研究中心主任熊澄宇教授从媒体发展的角度对数字传播技术的意义进行了阐述，提出了"信息社会 4.0"的概念。他强调，新媒体是一个相对的概念，"新"是相对于"旧"而言。从媒体发生和发展的过程当中，我们可以看到新媒体的内涵是伴随着媒体的发生和发展而不断变化的。今天我们所说的新媒体通常是指在计算机信息处理等数字传播技术基础之上出现的媒体形态。所以，数字传播技术是当前媒体发展历程中的一个阶段，媒体发展并不会终结在数字媒体这一个平台上。随着科学技术的发展，媒体形态也在不断变迁，数字媒体之后的新媒体形态总有一天将成为学术热点。在《信息社会 4.0：中国社会建构新对策》一书中，熊澄宇教授正式提出了中国信息社会发展的四个阶段，在信息社会 4.0 阶段，信息作为生产资料和商品在经济生活中处于重要地位，将成为效率最高的生产力，而技术则退一步成为获取、加工和传播信息的应用工具。② 熊教授的观点，强调了数字传播技术在当前的媒体变革中担负的重要作用，同时也从媒体发展的宏观视角，对数字传播技术的历史性和阶段性进行了客观分析。

在广泛研究了上述关于数字传播、数字媒体等概念和内涵后，结合本研究对相关领域的认识，我们对"数字内容传播"做出以下界定：数字内容传播是指在信息极大数字化的大环境中，突破传统媒体局限，融合最新的

① 喻国明：《解读新媒体的几个关键词》，http://media.people.com.cn/GB/22114/64606/75212/5244163.html。

② 熊澄宇：《信息社会 4.0：中国社会建构新对策》，湖南人民出版社 2002 年版。

有关互联网、无线通信、数字化广播、应用软件等技术而产生的一种全新的数字信息生产加工和传播方式。

二、数字内容传播技术的核心及其类型

(一)数字内容传播技术的核心

数字内容产业是在信息技术的推动下发展起来的,技术层面需要解决两个关键问题:第一个问题,就是数字内容信息的大规模存储、大规模处理、大规模生产的问题;第二个问题,就是数字内容产品的大规模流通问题。能够解决这两个问题的技术就是数字内容产业的核心技术要素,对于信息技术的梳理,我们发现,数据库技术是解决信息加工、处理、存储的核心技术,而最有代表性的服务器/客户机网络结构则是目前解决数字内容产品大规模流通的关键技术。

1.数据库技术

数据库技术主要是为了方便人们的信息使用,通过各类的逻辑关系建立的数据系统。利用数据库技术,人们可以按照标准,进行数据的输入、编辑、修改、检索、查询、存储,这种应用方便灵活,大大提高了人们使用信息的效率。

内容产业的核心要素就是数据库系统,这个数据库系统由三个层面构成(如图 5-1):

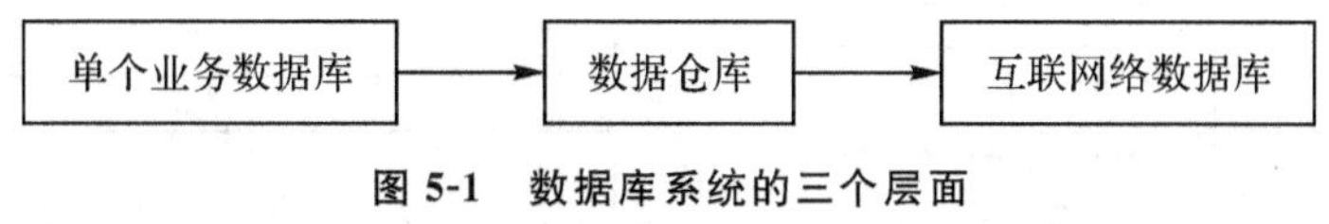

图 5-1　数据库系统的三个层面

2.数据库的网络结构

数字内容产业从信息交换的层次来看,最低是物理层,而要交换信息,还需要网络化,要把千家万户和内容提供者、业务提供者联结起来,这在信息交换的层次中是传输层、链路层、会晤层和网络管理层。在这些物理层面的描述之上,网络的结构是最为关键的环节。

在数据库的网络系统中,有很多网络的结构,其中应用最为广泛以及对数字内容产业影响最大的网络结构就是客户机/服务器系统。任何一种客户机/服务器系统,主要分为三个内容:信息表达、逻辑处理和数据管理。其中信息表达为信息的显示、打印,逻辑处理即软件的规则,数据管理涉及数据库中信息检索和存储问题。

(二)数字内容传播技术的类型

按照不同的标准,数字传媒技术可以有不同的分类,目前比较通用的是按照网络平台进行归类,我们也以此为依据,将数字传媒技术分为:(1)广电类数字内容产业平台;(2)平面类数字内容产业平台;(3)网络类数字内容产业平台;(4)移动通信类数字内容产业平台(如图 5-2)。其中,广播电视类数字内容产业平台主要包括数字电视、高清电视、移动电视、移动多媒体广播、数字电影和数字广播六个部分。平面类数字内容产业平台主要指报纸、杂志、图书等平面媒体的内容以光盘、有声读物等数字化载体进行展现的新型媒体形式。网络类数字内容产业平台主要包括博客和播客,应用组播和 P2P,网络电视和 IPTV 几部分。移动通信类数字内容产业平台主要由 3G/4G,WIMAX 以及手机电视三部分组成。

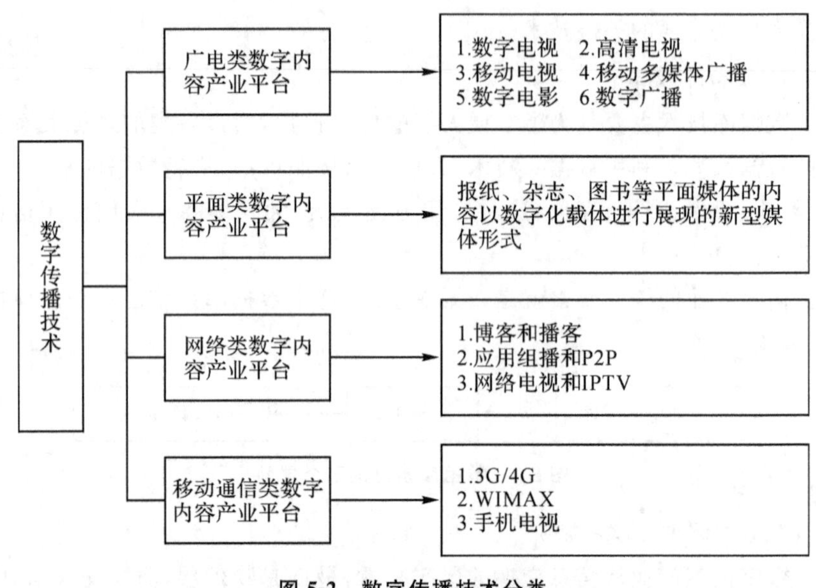

图 5-2 数字传播技术分类

三、数字内容传播技术的发展动因

(一)知识网络经济勃兴,数字传播技术全面发展

从 18,19 世纪至今,世界经济经历了从产业经济到商品经济再到知识、网络经济的演化过程,如果深入分析这三个阶段的变化动因,可以发现,技术推动商务模式的变化是经济演化的根本原因,而每次经济形态的

变迁，都进一步促进了技术发展的进程。

18,19世纪，以工业化和机械化为代表的大规模生产开创了产业经济的时代，在此基础上，交通运输技术的勃兴又使得原本薄弱的销售环节迅速发展，大规模分销渠道的建立和物流业的繁荣，使20世纪中叶的世界经济步入了商品经济时代。

20世纪70年代，以马克·尤里·布拉特为代表的数字经济学家敏锐地捕捉到了全球范围内信息技术的勃兴和数字化洪流的趋势，极具开创性地宣告了一个独立的新兴产业——信息产业正在全面崛起，信息经济时代呼之欲出。

作为一种全新的经济形态，在信息经济社会中，信息资源、信息活动及其所创造的效益居于整个国民经济运行及其效益的主导地位，而传统以物质为主导的经济形态逐渐瓦解。信息产业将在产业结构中居于主导地位，并成为拉动全社会经济增长的龙头产业；信息资源成为全社会各经济领域的战略资源；创新能力将成为各经济主体生存与发展的决定因素。

随着信息经济的不断演进，数字技术的不断发展带动了信息的高速传播，对知识的需求成为世界市场的主流。20世纪末，以知识经济、网络经济为代表的信息经济衍生形态再次掀起了信息化进程的热潮，并且至今方兴未艾，在很大程度上影响并促进了数字传播技术的发展。

(二)政府的推动力量加速数字传播技术普及

由于数字传媒技术所催生的新型媒体的逐步普及，以及由此催生出的一系列相关产业的发展，是关乎国计民生的大事，与国家宏观经济走向以及民众精神文化生活水平息息相关，因此在很多相关领域，各国政府都采取了高调介入的姿态，采用行政手段来规划新媒体的发展方向，确保数字传播技术的应用和普及，其结果必然会进一步促进数字传播技术的发展。

数字传播技术推动的是数字媒体的普及、网络的改造、终端的升级等一系列连锁变革，而其优势的凸显，又是一个长期的过程。因此，前期政府的政策支持和强制措施显得尤为重要。全球范围内，数字电视、数字广播以及高清电视等新媒体形态的发展，都得益于相关政策的支持。

以数字广播为例，欧洲一些国家于1987年成立了EUREKA——147共同体组织，目的在于共同推广数字广播系统。在1988年的日内瓦世界咨询无线会议（World Administrative Radio Conference，简称WARC）上，由成员国主导进行了第一次 DAB 试验。经过上述推广，目前欧美各国和亚洲国家已开始发展数字广播系统，其中以英国最为顺利。同时，在日本，广播媒体数字化已经成为日本政府推动广播实现功能提升的重要课题。日本政府制定了结束模拟广播的时间表，以 2010 年为模拟广播的停止时限。在缓冲期内(1998—2009 年)，政府每三年全面地勘察每个地区数字广播的普及状况。

以数字电视在全球的普及为例，在数字电视的发展和逐渐普及过程中，以美国、欧盟等国家为代表的数字电视先行者，几乎都采取了政府主导、政策推动的发展方式，即首先由政府出台本国数字电视的模数转换时间表，明确数字信号的传输标准，从政策层面为数字电视的发展铺平道路；其次是对数字电视及其相关行业给予政策扶持，确保机顶盒的普及，促进产业链各环节均衡发展。

可以看出，政府在数字传播技术的发展中起到了鼓励和扶持的作用。一方面，鼓励更多的企业和研究机构从事这一新兴领域；另一方面，以有力的政策，保证数字技术的推广和向生产力的转化，进一步激活市场，促进技术的更新换代，不断发展。

(三)技术向商业的转化刺激了数字传播技术的发展

随着数字传播技术的逐渐成熟，技术向生产力转化的进程始终未曾停息。基于移动信息技术的各种终端、数字电视机顶盒，以及高清电视等，设备厂商纷纷看到了数字传播技术带来的商机，商家的逐利本性促使他们迫不及待地开拓新技术带来的利润蓝海。

数字传播技术商业价值的实现，刺激了技术的进一步升级和发展，同时，又将最新的市场需求和用户反馈回传给技术厂商，这种技术发展与商业运用的良性互动，对数字传播技术的发展方向有着重要的引导作用。

(四)传播业自身发展的需要为数字传播技术提供了发展空间

数字传播技术的普及带来了网络时代，数字化的洪流向传播业各个领域不断渗透。传统媒体的数字化进程加快，报纸、杂志、图书等平面媒体的内容需要借助光盘、有声读物等数字化载体进行重新呈现，以适应不断变化的传播环境。传统媒体进行数字化升级的同时，由数字传播技术发展带动的互联网、移动通信等媒体平台的普及和应用，进一步推动了数字传播技术的发展。

(五)受众行为的变化对数字传播技术提出了更高需求

当今世界,民众生活水平的普遍提升,数字传播技术的逐渐普及,使得传统单向传播的方式发生了颠覆式的变革。被誉为“数字化之父”的尼古拉·尼葛洛庞帝曾将互联网定义为一种“所有人向所有人传播”的沟通方式。在这种崇尚自由、传受双方地位模糊的传播方式中,受众的传播自主性不断增强,个性得到最大程度的张扬,而这一切的实现,都需要数字传播技术的支持。同时,在数字化时代,受众对传播工具的要求日益提高,传播技术要适应受众的需求,就必须不断进行发展、升级。因此,受众行为的变化、传播方式的更新,对数字传播技术的发展有着重要而直接的促进作用。

四、数字内容传播技术发展趋势

(一)三网融合趋势日益显著

随着数字传播技术的不断发展,各种新媒体技术的发展成熟,传统媒体平台的彼此孤立、单一的格局将被打破,网络融合成为大势所趋。我国早在“十五”计划纲要中就明确提出了要“促进电信、电视、计算机三网融合”。

“三网融合”的概念实质是一种网络技术上的发展趋势,这种趋势的成型和发展,是以数字传播技术的不断发展为核心和基础的。就目前而言,现阶段的三网融合概念并不意味着电信网、广播电视网和互联网的物理合一,而主要是指高层业务应用的融合。

现阶段,“三网融合”表现为各平台技术趋于一致。网络层面可以实现互联互通,形成无缝覆盖;业务层面上相互渗透和交叉;应用层面上趋向使用统一的IP协议等方面的变化。随着数字传播技术的进一步发展,“三网融合”将迎来更大的发展空间,可以预见,因技术的量变带来的网络传输方式、媒介格局的质变终将来临。

(二)媒介的新旧融合加剧

数字传播技术的日新月异,促进了媒介新旧融合的全面开始。与“三网融合”不同的是,媒体融合更强调包括技术、网络、终端和业务等领域在内的全面融合。原先功能单一的终端、自成体系的网络、彼此分隔的业务格局将被无处不在的网络和无所不能的业务所取代。清晰的媒体界限将日趋模糊,“泛媒体化”“多媒体化”“多元业务”与“多元投资”成为媒体新旧融合的鲜明特征。媒体融合的状态将对目前新旧媒体的博弈格局和传播的发展趋势产生重要影响。

(三)新型管理制度亟待建立

数字传播技术的发展带来了信息的爆炸式增长,改变了传统的线性传播格局,在惊喜这一变革所产生的巨大意义的同时,我们必须清醒地看到,由于信息泛滥、监管缺失等因素造成的各种问题正在凸显,且随着数字传播技术的不断发展,有愈演愈烈之势。因此,探索有效的信息管理手段,建立一套完善的针对信息管理的制度已经成为当务之急。

(四)满足个性化需求

数字传播技术的勃兴,为受众张扬个性、表达自我提供了有效途径。首先,数字化传播中,每个人都身兼信息源和受众两种角色于一身,对信息的被动接受被主动寻找所取代。传播过程中,受众的参与度不断提高,主导性增强。其次,数字传播技术改变了传统传播的“包围轰炸”的方式,转为针对不同群体、不同爱好的受众,有选择地准确推送相关信息。实现精准投放,从“轰炸”一片到“感动”一点,可以看出,小众的概念越来越受到重视,受众的个性化需求得到了满足。

(五)广播方式仍将长期存在

虽然数字传播技术启动了精准传播的时代,但应该明确的是,广播方式并不会因此而消失,仍将长期存在,并不断发展。

首先,数字传播技术所开创的传播方式并不仅仅是针对小众和个体的精准传播,而只是使这种强调精确性的传播方式成为可能;其次,广播方式拥有很多自身的优势,符合受众的传播习惯,拥有相当广泛的固定受众群体;最后,精准传播更多的是对广播的补充,而不能从本质上替代广播。

第二节　广电类数字内容产业传播技术形态

数字传播技术在广播电视平台上已经得到了非常广泛的应用,形成了包括数字电视、数字广播、数字电影、移动电视、高清电视、移动多媒体广播等多种形态的数字媒体,本节将对广播电视平台上的各种数字技术应用加以分析说明。

一、数字电视

(一)数字电视的概念

数字电视(DTV)是指从电视节目采集、录制、播出到发射、接收,全部采用数字编码与数字传输技术的新一代电视,是在数字技术基础上把电视节目转换成为数字信息(0,1),以码流形式进行传播的电视形态,综合了数字压缩、多路复用、纠错掩错、调制解调等多种先进技术。美国有关机构将数字电视按照清晰度分为三个等级:普通清晰度电视(PDTV)、标准清晰度电视(SDTV)和高清晰度电视(HDTV)。

数字电视的概念突出了两个信息:其一,数字电视强调全数字过程,涵盖电视节目制作、播出、传输、存储、接收等各个环节;其二,数字电视由于存在技术先进性的差别而有不同的发展层次。

数字电视技术逐步成熟于20世纪八九十年代,但是发展却异常迅速。国际著名市场研究机构 Informa Media Group 近几年的数据显示,2003年全球数字电视用户规模仅为9700万户,其中亚太地区的用户规模为1200万户,而到2010年全球数字电视用户规模达到3.93亿户,其中亚太地区的用户规模为1.57亿户,用户规模在7年间扩大了近3亿。

(二)数字电视的传输形态

1. 数字电视的传输渠道

地面无线、有线网络,以及卫星共同构成了数字电视的传输渠道。从技术角度说,电视节目就是电视信号,不管是数字信号还是原来的模拟信号要送到受众的电视接收机中,有三种实现方式,即通过卫星、有线网络、无线地面三种发射途径。

地面无线、有线网络,以及卫星共同构成了电视媒体的传输渠道。三种渠道虽然在传输方式上存在很大的差别,但在模拟时代它们都是传输电视音频、视频信息的工具,传输功能单一。数字技术对传输网络的影响是将它们从单一的节目传输通道变成综合的信息服务网络。在数字化的改造过程中,三者应用的数字技术各不相同,但最终却表现出了基本一致的方向:首先,增大现有的传输频谱带宽;其次,从单向传输向双向互动转变;最后,可以同时传递多种不同的信息形式,如电视节目、数据信息等。

2. 数字电视各种传输通路的技术特点

当然除了这些共同之处外,数字技术改造后的传输通路还将呈现不同特点。

(1)地面数字电视的技术特点。地面广播在覆盖上是对卫星和有线的补充,尤其是为国家广播电视安全提供了有力保障。同时,对中国小城镇、农村和边远地区等缺乏技术支持的市场而言,接收装置安装的方便性和接收的随意性等特点都具有特别意义。目前看来,地面数字电视的技术特点主要有:第一,实现了数字化后,频道数量增多;第二,接收质量得以大大改善;第三,可以实现付费电视业务;第四,可以实现随时、随地方便接收;第五,可以实现移动接收。

其中,值得一提的是,移动接收是地面数字电视独有的特点。对于地面数字电视而言,移动接收是能与卫星、有线电视竞争的增值业务的增长点。

(2)有线数字电视的技术特点。首先,有线数字电视信号接收质量高;其次,有线数字电视的技术特点,决定了这种形式便于实现双向互动;再次,可以实现有线通信;最后,便于为用户提供其他信息服务,拓宽了该技术网络的业务范围。

(3)卫星数字电视的技术特点。其一,覆盖范围广。数字直播卫星电视可以将节目直接传送到用户家中,到达地面电视和有线电视都难以覆盖的地区。其二,频道数量多。由于数字电视在播出上采用数字压缩技术,扩大了卫星的频道拥有量。在模拟技术下,一个卫星转发器只能传递一套模拟电视节目,数字压缩技术却可以使数字直播卫星的一个转发器传送5—8套节目。

二、高清晰度电视

高清电视HDTV(High Definition Television),采用数字信号传输方式,从电视节目的采集、制作到电视节目的传输,以及用户终端的接收全部实现数字化,是数字电视DTV中标准最高的一种,它规定了对应设备视频必须至少具备720p或1080i扫描,屏幕纵横比为16∶9,音频输出为杜比数字格式5.1声道,同时能兼容接收其他较低格式的信号并进行数字化处理重放。

日本是数字电视研究与开发起步最早的国家,早在1964年就开始进行高清晰度电视技术的研究,由于拥有世界上最强大的制造技术,日本在这个领域里一度领先。欧美各国则相对较晚,在20世纪80年代开始技术研发,其中美国后来居上,令世界各国刮目相看。目前上述国家的高清技术体系已经比较成熟。

(一)高清技术标准

基于各国国情和数字电视发展战略，日本、美国和欧洲主要国家和地区都明确了各自的高清电视标准，包括压缩编码、传输和终端显示。当然，正如数字标清电视标准一样，目前全球并没有形成统一的高清电视标准，即使在各国国内，出于商业利益的考虑以及受技术发展差异的影响，标准也很难统一(见表5-1)。

表5-1　主要国家和地区的高清技术标准

视音频压缩编码	随着新的编码技术的出现，1994年完成的MPEG-2随着技术的进步现在显得越来越落后，目前国际上部分运营商正在考虑用H.264来代替目前的MPEG-2。但是目前在高清晰度电视领域MPEG-2还是占统治地位。
传输	日本NHK从20世纪80年代开始通过地面、有线及卫星进行全方位模拟高清广播；2000年12月，开播卫星数字高清；2003年12月开始ISDB-T地面数字高清电视广播。 美国1998年以高清为重点推广数字电视地面广播，称之为ATSC(Advanced Television System Committee)，2005年4月，DirectTV发射Ka波段直播卫星，开始传输卫星高清电视，采用DVB-S2为传输标准。目前，美国高清电视传输方式包括有线、卫星和地面无线广播。 欧洲高清电视的发展相对落后，2004年1月1日，Euro 1080通过Astra卫星系统开播了第一个高清频道。
终端显示	日本1985年就建立了1125线、每秒60帧的模拟高清终端显格式。目前的日本数字高清电视为1125扫描线，每秒60帧，图像宽高比为16∶9。欧洲卫星高清运营商ASTRA公司及其业界伙伴在开放式的MPEG-2或终端显示H.264标准基础上制定出高清电视广播的最基本技术标准：高清电视显示需要至少720线垂直分辨率，高清电视扫描格式采用720p/50和1080i/25。目前美国业界认可的显示标准为1280×720p/60Hz和1920×1080i/60Hz。

(二)高清制作和显示技术

高清制作技术的进步非常迅速，体现在所有可以拍摄、记录、制作具有高清晰质量节目的高清产品，包括高清摄像机、高清照相机、高清电视等涉及制作高清内容各个环节的产品上。目前，国际高清技术领域占据主流的是日系厂商，技术水平高，产品齐全，同时能够兼容各种高清格式。高清电视的标准格式有三种，分别为720p，1080i和1080p，由美国电影电视工程师协会确定。

显示技术是高清电视的关键技术，它的成本占整个HDTV电视机成本一半以上。目前国际主流的HDTV技术，包括等离子(PDP)、液晶(LCD)、

DLP、LCOS技术等。国际高清显示技术发展的最大亮点是大屏高清，近年来以PDP、LCD为代表的平板电视分辨率越来越高，尺寸也越来越大。

(三)国内高清标准获得部分突破性进展

1.视音频压缩编码——AVS标准出台，有待商用

AVS全称为数字音视频编解码技术标准，是我国第一个具有自主知识产权、达到国际先进水平的数字音视频编解码标准，是高清晰度数字电视、网络电视、视频通信等重大音视频应用所共同采用的基础性标准，是包含系统、视频、音频、媒体版权管理在内的完整标准体系。

AVS标准面临的最大挑战就是商业化。就目前情况来看，AVS视频标准和高清解码芯片的大规模产业化还有很长的路要走。因此，考虑到AVS系列的商业化应用并不是很成熟，以及设备更换的成本问题，国内数字电视普遍青睐国际上比较成熟的MPEG-2标准，中央电视台和上海文广的高清电视也采用了MPEG-2。如何快速将AVS推广应用是急需关注和进行的事情。

2.高清显示标准正式出台

在国内高清显示标准出台以前，市场上对“高清”的定义非常混乱，所有的等离子电视和液晶电视都被称为“高清”。这一方面导致用户市场上对数字高清技术概念的认识较为模糊，对高清电视的消费缺乏足够信心，另一方面影响了学界和业界对高清市场的总体判断，也阻碍了高清厂商的发展脚步。

2006年4月3日，信息产业部最终公布了数字电视接收设备的五大类25项电子行业标准，包括基础标准、接口标准、机顶盒标准、机卡分离标准和显示类标准。其中“数字高清显示器”标准明确规定了等离子电视、液晶电视、液晶背投电视、CRT背投电视等要想被认定为高清数字电视，清晰度必须达到720线以上，CRT数字电视被认定为高清电视，清晰度必须达到620线以上。这个标准的出台结束了我国彩电市场没有高清标准的历史，大大推动了我国高清电视机市场和高清产业的成长。

(四)超高清电视进入试验阶段

1.超高清电视的概念

超高清电视(Super Hi-Vision)，是未来一种大屏幕数字视频格式，其采用的扫描格式水平和垂直清晰度都是目前高清晰度电视的4倍，即分辨率为7680×4320/60，是70毫米胶片电影清晰度的两倍。

许多人对超高清电视的实用性表示怀疑，认为家中电视不需要如此高的清晰度和如此大的屏幕，因此其推广使用的可能性不大。然而，超高清技术的逐渐成熟，为其走进家庭提供了可能性：虽然超高清拥有 100 英寸的大屏幕，但其观看距离只需 0.75 米，观看水平视角在 100 度左右。超高清电视视频采用 MPEG-2 的 4∶2∶2 Profile 标准，传输采用 MPEG-2TS (DVB-ASI)标准，压缩后的大小为 640 Mbps。

2. 超高清电视的国际发展现状

目前，国际上超高清电视已经处于试验阶段。日本是世界上最早试验超高清的国家，2006 年，采用 MPEG-2 将 SHV 信号压缩到 600 Mbps 左右，通过长距离 IP 光纤网传送到 NHK 大阪广播台进行了音乐晚会的现场直播，试验的成功证明了超高清技术发展的可行性，具有重要意义。

三、移动多媒体广播

移动状态下的视频传输包括广电和通信两大系统。下面我们主要针对广电方式的移动多媒体广播进行阐述。

(一)移动电视的发展历程

全球范围内的移动电视商业推广起步于 2005 年，主要技术体系是基于 WCDMA&GPRS 以及 CS/PS 的多媒体数字信号编解码器。

2006 年，移动电视技术全面发展，采用了 HSDPA 这一新型编解码技术。与以前技术相比，HSDPA 具有更高的支持率、更高的比特率、更高的传输能力和更小的成本。

2007 年至今，伴随着基础技术的逐渐成熟，移动电视技术标准(DVB-H 和 MBMS)进入了技术试用阶段，移动电视在市场拓展中的定位开始清晰，其服务的私人性、互动性和受众的细分度等特点日渐成型。

(二)移动电视可选技术

目前，全球范围内，移动多媒体广播技术的变革发展迅速。但同时，由于各国国情不同，基础网络情况各异，移动电视的发展也面临着一定的阻力，尚未形成一个统一的技术标准。当前，业界基于广播的移动多媒体广播技术体系较多，主要有 10 种，分别是：基于 DAB 框架体系的 T-DMB(韩国)、S-DMB 的 A 系统(韩国)、S-DMB 的 E 系统(日本东芝)、DAB-IP(英国和微软)、T-MMB(中国北京新岸线等)、CDMB(中国广州在线等)；基于地面数字电视体系的 DVB-H(欧洲)、ISDB-T(日本);基于专有体系的 DMB-TH(中国清华)、CMMB(S-TiMi 中国广科院,是中国移动多媒体广播行业标准)。其中,主流的标准为:DVB-H,T-DMB,S-DMB,DABIP,T-MMB,CMMB(S-TiMi),CDMB,ISDB-T,MediaFLO。

上述这些移动多媒体广播技术体系,各有其特点和针对性,不存在完全意义上的孰优孰劣问题。其中,CMMB 已是广电系统的行业标准,工业和信息化部则在主推 T-MMB 标准。各技术标准的特点如下:

1. DVB-H(Digital Video Broadcasting Handheld)

DVB-H 是欧洲的数字电视标准组织(DVB)技术研讨小组于 2005 年 2 月批准的地面数字广播网络向移动设备提供多媒体业务的传输标准,具有功耗低、移动接收和抗干扰性能强的特点。

2. T/S-DMB(Digital Multimedia Broadcasting)

DMB(全称数字多媒体广播)是韩国推出的数字多媒体广播系统,分为两个标准:地面波 DMB(T-DMB)和卫星 DMB(S-DMB)。其中,S-DMB 标准在韩国比较流行,目前已经实现商用。

T-DMB 系统是韩国在尤里卡 147DAB 系统基础上增加了新的音视频编码方案和附加信道保护而形成的。2005 年已成为欧洲 ETSI 标准,并作为标准草案提交 ITU,2006 年已进入商业运营阶段。

与 T-DMB 类似,S-DMB 系统也采用了国际电联(ITU)推荐的五种卫星数字音频广播标准之一的 SystemE 方式。由于采用卫星传输方式,S-DMB 可以覆盖较大的范围和地区,但对城市闹市区等卫星信号覆盖不好的地方需要增加补点发射机以实现全方位覆盖。

3. ISDB-T(Terrestrial Integrated Services Digital Broadcasting)

ISDB-T 是日本于 1996 年自主研发的数字电视标准。该标准在欧洲 DVD-T 系统的基础上,增加了具有自主知识产权的技术,形成的地貌数字广播传输标准,2001 年,ITU 正式接受该标准为世界第三个数字电视传输国际标准。

ISDB-T 最大特点在于可以较大限度地恢复电波扩散过程中的信号衰减,但还只是在小范围内进行了试验性推广。

4. CMMB(也称 S-TiMi,中国移动多媒体广播行业标准)

国家广播电影电视总局于 2006 年 10 月 24 日颁布了 CMMB 的首个行业标准 GY/T 220.1,该标准的信源编码标准也计划采用国内的自主标准 AVS 和 DRA,该标准体系的关键是信道标准,CMMB 的信道标准适合

30 MHz—3000 MHz 之间。

CMMB 之所以也被称为 S-TiMi 标准，是因为广电总局计划通过同轨的两颗 S 波段同步卫星进行全国的 S 波段大功率、大规模覆盖，以组建覆盖全国的移动多媒体广播的单频网，此标准体系也可以以地面发射的方式组网。

5. T-MMB 技术系统简介

T-MMB 是基于成熟的 DAB 体系架构的。DAB 技术有十几年成熟的运营经验、完备的产业链和较宽的频率适用范围(30 MHz—3000 MHz)，其窄带频率特性(1.536 MHz)、OFDM 调制技术、信道卷积编码技术、QPSK 子载波调制技术、时间交织和频域交织、较宽的频率选择范围和多种组网模式，使其天生具备了信号发射功率小于 DVB-H(在同样功率谱密度的前提下，因 DAB 的一个频率群块有效带宽仅为 1.536 MHz，而对于8 MHz的 DVB-H，其有效带宽为 7.61 MHz)、抗干扰能力强、覆盖性能好、移动性好、接收终端有一定的省电性等优点。

但是，DAB 体系天生的劣势是：频点利用率低，每个频率群块有效带宽为 1.536 MHz，子载波调制仅采用 QPSK 低阶调制方式。

T-MMB 技术路线是基于 DAB 体系架构开发的适合在手持、手机终端上提供视音频节目下行广播的技术标准。T-MMB 采用了 DAB 体系架构的物理层结构，包括：帧结构、OFDM 调制、保护间隔等体系。在继承了 DAB 体系优点的同时，在信道编码层采用 LDPC 编码来提高编码效率和纠错能力，增加抗干扰能力和移动性，在一定程度上提升了信道的有效传输带宽和频谱利用率。

(三)移动多媒体广播的技术特点

1. 优异的信道编码和调制性能

就信道编码和调制技术而言，一方面，移动多媒体广播具有良好的抵抗信道劣化能力，以保证信号在移动中的稳定接收；另一方面，能够在允许的信道纠错能力的前提下，最大限度地减少信息冗余，提高无线信道的有效带宽，以节省宝贵的无线频点资源。

2. 优异的信源编码能力

移动多媒体广播所采取的高效信源编码，能够在给定的无线信道有效带宽的前提下，进一步提升信道带宽的利用率。业界通常采用 MPEG4，H.264，AVS 等的高效视音频压缩编码技术。

3. 良好的移动性

良好的移动性保证了用户能够在移动中稳定地接收信号。为保证接收终端良好的移动性，移动多媒体广播信道层技术体系，具备了抵抗移动信道恶劣传输环境的能力。同时，为支持移动接收，快速的信道估计、信道同步技术，较窄的发射带宽等技术也是移动多媒体广播必不可少的。

4.有效的用户管理和计费管理

移动电视业务的用户管理和计费管理要比有线数字电视、无线数字电视复杂得多，因为移动电视业务涉及广播、交互等多种类型，计费涉及包月、点播、互动、漫游等多种形态。因此，一个完善的用户管理和计费管理系统是移动多媒体广播业务顺利开展的基础。

四、数字电影

(一)数字电影的概念

数字电影(Digital Cinema)就是以数字技术和设备摄制、制作、存储，并通过磁盘、光盘、卫星、光纤等物理传媒传送，将数字信号还原成超过目前35 mm电影标准、图像具有更高分辨率和更好音响效果的电影。

(二)数字电影与传统电影比较

数字电影从制作工艺、制作方式到发行及传播方式全面实现了数字化，与传统电影有着根本的不同，具有许多优越性(如表5-2)。

表5-2 数字电影与传统电影的比较①

区　别	传统电影	数字电影
载体	胶片	磁带、磁盘、光盘
工艺	复杂	简单
制作周期	长	短
画面清晰度	1.0K左右	1.3K—4K
复制	有衰减	几乎无损失
声音	模式、单声道	数字、立体声
发行方式	拷贝	数字文件传输
寿命	1个拷贝大概400场	无限次

① 庹向东、林素蓉、田颖:《数字电影技术及其在教育教学中的应用》,《中国电化教育》2007年第5期,第101页。

续　表

区　别	传统电影	数字电影
上映时间	各地有时间差异	可以全球同步上映
制作成本	高	低

(三)数字电影的制作

1.数字电影的素材来源

(1)胶转磁,即将电影摄影机用胶片拍摄的画面和优秀影片,采用胶转磁系统进行数字化。

(2)直接使用数字摄像机拍摄得到数字电影画面。

(3)电脑制作。随着数字技术的发展,产生了许多数字艺术创作工具,用它们可以生成虚拟的三维场景、道具、人物等,整个电影的制作过程不需要演员,不用摄像机拍摄,一切都在电脑上完成。

2.数字特技制作

数字特技是利用计算机图像处理技术来实现的电影特技,它运用数字的影像合成、影像转换、影像修复、多重影像、动画制作、动作变形、色彩分离、色彩校正、特殊造型、形象创造、多层叠加、字幕效果、虚拟环境创设、技术合成,以及计算机生成素材和胶片拍摄素材集成等,来完成一些很难实现和常规拍摄根本不能形成的镜头,创建出一个个神奇的画面。

3.数字电影的传输

目前数字电影有三种传输方式,一是卫星传输,二是网络传输,三是物理方式(使用磁带、光盘、硬盘等)传输。数字电影传输的关键技术是高质量的图像数据压缩技术,国际上对数字电影没有统一的标准,好莱坞等七家主要电影制片公司联合成立的创导组织(DCI)在 2005 年 7 月公布了数字电影技术规范,明确要求采用 JPEG 2000 作为数字电影图像压缩格式。JPEG 2000 最高支持 232×232 分辨率,颜色分量最高达 256 个,位深最高达 32bit。满足了数字电影的大分辨率、多颜色分量和大位深的要求,保证了电影图像色彩的细腻度和真实度,确保了传输后的图像质量和效果。[①]

4.数字电影的放映

数字电影放映设备主要由服务器、数字电影投影机、数码还音系统三

① 廖荣生、支琤:《一种基于 JPEG2000 的数字电影播放系统的设计与实现》,《电视技术》2005 年第 10 期,第 80—82 页。

部分组成。服务器主要用于下载和存储电影数据，并进行解码，使之变为数字视频信号和数字音频信号。数字电影投影机则将解码的数字视频信号转变为图像信号投影在银幕上。目前使用的数字投影机，由于采用的技术不同，主要有以下两类：

(1)美国 TI 公司的 DLPCinema 数字电影投影机，采用 DLP 数字光显技术，清晰度达 1.3K—2K。

(2)日本 SONY 公司最新推出的"4K"数字电影投影机，采用硅晶体反射显示技术，清晰度可达 4K(4096×2160 的像素分辨率)。数码还音系统将数码音频信号解码后产生逼真的立体声或 AC-3 音响效果。[①]

五、数字广播

(一)数字广播的概念

所谓的数字广播是指将数字化了的音频信号、视频信号，以及各种数据信号，在数字状态下进行各种编码、调制、传递等处理之后，通过广播发送设备进行传播的一种广播技术，它有别于传统的 AM、FM 广播。它可以通过地面发射站、卫星或多媒体等手段，以发射数字信号来达到广播以及数据资讯传输的目的，是第三代广播技术。

随着广播技术的发展，数字广播除了传统意义上传输音频信号外，还可以传送包括音频、视频、数据、文字、图形等在内的多媒体信号。就世界范围看，数字广播已经进入了数字多媒体广播的时代，受众通过手机、电脑、便携式接收终端、车载接收终端等多种接收装置，就可以收看到丰富多彩的数字多媒体节目。

(二)数字广播的技术类型

数字广播的应用很多，目前主要有 DAB(Digital Audio Broadcasting)数字音频广播、DMB-T(Terrestrial-Digital Multimedia Broadcasting)无线数字多媒体广播、DRM(Digital Radio Mondiale)全球数字广播、IBOC(In-Band-On-Channel)带内同频广播、ISDB-T(Integrated Services Digital Broadcasting)组合服务数字广播等应用形式(如表 5-3)。

---

① 王琦：《数字电影和 JPEG2000 图像压缩技术》，《影视技术》2004 年第 1 期，第 30—31 页。

表 5-3 数字广播技术类型简介[①]

简称	全称	类型	技术特点	采用的国家
DAB	Digital Audio Broadcasting	数字音频广播	1. 频宽约为 1.54 MHz； 2. 使用频率不同于 AM/FM 频率，为 Band Ⅲ(174 MHz—240 MHz)及 Lband(1452 MHz—1492 MHz)； 3. 采用 MUSICAM 音频编码技术； 4. CDFDM 调变技术； 5. 2004 年 DAB 升级为 DAB＋，采用 AAC＋音频转码器、MPEC 声音格式、Reed-SoLomon 编码。	英国、德国、法国、西班牙、意大利、奥地利、比利时、爱尔兰、匈牙利、立陶宛、荷兰、瑞典、挪威、波兰、丹麦、瑞士、捷克、芬兰、土耳其、加拿大、澳大利亚、新加坡、中国、文莱、印度、马来西亚、南非等。
DMB-T	Terrestrial-Digital Multimedia Broadcasting	无线数字多媒体广播	1. 以 DAB 技术为基础； 2. 采用 BSAC 或 HE-AAC V2 音频编码技术； 3. 视频为 AVC 编码技术； 4. 采用 BIFS 进行互动信息编码。	以韩国为主，但德国、法国、挪威、印度也开始先期试播。
DRM	Digital Radio Mondiale	全球数字广播	1. 为 AM 调幅技术的数字广播，适合处理 30 MHz 以下频率的数字广播； 2. 采用 CDFDM 调变技术； 3. 采用 MPEG 4HEAACV2 技术。	以法国为主，但欧盟 29 个国家中如匈牙利、德国等亦有采用。
IBOC	In-Band-On-Channel	带内同频广播	1. 兼容 AM/PM 波段，可直接在原频率将信号数字化； 2. 若原有频率继续采用模拟信号，新增频率采用数字与模拟混合信号，接收方如果对数字信号无法解码，信号便会改以模拟方式传送。	以美国为主，但巴西、加拿大等国亦有采用，德国亦开始 HD radio 试播。
ISDB-T	Integrated Services Digital Broadcasting	组合服务数字广播	1. 日本的数字广播电视标准； 2. 采用 CDFDM(PSK/QAM)调变技术； 3. 采用 MPEG-2 Audio(AAC)音频解码技术。	仅日本独此一家，但巴西在 2006 年亦决定采用 ISDB-T 标准发展本国数字广播电视。

① 欠东：《漫谈各国数字广播的发展》，《卫星电视与宽带多媒体》2007 年第 23 期，第 37 页。

第三节　平面类数字内容产业传播技术形态

数字传播技术在不断带来新媒体类型的同时，也从未停止过与传统媒体的融合、渗透，除了上文论述过的广播电视数字化不断演进之外，以报纸杂志为代表的各种平面媒体的数字化也进行得如火如荼。

平面媒体数字化的核心是传统平面媒体的内容在各种数字化载体上重新呈现。具体而言，主要有电子书、电子杂志、手机出版和刚刚兴起的二维码技术。

一、电子书

电子书(eBook)出现于1999年，其英文全称是Electronic Book。它是指将信息以数字形式，通过计算机网络进行传播，并借助于计算机或类似设备来阅读的电子图书。

电子书由三要素构成：一是内容，它主要以特殊的格式制作而成，可在有线或无线网上传播，如国内通用的eBook格式CEB等；二是阅读器，它包括桌面上的个人计算机、个人手持数字设备(PDA)、专门的电子设备，如方正科技生产的eBook手持阅读器EBOOK312等系列产品；三是阅读软件，如Apabi，Reader等。目前，我国的电子书出版总量已经超过21万种，位居全球第一。

二、电子杂志

传统杂志简单的数字化和数字媒体的杂志化分别被称为第一代和第二代电子杂志，而目前流行的电子杂志称为第三代。

电子杂志的主要特点为：

首先，多媒体成为电子杂志的主要卖点。电子杂志多媒体手段的运用较为成熟，除了音频、视频外，还大量运用Flash动画，多媒体的吸引力成为网民追逐这一时尚的重要原因。

其次，互动成为电子杂志的重要追求。一些网站推出了互动电子杂志生成器，方便网民制作自己的电子杂志。

再次，多种接收平台成为最终开发目标。虽然多数电子杂志都自称为

"网络杂志"，目前也主要通过网络发行，但是，一些电子杂志的开发者并不只是把接收平台限定在网络上，随着未来新的电子接收终端的开发，电子杂志所依赖的阅读平台也一定更多元。

最后，生产与发行走向专业化与集中化。在国内，主要的电子杂志制作与发布平台包括 XPLUS，POCO，ZCOM，iebook，VIKA 等。而许多传统媒体只是充当内容提供者的角色。制作与发布专业化的基本动因在于技术的复杂性，这种专业化对于电子杂志质量的提升是有益的。

三、手机出版

(一)手机出版的概念

手机出版是指将已加工后的数字作品以无线通信技术为手段，按照特定的付费方式向手机用户发布的一种出版形式。① 在这里，"加工后的数字作品"主要由手机的内容提供商(包括报社、出版社、唱片公司、网络运营商等)来提供。数字作品的内容包括新闻、小说、漫画、音乐、游戏、图片等。"按照特定的付费方式"包括包月收费、按条计费和按流量计费等多种模式。"发布"的意思主要是说它是一种大众传播行为，而不是一对一的互动。手机出版使手机从人际传播工具变成了大众传播媒介。因此，无论内容是来自出版社、报社、唱片公司，抑或互联网等，只要是经过手机的传输渠道传输，供手机用户阅读的，就可定义为手机出版。

(二)手机出版的类型

按照手机出版的形式分，手机出版主要有三种类型。一是短信型，即指移动用户通过短信定制、短信点播来获取信息的方式，主要包括普通短信型和彩信型。二是 WAP 型，即通过 WAP 平台把互联网上的信息和业务引入到移动电话等无线终端，把互联网上 HTML 语言转化成 WHL 语言显示在移动电话显示屏上。三是掌信型，指通过安装相关手机软件，移动终端连接在互联网上可以实现各种资讯的动态下载和随身浏览。

---

① 郝振省等：《手机出版的规模及预测》，《出版发行研究》2007 年第 1 期，第 8 页。

四、二维码技术

(一)二维码技术的概念

二维码(2-dimensional bar code)是一种新的信息存储和传递技术,已在各个领域成功应用。在国外,手机二维码已经是非常成熟的技术。其中最为通用的是流行于日本的QR码和流行于韩国的DM码。手机二维码已成为日本民众日常生活不可缺少的一部分。在日本东京的便利店、地下铁、户外广告和杂志上,随处都可以看见黑白方格的二维码。用户只要用手机对二维码拍照,就可以在瞬间完成信息获取、电子交易,享受快捷的服务。[①]

(二)二维码技术对平面媒体数字化的促进作用

二维码技术的应用范围非常广泛,在平面媒体数字化领域,二维码可以大大拓展平面媒体的功能。

1.手机识读二维码技术拓宽了平面媒体与读者互动的渠道

手机识读二维码技术是沟通传统媒体与数字媒体的一道桥梁。通过这一桥梁,它将出版物与庞大的手机用户群集体连接,读者可以借此关注和阅读纸质的传统出版物,便利地上网冲浪。

2.二维码技术的应用变平面媒体为多媒体平台

随着二维码数据引擎技术的应用,平面媒体的功能有了全方位扩展的可能。手机识别二维码和手机上网技术是目前手机能够跟平面媒体最紧密结合的两项技术。

通过拍摄印刷在平面媒体上的二维码,读者可以进入相应的Wap网站,阅读、下载或者推送关于这条新闻的背景资料、新闻动态,甚至音频、视频文件。

3.二维码技术是多媒体数据的导入引擎

通过二维码引擎的导入,手机实现了将平面媒体与广播、电视、互联网结合在一起的综合媒体形态,并且相关设备可以随身携带,方便实用,完全具备新一代媒体的特征。通过这一引擎,传统平面媒体不但拥有了基于手机终端数字化的新形式,利用手机,可以轻松实现信息的及时收藏、推送与

---

① 朱诠、刘玉柱:《二维码与平面媒体功能的拓展》,《传媒》2007年第7期,第64页。

转发，为读者提供全新的阅读方式和高效的信息检索途径，还提供了读者与平面媒体出版单位随时沟通的渠道，使出版单位可以采集社会各界的反馈信息，为实现选题优化创造条件。

这一技术的应用，使传统平面媒体从单纯的信息发布平台向多媒体信息互动服务平台转换，将有效地拓展手机用户和媒体资源的链接。

第四节　网络类数字内容产业传播技术形态

一、应用层组播和 P2P

（一）应用层组播技术概述

组播是指同时把数据分组高效地发送给网络上多于一个的接收者。在互联网体系结构中，网络层为位于不同子网的主机提供分组转发功能。IP 组播中的组播功能在网络层实现，组播分组的复制和转发都在网络的路由器上进行。① 在该体系结构中，路由器采用分布式算法构造一棵数据转发树。当组播分组沿着转发树进行转发时，在树的分支节点处，由路由器进行分组复制。因为可以使全网范围的分组复制数量达到最少，IP 组播被认为是实现组播分组转发最有效的方式。

（二）应用层组播协议的分类

应用层组播协议通常都按照两个拓扑结构组织组成，一个是控制拓扑，另一个是数据拓扑。控制拓扑中的组成员周期性地交互刷新消息以相互标识身份并从节点失效中恢复。而数据拓扑通常是控制拓扑的子集，它用于标识组播转发时使用的数据路径。

一般来说，数据拓扑的结构是一棵树，而控制拓扑则具有更一般的结构。因此，在许多协议中，控制拓扑被称为网（Mesh），而数据拓扑被称为树。根据构造控制拓扑和数据拓扑的顺序，可以把应用层组播协议分为三类：基于 Mesh 网的策略、基于树的策略和基于隐含组播转发拓扑结构的策略。

---

① 鱼明：《应用层组播协议的分析与比较》，《榆林学院学报》2007 年第 2 期，第 53 页。

(三)P2P 技术简介

P2P 即 Peer to Peer,其技术主要指由硬件形成连接后的信息控制技术,其代表形式是软件。与传统的 C/S 模式相比,P2P 模式的流媒体服务技术解决了服务器自身资源的限制,通过合理利用服务器性能和服务器端的网络资源,并合理地使用用户计算机空间的资源提供部分服务,以及用户计算机的空闲能力和用户端的空闲带宽,突破了 C/S 模式下仅是服务器资源提供服务的状态,让服务器和所有用户共同提供资源,同时,P2P 模式在合理利用用户计算机资源的同时,也合理地使用客户端的带宽资源。带宽资源随着用户数的增多而不断增大。

二、IPV6 技术概述

(一)IPV6 的概念

IPV6 是"Internet Protocol Version 6"的缩写,即互联网协议第 6 版,是继 IPV4 以后的新版互联网协议,也可以说是下一代互联网的协议,它最初提出是因为随着互联网的迅猛发展,IPV4 定义的有限地址空间将被耗尽,而地址空间的不足必将妨碍互联网的进一步发展。为了扩大地址空间,拟通过 IPV6 重新定义地址空间。

IPV4 采用 32 位地址长度,大约只有 43 亿个地址,在 2005—2010 年间基本被分配完毕,而 IPV6 采用 128 位地址长度,几乎可以不受限制地提供地址。所以,互联网工程任务组(Internet Engineering Task Force,简称 IETF)从 1993 年开始开发 IPV6,1995 年正式确立 IPV6 基础协议,1996 年全球范围的 IPV6 试验床 6Bone 启动。

IPV6 作为新一代互联网协议,是针对目前普遍使用的 IPV4 协议的不足而提出的。与 IPV4 相比,IPV6 在地址空间、分组处理效率、移动性、安全性和对 QOS 的支持等方面都有明显的优势。目前 IPV6 标准已经成型,技术方面的问题基本解决,全球网络将在未来几年全面进入从 IPV4 到 IPV6 的过渡时期。在 IPV6 的普及化进程中,电信级的 IPV6 宽带接入是一个重要环节。

(二)IPV6 的技术优势

IPV6 是为了解决 IPV4 所存在的一些问题和不足而提出的,同时它还在许多方面提出了改进。与 IPV4 相比，IPV6 具有许多新的特点，概括起来，IPV6 的优势体现在以下七个方面。

1. 更大的地址空间

IPV6 的地址长度为 128 位，从 2 的 32 次方增加到 2 的 128 次方，形成了一个巨大的地址空间。在可预见的很长时期内，它能够为所有可以想象出的网络设备提供一个全球唯一的地址。事实上，128 位的地址空间足够为地球上每一粒沙子提供一个独立的 IP 地址。

2. 更高的处理速度

下一代互联网，高速强调的是端对端的绝对速度，IPV6 的数据包可远远超过 64K 字节，应用程序可以利用最大传输单元(Maximum Transmission Unit)，同时改进了选路，从而加快了数据包处理速度，提高了转发效率和网络的整体吞吐量。

3. 更好的移动性能

移动 IPV6(Mobile Internet Protocol Version 6)能够通过简单的扩展，满足大规模移动用户的需求，能够为在互联网上运行的每个移动终端提供一个全球唯一的 IP 地址。这样，它能在全球范围内解决有关网络和访问技术之间的移动性问题。移动 IPV6 在新功能和新服务方面可提供更大的灵活性。

4. 更高的安全性能

IPV6 协议内置已经标准化的安全机制，支持对企业网的无缝远程访问。对于从事移动性工作的人来说，IPV6 是 IP 级企业网存在的保证。

5. 更智能的服务

从协议的角度看，IPV6 的优点体现在能提供不同水平的服务。这主要是由于 IPV6 报头中新增加了“业务级别(class)”和“流标记(flow label)”字段，在传输过程中，中间各节点可以利用它们识别和分开处理任何 IP 地址流。

此外，IPV6 还支持“实时在线”连接，防止服务中断并提高网络性能。

6. 实现自动配置功能

IPV6 提供即插即用机制，支持无状态和有状态两种地址自动配置方式。

7. 支持多播功能

IPV6 中增加了“范围”和“标志”，限定了路由范围和可以区分永久性与临时性地址，有利于更好地实现多播功能。

三、IPTV

（一）IPTV 的概念及主要特征

IPTV 也叫网络电视，是指基于 IP 协议的电视广播服务。该业务以电视机或个人计算机为显示终端，通过宽带网络向用户提供数字广播电视、视频服务、信息服务、互动社区、互动休闲娱乐、电子商务等宽带业务。

IPTV 的主要特点是交互性和实时性。它的系统结构主要包括流媒体服务、节目采编、存储及认证计费等子系统，主要存储及传送的内容是流媒体文件。基于 IP 网络传输，IPTV 通常要在边缘设置内容分配服务节点，配置流媒体服务及存储设备，用户终端可以是 IP 机顶盒＋电视机，也可以是 PC。

作为一个新兴产业，IPTV 不但超出了传统的电信运营范围，更超越了传统的广电运营范畴。IPTV 预示着一场由技术演变而来的产业革命的到来，昭示着一个无限广阔的电子互动娱乐市场的启动。

IPTV 一般能够储存 3—7 天内近百套电视台播出的电视节目。观众可以根据自己的需求选择收看，随时重播，这种双向的交流增强了观众的参与性。

观众开通 IPTV，除了需要当地运营商提供内容服务外，还要安装宽带、机顶盒及电视来接收节目信号。

（二）IPTV 技术标准出台

2007 年 10 月 29 日—11 月 2 日，ITU 宽带业务研究组在 CableLabs 总部召开的会议上通过了 Internet Protocol and advanced HDTV 提案。

会议中，ITU Study Group 9，即 Integrated Broadband Cable Networks and Television and Sound Transmission，通过了标准 Rec. J. 700，即“IPTV Service requirements and Framework for Secondary Distribution”。其中，Secondary distribution 是 ITU 的术语，意为使用传输通道，如通过空中广播频道或使用光线或电缆网络，将视音频节目分配给大量用户。

（三）IPTV 标准的主要目标

通过以上分析可以看出，这一标准中 IPTV 框架的目标集中在能将以 IP 为基础的视频业务以如下形式推送给最终用户。这一环节通常认为是对现存数字电视业务的增强。在不改动现有视频业务机制的同时，添加另外的增强服务，可以与现存广播为基础的电视业务一起提供综合的新体验。

(1)IP video features。比如，传统的多视频分割画面(用于交互节目导视或画中画)需要多个调谐器，而IP方式就可以使用多视频流的方式高效做到不同方式的显示。

(2)以Web为基础的服务。通过标准的Web为基础的机制视频递送能与现存数字电视联合类实现交互。比如，与节目相关的增强信息服务能通过IP网接入到Web服务器来完成。

(3)以IP为基础的增强型服务。将现有广播视频应用与以新的IP为基础的交互多媒体业务相结合。这些新业务将集成在现存的数字电视体系中。

(4)在家中将视频通过IP上传到IP设备。由于IPTV技术的固有特点，运营方可以提高宽带的效率，并通过较低的CPE价格将视频通过IP送到终端。

(5)将视频通过IP传至家外的IP设备。运营方开始向传统二级递送网络以外的设备提供服务，将逐渐实现移动平台与IPTV业务的融合。

四、博客/微博

(一)博客的概念

博客(Blog)是继E-mail，BBS，ICQ，QQ之后出现的第四种网络交流方式。Blog的全名应该是Weblog，中文意思是“网络日志”，后来缩写为Blog，而博客(Blogger)就是写Blog的人。

博客的出现，使人类网络生存方式开始向个人化的精确的目录式方式过渡。博客是信息时代的知识管理者。博客们将工作、生活和学习融为一体，通过博客日志，将日常的思想精华及时记录并发布，萃取并连接自己认为最有价值、最相关、最有意思的信息与资源，使更多的知识工作者能够零距离、零壁垒地汲取这些知识和思想。

简言之，博客就是以网络为载体，简易、迅速、便捷地发布自己的心得，及时、有效、轻松地与他人进行交流，集丰富多彩的个性化展示于一体的综合性平台。

(二)博客技术的意义

博客的出现,对传统的文字传播模式形成了很强的冲击,打破了传受双方角色固定的局面,每个人都既是传播者,又是接收者,通过博客技术,受众主动参与的热情不断提高,参与需求得到了满足。同时,面对互联网的海量资源,博客的出现从某种意义而言,是为受众开创了新型的学习方式,各种知识和信息通过博客进行归类,便于受众检索、学习。

(三)微博的概念及其特点

微博作为一个新生事物,对其含义有着不同的解释。当问及微博到底是什么时,很多用户这样定义微博,"微博,即一句话博客";美国学者谢尔·以色列则认为,"微博为新的社会性通信工具";科林斯英语词典则将微博定义为"一个让人们发表有关个人现状的短信息网站";等等。大家对微博的定义多种多样,这些定义强调了微博的部分特征,比如手机传送功能、社交功能、个人表达功能等,但是作为定义显然缺乏学术的严谨性。

微博,很多人要么把它作为博客的变种,要么把它作为手机短信的变种,还有的把它作为即时通讯的变种,还有人把它归结为一种新型的社交网站。微博的确有上述信息传播工具的特点,但是,我们不能简单地将其归为某一个传播工具的变种,它是一个全新的信息传播工具。我们更趋向于这个界定:微博(MicroBlog)即微型博客的简称,是一个基于用户关系的信息分享、传播以及获取的平台,用户可以通过 WEB、WAP 以及各种客户端组建个人社区,以 140 字左右的文字更新信息,并实现即时分享。①

微博与传统意义上的博客具有很大的区别,其具有以下几大显著特点:

(1)信息获取具有很强的自主性、选择性,用户可以根据自己的兴趣偏好,依据对方发布内容的类别与质量,来选择是否"关注"某用户,并可以对所有"关注"的用户群进行分类。

(2)微博宣传的影响力具有很大弹性,与内容质量高度相关。其影响力很大程度上取决于用户现有的被"关注"的数量。用户发布信息的吸引力、新闻性越强,对该用户感兴趣、关注该用户的人数就越多,影响力也就越大。此外,微博平台本身的认证及推荐亦助于增加被"关注"的数量。

(3)内容短小精悍。微博的内容容量为 140 字左右,内容简短,不需长

---

① 百度百科,http://baike.baidu.com/view/1567099.html? wtp=tt。

篇大论，门槛较低，有人形象地将其描述为“140 字的限制将平民和莎士比亚拉到了同一水平线上”。内容方面从个人的生活琐事至体育运动盛事，再到全球性的灾难事件，微博已经成为全世界的网民们表达意愿、分享心情的重要渠道。

(4)信息共享便捷迅速。微博可以通过各种连接网络的平台，比如通过 Web 网页、客户端、手机短信、手机上网、绑定 IM 工具、电子邮件插件等方式，在任何时间、任何地点实时发布信息，其信息发布速度超过传统纸媒及其他网络媒体形式。

第五节　移动通信类数字内容产业传播技术形态

一、Wi-Fi 技术

(一)Wi-Fi 的概念

Wi-Fi，即 Wireless Fidelity，属于在办公室和家庭中使用的短距离局域网无线通信技术，使用 2.4 GHz，5.8 GHz 频段(无许可频段)。目前 Wi-Fi 有三个标准，IEEE 802.11 a/b/g，速度最高达 11 Mbps/54 Mbps。

(二)Wi-Fi 的技术优势

(1)Wi-Fi 无须布线，可实现短距离局域网的无线通信；

(2)Wi-Fi 具有健康安全的特点，其辐射不超过 100 毫瓦，而手机的发射功率约 200 毫瓦至 1 瓦间，手持式对讲机高达 5 瓦；

(3)Wi-Fi 组网简单，802.11 b/g 实际工作距离可以达到 100 米以上。

(三)Wi-Fi 技术的缺点

(1)Wi-Fi 的安全性较低，第一代标准存在较大的安全漏洞，容易受到恶意用户的拒绝服务攻击(DOS)而完全不可用。但后续新标准在加密机制和强度上大大提高。

(2)Wi-Fi 的移动性较差，用户主要在热点内活动，热点间的漫游困难。

(3)Wi-Fi 的干扰严重，在 2.4 G 上只有 3 个可用信道，而在这个频段上不同运营商的 AP、蓝牙、家用电器(微波炉、无绳电话)都有可能互相干扰。

二、WiMAX

(一)WiMAX 的概念

WiMAX 全称为 Worldwide Interoperability for Microwave Access,即全球微波接入互操作性,是一项基于 IEEE 802.16 标准的宽带无线接入城域网技术(Broadband Wireless Access Metropolitan Area Network),该标准仅仅制定了物理层(PHY)和媒质接入层(MAC)的规范,是针对微波频段提出的一种新的空中接口标准。

WiMAX 的基本目标是在城域网接入环境下,确保不同厂商的无线设备互联互通,主要为家庭、企业,以及移动通信网络提供"最后一公里"的高速宽带接入,以及将来的个人移动通信业务。

(二)WiMAX 的技术优势

WiMAX 固定站数据传输速率高达 75 Mbit/s,覆盖范围 50 km;移动站覆盖范围为 5 km—15 km。为了保证多媒体业务质量,WiMAX 在无线链路层采用了自适应技术,包括自动重传请求(ARQ)和混合自动重传请求(HARQ)机制、自动功率控制技术及自适应调制编码技术,来提高传输的可靠性,降低信道间干扰,提高传输速率。

(三)WiMAX 的发展难点

首先,WiMAX 目前还存在频段的全球统一性问题,如果不尽早就这一问题达成一致,将制约其进一步发展和普及。

其次,目前 WiMAX 与 3G 等其他网络的融合存在技术难度和政策壁垒,平衡与其他网络的关系,在竞争中共生共赢,是决定 WiMAX 有生命力的关键。

再次,目前 WiMAX 技术系统只能在最高时速 60 km/h 以下的情况下工作,其移动性还有待进一步完善。

最后,虽然英特尔已经发布了支持 WiMAX 的芯片技术。但目前支持 WiMAX 的终端数量远少于支持 Wi-Fi 的终端数量,长此以往,对 WiMAX 的普及和推广十分不利。

(四)我国的 WiMAX 试验基本成功,技术有待进一步完善

2006 年,我国在 6 个城市进行了固定无线接入系统的无线性能和业务

能力测试，测试内容包括覆盖、吞吐量、带宽管理能力、业务支持能力等，试验结果基本符合预期，但仍然存在以下问题：

其一，部分产品的吞吐量对环境敏感，非视距传输能力有待提高。

其二，部分产品在重载、高阶调制等条件下丢包率增大，带宽管理能力有待提高。

其三，产品以室外单元＋室内单元为主要形态，产品形态有待丰富。

三、手机电视

移动状态下的视频传输包括广电和通信两大系统。下面我们主要针对通信方式的移动电视（即手机电视）进行阐述。

（一）手机电视的技术需求

随着移动数据业务的普及、手机性能的提高，以及网络传输能力的增强，利用手机终端收看电视节目已成为可能，即所谓的手机电视业务。事实上，由于手机终端的便携性和可移动性使得手机电视业务比普通电视更具影响力和市场潜力。

面对庞大的移动用户群和广播电视用户群，各国的网络运营业者和设备制造厂家都对此业务投入了极大的关注，希望使其成为移动多媒体业务新的增长点。

（二）手机电视的实现技术

手机电视是一种新兴的多媒体业务，它的实现是多种技术结合的结果，主要包括以下3个方面的技术：上行交互技术、业务层实现技术和下行传输技术。手机电视业务的上行交互通常是通过移动网络来实现，主要为业务的实现提供上行传输通道，保证双向交互能力；而业务层实现技术则负责实现手机电视业务的认证、计费、业务发现和获取、业务定制、内容保护及其他灵活的应用，从而保证手机电视的可运营和可管理；下行传输技术则是该业务实现的关键，业界对这部分技术的关注程度更高。基于目前国际上的主流研究，可以将下行传输大致分为三种实现方式。

1. 基于移动网络技术的实现方式

通过移动网络传送电视节目最初是采用移动流媒体的方式来实现的。目前，中国移动和中国联通都已分别基于其GPRS网络和CDMA 1x网络，利用移动流媒体技术推出了手机电视的服务。这种通过传统移动流媒体方式实现的手机电视业务虽然在一定程度上很好地满足了人们的需求，但还有很多方面不尽如人意，如移动网络带宽受限、播放效果不稳定、并发用户数有限、收费较高等。

正是由于传统移动流媒体实现方式存在诸多的限制，国际上开始研究如何在移动网络上实现多媒体（包括视频、音频、数据等）的广播，MBMS（多媒体广播电视业务）和BCMCS（广播多播业务）等技术应运而生。

2.基于地面数字广播网技术的实现方式

此类实现方式所使用的技术源自地面数字广播电视传输技术，使用的频率一般为广播电视频段。此类技术是现在国际上关注较多的一类技术，也是方案最多的一类技术。典型的技术包括欧洲的DVB-H、美国高通的MEDIAFLO、韩国的T-DMB、日本的ISDB-T等。

另外，国内新岸线公司也在欧洲DAB技术的基础上研究出地面移动多媒体广播技术T-MMB。基于数字广播网技术的实现方式，由于所采用的技术多是由地面数字广播电视技术发展而来，因此在音视频的下行传输方面相对比较完善。目前在韩国已有商用的案例，而很多国家和地区正在尝试商用。但由于传统的广播电视网络通常都没有上行链路，因此此种实现方式在实现上行传输时一般都考虑依靠移动通信网络的协助来完成。

3.基于卫星传输技术的实现方式

这一类实现方式的本质就是通过卫星提供下行传输实现广播方式的手机电视业务，而用户通过在手机终端上集成直接接收卫星信号的模块，就可以实现多媒体数据的接收。典型的技术包括欧洲的DVB-H和日韩的S-DMB等。基于卫星传输技术的实现方式目前在韩国已有商用的案例，此类技术与所要覆盖的范围密切相关。当覆盖范围比较小，用户比较集中时，使用卫星开展手机电视业务效率较高，也比较经济。但当覆盖范围较大时则成本较高。另外，安全问题也是卫星实现方式需要考虑的一个重要问题。

从以上的分析可以看出，手机电视不同的实现技术各有其显著特点，它们之间不是相互替代的关系，而是通过合理的设计完全可以利用各自的特点扬长避短、互补共存，从而向用户提供功能完善的手机电视业务。

（三）手机电视的标准制定

实现技术的多种多样反映出国际上对手机电视业务的关注程度和该业务广阔的市场前景。但由于存在众多的实现技术问题且我国尚没有统一的技术制式，造成目前国内各地进行的试验制式多样，局面比较混乱，很难取得突破。技术制式的不统一，一方面使得用户无法实现漫游，影响业务的推广；另一方面，相关产业，特别是终端制造业更是无所适从，严重阻碍了手机电视业务产业链的良性发展。因此，目前我国发展手机电视的首要任务就是要确定适合我国国情的技术制式。

与上文提到的所有新兴数字媒体的业务一样，对手机电视标准的争夺，核心是占领这一新兴产业高地。数字传播技术的魅力在于为实现同一传播目标提供了多种可能，政府支持、业界逐利、用户使用等多元化需求的可选择空间不断延展，因此，相关部门、业界公司等机构纷纷开始发力，从自己的角度出发，提出最优标准，争夺传媒话语权，多元力量彼此交织，将在数字传播技术编织的体系中演绎更为激烈的产业竞争图景。

第六章

数字化传播技术环境下内容产业的创新发展

数字化传播技术为内容产业发展提供了良好的技术平台，这对于数字内容产业而言，是一个难得的大好机遇。报刊、广播、电视、电影，以及数字出版等这些典型的内容行业在受到数字传播技术的影响下发生着变化，同时它们的变化也进一步加深了数字内容产业化发展的进程。本章主要分析这些典型的内容产业在数字化传播技术环境下面临的新挑战以及如何进行创新发展。

第一节　数字化传播技术环境下报刊内容产业的创新发展

数字化背景下报刊行业的重构与转型涉及诸多方面的变化，具体包括网络硬件、平台、业务形态、内容形式等。但与此同时，报刊本身却拥有内容资源和品牌方面的优势，这也正是传统报刊未来应该充分发挥的核心竞争力。当然，对于报刊而言，各种数字技术和数字平台也是可以为其所用的，数字化工具可以提高报刊内容生产的效率，此外，各种各样的数字新媒体也可以成为报刊内容的出口终端，报刊内容因而可以实现价值最大化。目前，报刊的数字化已经形成了较为完整的产业链模式。而数字化报刊运营包括三种模式：第一种是传统报刊的数字化运营模式；第二种则是数字化报刊高度网络化运营模式；第三种是与通信技术结合的数字化报刊运营模式。

一、我国报刊数字化的时代背景

报刊的数字化发展建立在特定的背景之下，这些因素来源于政策层面、技术层面、市场层面、用户层面等。下面我们将从这几个层面对报刊的数字化发展的背景进行简单的归纳介绍，从中可以发现我国报刊行业在数字化浪潮冲击下发展数字内容产业的动因，并对报刊行业内容产业的重新建构形成深层次的认识。

(一)政策环境

1.深化文化体制改革促使报刊数字化

近几年来，党和国家不断深化文化体制改革是报刊数字化最重要的政策背景。为贯彻《中共中央、国务院关于深化文化体制改革的若干意见》和全国文化体制改革工作会议精神，推动全国出版发行体制改革向纵深发展，新闻出版总署于2006年8月出台了《新闻出版总署关于深化出版发行体制改革工作实施方案》(以下简称《实施方案》)，推动出版发行体制改革由试点转向全面铺开。

根据方案精神，党报、党刊、时政类报刊及少数承担政治性、公益性出版任务的出版单位实行事业体制，由国家重点扶持发展；一般的出版单位和文化、艺术、生活、科普类报刊社将被逐步转制为企业。转制为企业的出版社、报刊社、出版物进出口公司要坚持国有独资或国有绝对控股，实行特许经营或许可证管理。

另外，《实施方案》还公布了试点单位两种具体的转制做法。对于报业集团来说，可以普遍采取将报刊社的发行、广告、印务、传输、置业、物业等经营性资产剥离后组建有限责任公司的改制模式，而发行集团则采取整体转制模式。同时，《实施方案》还鼓励转制企业实施股权多元化、积极进行股份制改造以进入资本市场，壮大发展。

尽管报刊作为主流媒体的地位始终很重要，但报刊的广告利润被互联网等新兴媒体的分流已是不争事实，因此，在深化文化体制改革的大潮下，越来越多的报刊社已经清楚地认识到必须顺应高新技术的发展趋势，超越固有的媒体形态和运营模式，进行数字化转型。

而事实上，中国报刊业正面临着一场战略性转型和结构性再造的挑战。根据 2005 年《中国报业发展报告》预测，未来三五年内，报纸出版单位将树立"数字报业"战略，加快向数字内容提供商转型，发挥新闻和原创内容的优势，占据竞争制高点。

2006 年 8 月 5 日，新闻出版总署报刊司正式启动"数字报业试验室计划"，"数字报业"的理念开始在业界形成，一些报业集团和报社率先对报刊数字化进行了积极的探索和大胆的尝试。

2. 新闻出版业"十一五"发展计划促使报刊数字化

数字传播技术的迅猛发展，数字新媒体的强烈冲击，让报刊业在感受到实实在在威胁的同时，也意识到只有"数字化"才是应对危局、走出困境的必由之路。

新闻出版总署发布的《全国报纸出版业"十一五"发展纲要（2006—2010）》明确指出，传统报（刊）业的"数字化转型"成为我国报（刊）业进一步发展的战略方向。而报刊业的数字化转型的核心在于报刊业经营模式的转变，报刊社的角色将由新闻信息提供者转向综合信息服务平台的经营者。

在数字时代，新闻出版业、广播电视业、娱乐业、信息产业、家电制造业等各类相关行业的行业壁垒将逐渐消除，众多关联产业在内容产业的旗帜之下共同整合。于是，传统报刊业正面临着一场战略性转型和结构性再造的挑战。报刊业集团将不再是报纸期刊品种的单一组合，而是向着多媒体方向的组合和转型，会通过网络、无线通信等方式向音频、视频等多个领域延展。

3.报刊数字化开始受到相关部门的监管

报刊业的数字化,手机报、电子杂志等报刊数字化产物的出现,在给人们带来便利和快捷的同时,也给政府主管部门带来了新的监管课题。

虽然对于手机报、电子杂志等的经营至今还没有全国性的管理办法出台,但是相关的主管部门已经着手制定有效的管理政策对其进行监管。对报刊数字化的监管,使报刊数字化的一些新型产物有规可依,使之由技术达标为主的粗犷型发展转向数字化产业本身的纵深发展。

以手机报为例,电信主管部门认为,因为手机报向用户收费,应将其定为短信、彩信或 WAP 业务运营,属电信经营行为,理应取得电信增值业务许可证,而目前的运营现状却是,已有的手机报大都没有到电信管理部门申请办理。报刊业相关部门认为,对手机报进行舆论和政策引导非常必要,监管应首先考虑手机报内容带来的社会责任等方面的问题。因此,手机报运营权利和资质的审批权应归政府新闻出版部门审批,以确保手机报内容的健康和报业的合理经济获利。

业界也存在一种相对平衡和融合的对报刊数字化的监管观点,认为报刊业开展的包括无线增值服务业务和互联网信息服务业务在内的报刊数字化信息服务业务应当首先得到电信管理部门的前置审批的经营许可,而当报刊业开展数字化运营业务时的内容监管等问题则由政府新闻出版和宣传部门负责,技术支持、平台建设,以及定价等则由电信部门进行监管。

总的来说,报刊数字化正在逐步开始受到相关部门的注意和监管,相关的政策规定正在逐步出台,这对报刊数字化市场的规整,起到了基础性的作用。

(二)技术环境

1.数字化报刊经营管理的技术特点

一直以来,在报刊经营管理,诸如广告和发行等一系列运作中,手工的操作方式存在着各种各样的缺陷。但是,只有及时、准确地掌握经营部门的经营状况,进而做出正确的商业决断,及时调整经营战略,才能在竞争中保持优势,并获得持续增长的收入。而报刊的数字化运作,则为报刊经营管理提供了更好的技术保证。

(1)数字化经营使客户订单流程更便捷。在报刊经营中,广告、发行的订单资料是基础的数据资料。传统的手工操作流程中,前台人员收集的订单资料,会受不同因素的干扰,无法及时地传递到后台制作流程中;不同区域、不同业务人员的订单内容难以准确统计分析;还有后台制作过程中出现突发事件,没能及时传递到前台,与前台接收的订单发生冲突等。而数字化管理,实现了前、后台所有相关人员共享订单信息,顺理成章地解决了上述的矛盾,大大提高了工作效率。

(2)数字化经营使客户资料更完整。对于任何媒体而言,在广告和发行的过程中,客户资源无疑是最重要的,对于数字化的报刊业来说,也是如此。但面对大量的客户资料,其统计、保存、检索及再利用,所涉及的工作量的烦琐与庞大,在手工操作的条件下是难以应付的。然而选择数字化管理后,报刊经营中遇到的这些问题都能迎刃而解,对客户资料的处理相当方便。

(3)数字化经营使广告价格调整更科学。媒体广告的价格制定问题,是经营者和客户最为关切的,也是极为敏感的问题,需要在报刊社、客户、代理公司之间寻找合适的平衡点,才能够科学地招徕客户,使媒体得以快速地获得盈利。如何巧妙地掌握这种微妙的平衡关系,使之规范化、科学化,是每个报刊业者和客户所追求和需要的目标。

要解决这个问题,需要及时、准确地掌握自身和竞争者的诸如公开报价、折扣、每日收入和支出等各项相关数据,并进行精确的分析,做出科学合理的商业决断。而传统手工劳动很难及时、准确地提供和处理这些数据,在报刊进行数字化管理后,数字化工具不仅可以及时、准确地提供这些数据,还可以自动地分析基础数据,为决策者提供更为周密和科学的分析结果。

(4)数字化经营使财务信息处理简单化。报刊经营中诸如交款方式、进款进度、欠款记录、代理商的财务状况等账务情况在手工操作的条件下很难及时、准确地掌握和管理,而报刊发行过程中的各环节的费用计算和统计也存在着同样问题。在这些环节中,利用数字化工具进行统计整理后,各项指标和数据就会相当清晰,使经营者处理起来相当方便。

可以看出,报刊业在采用数字化技术后,不仅可以从根本上解决上述问题,而且可以使报刊社的经营活动更为现代化、科学化、规范化,使经营过程简单快捷,经营策略更有的放矢。同时,数据的准确性、及时性、完整性和安全性都是人工操作所无法比拟的,报刊经营活动的科技含量大大提升,带来的是数字化报刊业的进一步发展。

2.报刊内容与媒介数字化的技术特点

(1)报刊内容与媒介数字化使报刊能整合其各项资源。对于传统报刊来说,其客观的内容、深刻的观点使报刊相较于网络等电子化媒体而言成为更受人们信任的媒体，从而具有一定的影响力并能更有效地引导社会舆论。从现阶段看来，报业与互联网等新兴媒体相比较仍然在很多方面具有明显的优势。报刊数字化后，只有发挥传统报刊的长处，并汲取数字化媒体的优势，才能立于不败之地。

就目前来看，传统报刊的生存空间随着时间的推移和新媒体技术的不断改进有可能进一步缩小，报刊业应该在发扬自身的传统优势和资源的基础上，加快其数字化进程。由于报刊业的信息传播更权威、深刻、公正，报刊业应在保证此核心竞争力的情况下，充分合理利用数字化的媒介形式和表现形式，使传统报刊得到其数字化的延展，更好、更广泛地到达受众，为受众服务。

在整个报刊数字化的过程中，报刊应实现传统内容在数字化媒体环境和技术手段下的成功转型和过渡。因此，与数字化媒体进行有效整合的方式应该成为报纸发展探索的重要领域。

事实上，整合既包含报业将权威、已有资源等方面的优势通过数字化的技术手段向数字化媒体延伸并到达更广泛的受众，也意味着需要借鉴数字化媒体在盈利模式和经营管理体制方面的优势，实现整合意义上的转型，而不是单一的技术转型与内容更替。数字报刊是全方位的行业变革而非简单的报刊内容数字化。

(2)报刊内容与媒介数字化能使报刊降低生产成本。传统报刊的核心竞争力是提供客观真实的新闻和有价值的内容资讯以及进行深入分析的能力，这种报业核心竞争力应该依然存在于数字化引领的不同传播介质中，并可以是自由发挥和选择的。纸质媒体是目前传统报刊的传播介质，在历史上和现今的传播中发挥了最重要的作用。但数字化大潮到来之时，网络、手机等媒体的出现，使纸媒不再是报刊业传播新闻内容和资讯的唯一可供选择的介质。

而事实上，传统媒介从纸质媒体到数字化媒体的延伸能够保持其本来的核心竞争力，并能够实现其利用内容和发行积累的优势，积极整合互联网、手机等新兴媒体，实现自身的数字化，从而实现内容一次生产、多次利用，从而降低成本，使报刊业最终实现整体的持续增长。

近些年，国内部分报业集团已经在整合新兴媒体，实现内容一次生产、多次利用方面进行了有益的尝试。2007 年 4 月，《广州日报移动数字报纸》通过无线微波传输试验发行，为读者提供方便和及时的信息。所谓无线微波传输发行，即通过数字广播方式实现自动发送《广州日报移动数字报纸》的“空中邮局直递系统”，把内容主动发送给用户。这将使《广州日报》成为全球第一份通过广播微波发射方式“发行”的报纸，是业界一个里程碑式的跨越，从而真正使《广州日报》在广州任何一个空间里“无处不在”，用户只要拥有阅读器，就可以实现随时享受报纸阅读以及因此而带来的其他信息服务。《广州日报移动数字报纸》自 2006 年 12 月正式启动以来，已经有 7000 多名全国读者每天通过用阅读器从互联网上下载，读到当天的《广州日报》，完全不受时间地域的限制。①

（三）市场环境

1. 互联网等新媒体的威胁

(1)互联网对报刊内容产业的冲击。中国的媒体业刚刚迈出市场化的步伐，却迎头遇上了互联网大潮。一方面是互联网继续突飞猛进；另一方面是报业遭遇历史性的“寒冬”。

有资料显示，目前在中国，30 岁以下人士已不怎么看报，有些年轻人上网娱乐费占到年收入的 1/15。2014 年《第 33 次中国互联网络发展状况统计报告》显示中国移动互联网用户数达 8.38 亿。② “网络原住民”(25 岁以下人群)的队伍在壮大，上网者的年龄范围也在扩大。报业的危机具有长期性。

实际上，几年间，各大互联网门户网站已经使其内容充分整合了传统的报刊内容，这使得传统报刊的市场空间受到了规模化的挤压。于是乎，“互联网等数字化媒体是传统媒体的掘墓者”的观点曾一度在传媒界流行。因为报刊业一直毫无保留地向网络贡献所有的内容资源。一张综合性报纸的采编经费每年高达几千万，但全部新闻信息交给门户网站，得到的报酬不过区区几万或者几十万元。

对于数字化的新媒体，诸如互联网等媒体来说，它们与传统报刊相比的优势很多。体制优势、技术先进、成本低廉、政策限制较少、投融资实力雄厚等各方面原因，使得其力量相对强势，而传统报刊在内容生产上显然不能和数字化新媒体相提并论。

(2)互联网冲击报纸分类广告。互联网最初引起报业注意的时候，看起来只是一种新的较便宜的发行媒介，报纸便把印刷内容原样搬到网站上。报社考虑的问题是该不该收费，把所有内容都搬上网会不会影响报纸的发行量，广告价格该如何定等。

---

① 庄传伟:《报业数字化转型的立体策略》,《新闻战线》2007 年第 6 期，第 47 页。

② 陈芸:《传统报业:数字化下求生存》,《青年记者》2007 年第 1 期，第 54 页。

实际上，互联网其实不只是一种新的发行媒介，它还将从根本上动摇，甚至破坏报纸赖以生存的根基。报纸是以捆绑在一起的几种商品和收入来源来收回新闻写作、报纸印刷和发行网络中的成本，这几种商品就是不同采编内容、股市行情、天气预报，收入来源就是分类广告、形象广告、商品促销广告和发行价格。必须具备新闻内容、纸张和发行系统等条件，才能办一份吸引读者的报纸，有了读者，才能吸引商家做广告，因为办一份报纸的启动成本较高，一般人不会轻易染指报业。但是互联网的出现使得做一个出版人非常容易，如分类广告商可以设立自己的网站，因为省略了新闻内容制作、印刷等一系列环节，广告价格也比较低。回头再看看报纸，原来竟是将许多不相干的行业捆在一起，一旦维系它的黏合剂消失了，各个部分就散开了。

互联网的分类广告是报纸分类广告最大的威胁所在。在我国，如人才交流、图书销售等以专项内容为主的网站已不少见。而国外的情形更加严重。根据美国莫顿研究公司的统计，分类广告收入占美国报纸总收入的30%左右。在英国，据广告协会统计，分类广告占全国性报纸收入的12%，在地区性报纸收入中则占51%。失去分类广告，大多数报纸的生存将成问题，而互联网最容易渗入的领域就是分类广告，因为分类广告最能体现互联网的优势。例如，洛杉矶的一个人在找工作，他在报纸上只能看到本地的招聘广告，而通过互联网他也许可以在纽约，甚至新加坡找到一个好职位。

互联网的另一个优势是搜索能力极强。传统报刊的搜索极其繁复，要耗用大量的时间和精力，而互联网用户只需在电脑上输入具体要求，几秒钟之后就会看到结果，比从报纸上寻找信息要快捷得多。由此可见，互联网大大冲击了报纸的分类广告，挤占了报纸的生存空间。

2.报刊业由片面防御到主动竞争

(1)旧媒体的自我防御。大量互联网站曾经一度都在无偿使用或者以极低的价格使用传统报刊的内容资源，使得报刊业在内容优势上遭受了巨大的损失。

2006年年初，在《解放日报》报业集团的倡议下，来自全国39家报业集团的“一把手”们，共同制定向网络媒体提供新闻内容的定价规范，集体向门户们收费，欲建立“内容联盟”。另外，加入“内容联盟”者须缴纳一定金额保证金，如果同盟成员违反规定，联盟将会扣除其保证金，并将以媒体声讨的方式给予其惩罚。

同时，世界报业协会也拟向搜索引擎业收取费用。据悉，报业协会组成一个特别小组，共同研究可能取得报酬的方式，同时研究制定一套规则，为报纸、杂志出版业者和搜索引擎之间建立一套正式商业关系的标准。据悉，世界报业协会可能提出的解决方案将会是：让某些搜索引擎支付版税或与出版方达成商业协议，然后在限定时期内发布得到授权的图片和文章。例如，比利时一家法庭责令谷歌(Google)立即在其新闻网站上删除未经授权登载的比利时法文和德文报纸上的文字和图片新闻，否则将面临每天100万欧元的罚款。

事实上，早在2002年，我国最高人民法院就曾指出，报刊上发表的短小文章和互联网上发表的短小文章，作者没有做出“不得使用”声明的，互联网可以不经过许可使用，但是要支付报酬。由于该司法解释没有规定后续的报酬标准，所以就出现了互联网使用这些作品时，实际上没有支付报酬。

2006年，由温家宝总理签署的国务院《信息网络传播权保护条例》(下称《条例》)正式出台，并于2006年7月1日起施行。《条例》规定，除法律、行政法规另有规定以外，任何组织或者个人将他人的作品、表演、录音录像制品通过网络向公众提供，应当取得权利人许可，并向其支付报酬。此《条例》进一步明确了网络转载需付费，但相关的费用标准的制定仍需要业界不断探索。

(2)旧媒体的变革——融合新媒体。报刊作为传统的大众传媒之一，随着传播技术的发展进步，已经若干次接受新媒介的挑战，在激烈的竞争中生存下来，并得到发展。回顾传统报刊业的发展，变革是面对挑战唯一不变的对策。

如果说在互联网的早期，网络媒体的威胁还主要体现在它的载体的先进性上，即海量信息的存储和搜索，信息传播的速度、时效和规模，那么在Web2.0时代，信息的生产方式也发生了巨大的变化。通过博客、论坛、视频短片，互联网用户从纯粹的新闻受众转变为新闻的制造者，导致越来越多的时候，传统媒体的记者编辑追着网上的热点跑新闻，成了被引导者，使得一直被传统媒体的记者编辑把持的话语权现在越来越分散到广大的互联网用户中。

在新媒体的冲击下，报刊业这样的传统媒体如果保守不变，只能是死路一条。最现实也是最稳妥的做法是融合。新媒体更先进的传播技术与互动性一直是传统媒体的软肋，吸收融合新媒体的元素，向新媒体靠拢，才是传统媒体的生存之道。

无论是从世界范围来看，还是从国内现实来看，报刊市场支配力的滑坡是全行业性的，报刊业必须顺应和接受新技术带来的趋势与机遇，完成从媒介形态的变革到产业链的重新打造，以此来延续自己的生命力。2006年8月，新闻出版总署推出“数字报业实验室计划”，首批加盟的报业集团有17家。目前业界在战略层面和认识层面上已形成了初步的基本共识，下一步工作的重点是如何在实践层面上进行探索。“数字报业实验室”作为一个开放性的计划，探索的不仅仅是加盟单位和领先报社的转型，更重要的是全行业的转型。在这个过程中，“数字报业实验室”会通过实验计划的组织实施，吸纳不同地域不同类型和不同发展阶段的报社，进行分门别类的引导，有计划、有步骤地推动全行业共同朝着数字内容产业的方向发展。

如果说之前对于新技术的应用还属于最先嗅到市场变化气息的报社的自发与零星的举动的话，那么2006年以新闻出版署为首的中国数字报业实验计划的全面启动则标志着这是一场由行业主管部门牵头的全行业的传播形态的转型。

(3)新媒体——实现数字化的先驱者。互联网技术的成熟消除了国际信息交流的障碍，打破了原来经济的地域和分工的一切界限，使全球经济趋向一体化。同时，由于互联网的出现，使原来建立在技术分工基础上的报纸、广播、电话、电报、电视有了共同的操作平台，这就是“传媒一体化”的物质基础。

“传媒一体化”的技术本质就是数字化。它表现在传统媒体在互联网上得到了有机的统一。具体来讲，在传播形式上，传统媒体都可以用多媒体来表示，统一为多媒体；在接收设备上，传统媒体统一为计算机等数字接收设备。

数字化平台出现的革命意义，不仅仅是无纸化办公和全球联网那么简单，它的深层意义在于：文本影音图像都通过数字化方式进行表达，并且由于电脑联网形成的超文本链接，在出版的样式和出版的组织形式之间提供了无限的新的可能。跨媒体经营已具备条件，报刊业等传统媒体向网络媒体转型是大势所趋。发生在信息领域的这一革命性的转变，将在人类生活方式、意识形态，甚至是上层建筑领域，产生重大影响。数字化出版将在形式、时空、不同样式的转换方面获得空前的自由。将数字化称为一场“革命”，一点也不过分。①

---

① 胡春磊：《中国报业的数字化突围》，《传媒观察》2007年第4期，第11—12页。

(四)受众环境

从目前报刊数字化现状来看,传统报刊业的数字化主要包括两大方面:一方面是依托互联网,将传统报刊电子化与网络化,以某种合适的方式转移到互联网上,并以网站、电子杂志等表现形式展示给用户;另一方面是传统报刊业与通信技术结合的数字化报刊运营,主要是以手机为终端,以电子报等形式到达用户。

从上述来看,报刊数字化的受众将在很大程度上与互联网用户和手机用户重叠。而从市场的实际发展情况来看,越来越多的高学历、年轻白领等主力消费人群的媒体接触习惯开始转向了互联网、手机等新媒体。而对于拥有内容资源优势的报刊行业而言,新媒体无疑是未来一段时间必须要占领的高地。

二、报刊数字化的创新发展

(一)报刊数字化的发展前景

1.全面构建数字资源整合平台

近几年来,报刊业一直在进行着不懈的探索与实践。他们开始积极运用数字技术,如建设网站和信息数据库,并在数字报纸、电子报、手机报、卫星报等方面都进行了大胆的尝试。但这些都只是一些分散的简单产品形式,要实现数字报刊业的全面发展,还需要报刊业全面构建数字化的资源整合平台。在工作流程上、组织上、管理上、产业链与运营模式上等各方面适应数字内容产业的发展要求——这将是对传统报刊业的巨大挑战。

(1)建立数字化业务运营整合平台。为了全面构建数字资源整合平台,首先就要建立适应数字化传播的业务运营平台。为完成报刊数字化的整体运营,该平台应该包括四个部分:内容运营平台(建立读者、传播者和采编融合的信息生产体系);客户服务平台(建立一对多、多对多参与并兼顾个性定制的服务模式);推广营销平台(收集和识别报纸读者的背景、阅读习惯、消费倾向等,分类后推给广告客户以量化媒体的广告价值);综合管理平台(改变粗放的考评体系)。

(2)多种传播方式共举。为了全面构建数字资源整合平台,报刊数字化还需要采用多种形式的传播方式。数字化的服务体系能支撑作者、记者甚至读者,使他们都能成为信息的发送端。而当作者、记者甚至读者在第一时间把信息上传到平台上以后，平台便通过自动分解，按时间快慢推送消息：首先是放到手机报或网络上，然后是推向日报、周报，最后还可以是月刊、季刊等。

(3)多次营销共同进行。全面构建数字资源整合平台也需要报刊数字化将多次营销共同进行，即以广告和信息发布为主转为以读者需求为主的营销。报刊、杂志社可以针对读者需要举办各种形式的研讨会，从业人员还可以通过数据平台搜集意见后定期、有针对性地安排会议，并对会议进行多层次营销，如针对不同人群、不同地区、不同性别、不同生活背景的读者的营销。

2.数字内容和营销的建设

数字报刊业的发展不仅需要探索各种数字化的介质技术、显示技术和传播技术，它的成功与否，更取决于报刊业能否不断开发出适应市场需求的数字内容产品，并建立起市场化的内容发布模式和营销模式。只有这样，才能真正实现并不断推进数字报刊业的发展。

数字报刊业的核心依然是有价值的独特内容，只有独特的内容才具有不可复制性。目前，数字报刊业的产物已经包括手机报、电子报、电子杂志等多种方式，发展数字报刊业必将进入视频领域，但如果只是纸质媒介的简单移植，它就没有鲜活的生命力。此外，报刊社还可以考虑在电子报刊中插入多媒体的内容，如通过音乐、电影片断等实现视听结合；发布视频广告，通过数字化来实现广告的二次销售，从而提供更多增值服务。

3.与相关行业合作

报刊数字化涉及各方面的行业和技术，传播技术、显示技术和介质技术无一不在制约和改变着数字报刊业的未来形态、发展方向和运营模式。同时，数字报刊业作为一个新兴产业，其蕴藏的盈利模式也吸引了关联企业的密切关注和积极探索。数字报刊业的发展有赖于产业链各方的共同努力，其未来存在于报刊业和相关产业所合作与共同创建的新产业中，如网络商、技术商、无线增值业务服务商，以及对数字报刊业感兴趣的广告商等。

(二)报刊数字化创新发展思路

1.以新观念完成报刊数字化

当报刊业数字化后，我们的思路就更不应该停留在原有的做纸媒的基础上，继续唯广告独尊，唯广告是图，况且原有的思路本来就不完全正确。

现在,我们应该依靠网络的特点和优势,拓展新的盈利模式。报业数字化后,就必须充分利用网络的各种天然特点,在实现平面广告与网络广告有机结合的同时,在互动、娱乐等方面寻求新的利润增长点,开辟多种盈利模式,这样报业数字化的意义才能更完整地体现。

2. 整体认识报刊数字化

无论是报业数字化、网络化,还是信息化,都停留在对传统报业的认知层面,其认识起点仍是基于平面媒体,逻辑起点也是把“数字化”作为一种手段和补充,在实践中也容易把传统媒体和新媒体割裂甚至对立起来,反映了一种被动的、不情愿的改变。而“数字报业”是立足于报业本质对发展形态的重塑,以及在一个更高形态上对报业核心能力的重新把握,即以现代数字信息技术、互联网等为手段,增强“对新闻和一切有价值的内容的发现、选择和创造,以及对内容的营销和增值服务能力”。这如同原来“报业经营”的概念向“经营报业”的概念转换,反映了是被动接受还是主动融入的思想站位高度。

这说明,探讨“数字报业”不能就“报业”而论“数字化”,而是要把握两个大前提:一是“数字化”是一个不可逆转的大趋势,不仅传媒业如此,其他产业甚至整个社会都如此。随着数字信息技术的发展普及,未来的社会形态必定是完全数字化的,而“数字报业”同其他媒体形态一样,作为其中一个必不可少的节点或单元存在。因此,必须从“数字社会”这个大背景下看到“数字报业”不可逆转的趋势。二是不仅报业,其他媒体也都有一个“数字化”的问题,并且在这种“数字化”洪流中各种媒体形态不断融合并产生新的分化,传统的“报”的概念和现在的其他一些媒体概念将被彻底颠覆,传媒业的产品形态和行业边界都将重塑。

3. 多层次实现报刊数字化

“数字报业”不是在数字平台上对媒体产品的重新组合,也不是对传统业务流程的简单整合,而是打破了传统的媒体边界和行业疆域,在一个更高层次上对媒体产业链和相关行业的价值重构。从市场角度来讲,任何新技术和新模式一旦出现,势必会对产业的发展产生影响。随着数字战略的深化,传媒业的价值链应当是围绕内容生产与销售业务展开的,包括内容生产、内容发布、内容增值等几个环节。其中内容生产不再限于报纸出版,而是生产适合多种媒介形式的内容产品;内容发布也不仅通过纸质媒介,还通过数字媒介等多种媒介;内容增值更不仅限于广告、发行的收入,而是涵盖了传媒产业的所有盈利点。

从盈利模式看，一些传统的主营业务将逐步从新型产业链上弱化和脱离出去，如印刷、发行等。而基于高度整合的数字内容平台开发的各种内容产品、信息产品和增值服务将占据收入的主要部分，成为新型产业链上的主要链条。与此同时，随着“分众化”“碎片化”的趋势，依靠增加报纸版数、扩大发行量来获得广告收入的粗放型经营模式必然被淘汰，报纸的营销理念也应由“二次销售”转为“N 次销售”，实现由一元化报纸经营向多元化内容产品经营和信息增值服务的转变，由单一收入来源向多元收入结构的转变。

数字技术的发展，也必将打破传统的媒体和行业边界，过去由不同媒体提供的业务及服务，如今可由一种媒体提供；过去由一种媒体提供的业务及服务，如今可由不同媒体提供。平面媒体、广电媒体、音像、电信网络、互联网等产业互相渗透、交叉和重组，并且信息技术的每一步发展，都在技术、业务和市场上扩大产业间融合的趋势。

4. 从战略意义看待报刊数字化

以网络为核心的数字化平台建设不是报业的附属品，而是推动报业创新的革命性力量。目前业界普遍流行的报业“数字化转型”的提法，也不甚科学，反映了人们对“数字化”的理解仍停留在技术利用和策略调整的层面，仍把其作为平面媒体战略框架内的一种补充，表现出一种在新媒体挑战面前的消极防御者姿态。其实，“数字报业”是一个完整的概念，也是一个系统动态的工程，是适应新的媒介生态的在媒介定位、发展方向、制度架构、管理手段、经营方式、盈利模式等方面的媒体整体战略升级，是对平面媒体的一种前瞻性自我超越，反映了作为报业革新者、挑战者的积极进取姿态。它是战略升级的新选择，而不仅仅是策略调整的一种改良。

第二节　数字化传播技术环境下广播内容产业的创新发展

一、广播数字化的概念及其内涵

数字广播是模拟广播的替代，数字广播和模拟广播有着本质的不同。模拟信号由连续的电信号来表示声音和图像的变化，模拟处理的本质是波形复制，尽量使信号在处理前和处理后完全一样。但是处理和传输的过程中不可避免地出现失真和干扰，使得声音与图像质量不断下降。而数字广播则不同，它是将数字化了的音频信号，在数字状态下进行各种编码、调制、传递等处理。由于数字信号在进行各种处理过程中，只有“1”和“0”两种状态，传递媒介自身的特征，包括噪声、非线性失真等，均不能改变数字信号的品质。

广播的数字化，不只是音频或视频的数字化，而是也包括原有传输通道的数字化。一旦传输通道数字化，该传输通道能传输的就不会有文字、声音和图像的区别，而只有该传输通道传输数字信息的容量大小。

数字化以后，广播不仅提供节目，还可以提供多媒体的综合服务。因为数字化以后，广播变成了一个多媒体的服务平台，在这个平台上，除了广播节目以外，还可以与社会各界联合搭建一个现代化的信息服务平台。比如电台和政府部门联合建设电子政务平台，与文化部门联合建设各种文化信息共享的平台，与学校联合建立教育的平台，还可以和新闻网站建立一些新闻服务平台，等等。在数字化以后，广播从单一的提供节目，到可以提供节目、信息、各种游戏、娱乐、商务服务。

数字广播是继调幅、调频广播之后的第三代广播。它是基于数字技术，播出质量可以达到 CD 音质，同时可以具有很强的移动接受能力的广播。数字化是广播电视诞生以来，最大的一次技术变革，对于广播电视来说，可以说既是机遇又是挑战。

二、广播数字化的几种技术形态

目前国际上发展较为成熟的数字广播主要有：数字音频广播(DAB)、数字多媒体广播(DMB)、数字调幅音频广播(DRM)、数字卫星声音广播(DSB)。以下对这几种数字广播的技术形态进行简单介绍。

(一)数字音频广播(DAB)

DAB 是英文 Digital Audio Broadcasting 的简称，数字音频广播是指音频节目在制作、传输、发射和接收过程中以数字信号为基础的技术。数字音频广播是采用先进的音频数字编码、数据压缩、纠错编码，以及数字调制技术，对广播信号进行系列数字化的广播。听众利用 DAB 接收机收到更接近原始发送信息质量的节目内容。而且它还可以在传送音频信号的同时传送其他附加信息，例如歌曲的歌词、天气预报、交通信息等。

(二)数字多媒体广播(DMB)

数字多媒体广播(DMB)是从数字声音广播DAB的基础上发展而来的,与DAB广播不同的是,DMB广播不再是单纯声音广播,而是一种能同时传送多套声音节目、数据业务和活动图像节目的广播。它充分利用了DAB数字音频广播技术优势,在功能上将传输单一的音频信号扩展为可传输数据文字、图形、电视等多种载体信息的信号。目前,我国广东已于1999年完成了从DAB向DMB技术过渡,随后,在珠江三角洲成功进行了DMB试播。2003年8月,佛山电台、粤广公司的工程人员成功地在佛山的公交汽车上安装了首台数字多媒体广播(DMB)接收机,使乘客可以在车上享受到高质量的广播和实时视频新闻。

随着现代生活节奏的加快,移动人群将成为主流。可以预见,除了在公共汽车、地铁、火车、候车室、购物广场、大中专院校等一些公共场所安装DMB接收机外,人们用来进行信息联络的手机也不仅能接收广播,而且还能接收电视和图文信息,成为一个小型便携视听媒介。眼下,制约多媒体数字广播发展的主要因素是接收机的价格及推广。

(三)数字调幅音频广播(DRM)

调幅广播始于20世纪20年代,其工作频段为150 KHz—30 MHz,因此,调幅广播又称为30 MHz以下的广播方式。据统计,现在全世界范围内大约有数千座长、中、短波广播发射台,20亿部调幅收音机,6亿部短波收音机。2003年6月16日世界DRM组织在日内瓦宣布了DRM的标准。由于数字处理技术应用于调幅广播具有许多优点,越来越多的广播电台、广播网络运营商、广播产品制造商,启动了自己的DRM实施计划。目前,全球已有50多个广播电台每天、每周或定期播出DRM制式的节目,DRM的使用正在全球快速增长。2003年11月,我国广东省广播电视技术中心与美国哈里斯公司共同进行DRM数字中波广播首次实验,并获得成功。

(四)数字卫星声音广播(DSB)

数字卫星声音广播指用卫星来传送DAB数字声音广播。20世纪末,经国际电信联盟认可的世广卫星集团(World Space)推出的卫星数字音频广播系统已登场亮相。这套系统由亚洲之星、非洲之星和美洲之星三颗地球同步卫星、广播上行站、数字接收机及地面控制运营网组成。它向全球直接播放数字音频广播,覆盖面已经超过120个国家。它不仅在音频广播领域独具魅力，而且给多媒体广播带来广播、娱乐及信息传播领域的一场革命。

三、数字化给传统广播内容产业带来的机遇

新的技术元素一旦注入传统媒体中，便会使其焕发新的生命力，为其发展带来机遇，广播是遵循着这一规律的传统媒体之一。20 世纪 60 年代中期至 70 年代，收听效果优良的调频广播使由于电视出现而步入低谷的广播业得以复兴，而今，数字广播和网络广播在数字化和网络化的汹涌潮流下应运而生，带动行业发生着深刻的变革。

（一）物理性能更为优良

数字广播是继调幅、调频技术后的第三代广播技术，它将数字化了的音频信号，在数字状态下进行各种编码、调制、传递等处理。不同于传统模拟信号采用的波形传播方式，数字信号在整个过程中只有“1”和“0”两种状态，这使得数字广播的物理性能更为优良，从节目制作到传送、发射、接收全过程均达到 CD 级音质，并能对因各种干扰出现的误码进行自我纠错，音质不会因信号衰减或受到干扰而折损。

此外，数字广播突破了传统广播媒介对覆盖范围的限制。现有 FM 的发射台覆盖半径一般都在几十到 100 公里之间，要想扩大覆盖面，只能通过建更多的发射台。然而，两个发射台距离太近会造成信号相互干扰，太远又会导致覆盖盲区。数字广播借助先进的数字讯号处理技术，使广播电台在不同地区以单一频段提供相同的节目内容，且保持讯号的质量。因此，只要电台架设足够的发射中继站，就可以无限地扩大电台的覆盖面积。与网络联姻的网络广播更是借助互联网实现了跨越时空的覆盖，不仅突破了地域性的局限，还促使听众结构发生变化，覆盖到传统广播难以接触到的年轻人，极大地扩大了传播范围，它与传统模拟音频广播相比存在诸多优势，详见表 6-1。

表 6-1　数字音频广播（DAB）与模拟音频广播的主要区别

	DAB 广播	模拟音频广播
传送内容	声音、文字、图片、短片等多媒体内容	声音
移动性	可高速移动接收	高速移动接收时易受到干扰而产生噪音

续 表

	DAB广播	模拟音频广播
信号与音质	不受多路径传播的干扰,可确保音质	音质受地形、其他信号干扰而产生噪音
频道负载	通过较佳的压缩技术、一个频道可以同时传送多套接近CD音质的节目	一个频道只能传送一套标准音质的音频节目
频谱	可采用单频网	需采用复频网

(二)服务功能更为广泛

1.服务内容增多

传统模拟广播技术只能为用户提供单纯的语音节目,而数字广播电台可以提供多媒体节目和数据服务。数字广播电台除了固有的音频内容传输外,还实现了视频内容的传输,以及电子报纸、电子地图、气象图表、财经即时资讯系统、交通信息、软件等数据的传送。数字广播系统借助视频,在传送节目本身讯号的同时传送电台及节目名称,消费者只需从菜单内挑选出想收听的电台名称,或直接从节目类别菜单内挑选自己喜爱的节目类别,就能方便地享受到内容定制等个性化内容服务。另外,由于数字广播是宽频系统,只要接收机解码芯片速度够快,用户可以同时接收多个节目,与单凭声音传播相异,数字广播使用户能够享受“边听边看”的多重体验。网络广播也使广播脱离了只能单纯传递声音的阶段,将传递图像、文字等视频信息纳入服务范围,弥补了传统广播的不足。

2.接收终端增多

广播数字化和网络化促成接收工具的革命,电脑、PDA、MP3、MP4等便携式数字化接收终端均跻身数字广播的接收工具之列。此外,由于数字技术强大的抗干扰及纠错能力,数字广播可以保证在高速移动状态下的接收质量,不仅有车一族能在驾驶途中收听高品质的广播节目,以手机为代表的移动媒体也成为广播新的载体。这些接收工具的共同之处是节目接收更加便捷,个人化色彩浓郁,操作更为人性化,且部分具有移动性。

3.互动性增强

数字广播和网络广播相较传统广播来说具有更强的互动性,这一点在网络广播中表现最为突出。网络广播融合了Web 2.0的高互动性特质,通过网络,网友和网友、网友和主持人之间可通过聊天室、BBS、E-mail新闻组、论坛、个人主页、留言簿等进行方便、及时的沟通。广大网友既是节目的收听者，同时也是节目的制作者，不同喜好的用户还可以参加不同的社区。网络广播为网友更深入地参与到广播节目制作中另辟蹊径，提供了更大的发挥空间，突破了广播原态，以更强的参与性、灵活的形式为广播节目增色。而数字广播的个性化内容定制服务及接收工具的变革，也为增强用户的参与性与互动性提供了重要基础。

数字广播和网络广播还使广播节目突破了线性局限和地域局限。由于数字化的内容便于存储，不像传统广播那样稍纵即逝，节目的“生命”能够方便地得以延续，突破了线性局限，为用户的收听提供了方便，网络广播中的“点播”服务就是这一突破的集中体现。

数字技术对于高品质音质的保证与对移动接收的支持，以及网络的空间延展性均促使用户只要具备接收终端，就能随时随地获取广播信息，用户的选择性大大提高。

（三）广播媒体的经营空间更为广阔

广播数字化与网络化不仅仅代表着技术创新，更具有价值的是为经营带来了更多的变革可能。未来的广播经营已经不仅仅局限于“节目生产＋广告经营”的旧有模式，广播已经突破既有平台局限，进入数字电视平台、手机平台、数字广播平台及网络广播平台，众多的平台为广播的发展提供了更多的可能性与发展空间。

首先，广播媒体可以在更广泛的音频生产领域、内容生产领域有所作为。目前，数字音频的发展空间还很大，听书、音频产品、音频服务，乃至视频的拓展均有待进一步开发，将内容提供给各种平台。其次，面向用户，广播媒体可以提供个性化定制服务，而传统的广告经营，依然可以操作，这意味着内容销售、数据服务将成为广播媒体新的利润增长点。最后，数字广播与网络广播的发展，意味着广播媒体跨平台、跨地域经营的可能性也就大大增加，对于广播媒体突破地域局限、经营空间局限而言，是一种解决之道。

数字广播和网络广播的开放性更强，市场化程度更高，可以进行更为广泛的资本运作，这促使产业格局发生巨大的变化，引入更多的行业外资源与力量，推动行业快速发展。众多广播媒体及若干产业外来者，将分别根据自己的实力和优势，进行角色的选择，在产业链条中充当起内容生产商、平台运营商、服务供应商等角色，促使产业链重组，新的产业格局也将随之而来。

四、数字化给传统广播业带来的挑战

数字技术在带给传统广播无限机会的同时，也给传统广播带来了巨大的挑战。

(一)对于经营思路与战略眼光的挑战

这种挑战需要一种新的战略思维和系统化战略来予以应对。过去内容生产存在种种专业壁垒，这其中有人为因素，也有技术因素。进入新媒体时代，全民创意已经不是一个远景，而是日渐清晰的现实。这不仅仅意味着内容总量的增多，稀释了原有"内容稀缺""内容垄断"的状况，以"草根"为标志的新内容的崛起，必然对传统内容及内容生产形成新的挑战。在此背景下，一个创意或者一项作品造成万人空巷，乃至影响全球的现象，都将难以再现。不同嗜好、不同背景、不同文化的新族群将重新聚合，如同一个变幻的魔方。其次，传输无限。以前的传输渠道极其稀缺，数字变革之后，媒体融合与渠道多样成为最为直接的结果，接近零成本的传输，而且速度越来越快。传输的无限意味着多种手段和多种信息消费模式的可能，而且也会激发原有的产业经营重点的转移；另一方面，以往的信息传播，考虑最多的就是饱和式的"轰炸"：大量覆盖导致大规模接触，在受众越来越分散的趋势下，这样的覆盖将成为问题，灵活机动的"狙击""吸引"和"黏着"将成为新的传播战略。最后，需求无限。精神产品和物质产品的需求最大的不同就是前者存在无限的空间，而物质需求往往受制于物理条件。消费者潜藏心中的精神需求将在新技术形态被解放出来，成为文化市场生生不息的澎湃动力。而消费者"碎片化"的消费态度和消费行为也将成为主导产业链条重构的基础。

新媒体的大量出现以及发展，给传统的广播产业带来了巨大的冲击。传统的广播行业体系将逐渐瓦解，并且将按照"生产、传输、消费"的产业链条进行构建与聚合。原有的广播组织和广播机构都需要迅速应变，按照产业链条寻找自己的发展阵地。[①]

---

① 黄升民、宋红梅：《回望与前瞻：广播媒体产业化发展轨迹解析》，《现代传播》2006 年第 6 期，第 25 页。

(二)投入巨大且市场风险高

数字化代替模拟广播是一场技术的革命,对于整个广播行业来说,是一次巨大的变革。在这场技术的变革中,广播的节目、设备、流程、系统及标准等,都要进行彻底的调整以及更换。广播设备的引入,需要投入大量的资本构建新的平台。对于广播业来说,这样的技术大"换血",资金将是一大瓶颈。

新技术的实现,必然带来新的经营模式的改变,传统广播业较为熟悉的是以广告为主宰的经营模式,而在新的平台中将面临一系列的改变,传统广播业需要开阔视野,进行新的经营模式的尝试,总结出适合自己的经验。但是尝试的道路上没有成型的经营模式可以借鉴,尤其是新的经营模式将会和传统的经营模式存在巨大的差异,这无疑增加了尝试道路上的风险。

(三)对于合作要求更高

数字化和网络化的实现,使得媒介间出现了融合的大趋势。电视、报纸、广播、网络、手机等,三位一体,四位一体甚至五位一体,在今天这样的时代已经不是什么新鲜事。这就需要广播媒体要用战略合作的眼光进行自身的发展规划。这种合作,对于传统广播业来说,也是一次巨大的挑战,合作的模式与合作的范围,都将在实践中慢慢地摸索。

此外,数字广播与网络广播在运行过程中,与行业内部其他角色的合作也将极大增多,比如与技术运营商的合作。数字技术的推广以及数字多媒体广播终端接收器的市场接受状况,都影响数字广播的发展。而在平台构建等方面,更是需要技术运营商的配合与支持。在内容运行过程中,数字内容的个性化、互动性,需要数字广播运营商与技术运营商、平台运营商、服务供应商进行更为深入的研究与合作,这样才能生产出符合消费者需求,能够产生市场效益的产品。

(四)竞争更为激烈

对于传统广播而言,竞争主要来自于同行业媒体,其他行业媒体虽然也有竞争,但是由于载体的不同、内容形态的差异,以及分布空间的差异,使得广播媒体与其他媒体之间的竞争,并没有那么激烈。

数字技术和网络技术则大大降低了不同媒体之间的差异性,媒体的融合已经是一种潮流趋势,那么对于广播媒体而言,进入的将是一个涵盖极为广泛的媒体领域，生存与发展的难度将大大增加。

而行业开放性的增强，对于传统媒体来说无疑是巨大的冲击，传统媒体将面临系统内外更大的竞争压力。系统外大量资本和大量角色的进入，将打破传统广播产业的壁垒，对于传统广播业而言，发展的紧迫性也就极强，必须迅速占领发展高地，否则将陷入被动的局面。

五、数字化潮流下广播产业的变革与应对

如果说30年前尼古拉·尼葛洛庞帝指出整个世界已经因为日益依赖于信息技术而变得数字化，人类已经进入“数字化生存”时代的时候，人们惊呼他的想法有些前卫和夸张，那么，30年后的今天，人们要惊呼的就是尼古拉·尼葛洛庞帝超强的预见性了。信息化、数字化已经开始影响整个传媒业的发展，这种影响不仅仅是技术层面的，还包括对媒介产业的深刻影响。

技术永远是辅助的工具，工具决定论的观点注定是悲观的，广播业完全可以使技术为之所用。数字化潮流下，广播应做好自己的应对工作。

(一)利用新技术，走向融合，抢占数字市场先机

当今的世界是数字的世界，传播也已经进入数字传播时代。网络传播、数字电视、电子报刊、各种传统媒体都在向数字化市场进军。广播业也不能故步自封，应该积极利用新技术，抢占数字市场先机。目前世界上许多国家都制定了数字广播的时间表，数字广播标准体系已经非常完善。我国的数字广播也在有条不紊地进行当中。但是，其中存在着一个问题，就是数字广播的终端接收器的价格相对传统的收音机而言比较昂贵，对于普通的用户来说还需要一个适应和了解的过程。因此，广播业还需要与其他相关企业合作，尤其是与国内的企业合作，开发特定的接收工具，共创双赢的局面。

除了数字广播外，广播的发展空间将更为广阔，广播业也可以向网络市场、手机市场进军，形成网络广播、手机广播。对于新技术的利用，不能只是停留在表面，而是需要继续挖掘深度合作，在融合的前提下，尽快地进入数字市场，去分取自己的那“一块蛋糕”。

2006年8月28日，北京人民广播电台与联想集团联合推出移动多媒体广播。2006年9月6日开始在广播上播出电视节目，移动多媒体广播真正实现了在移动中接收电视，并于2008年4月开通了奥运频道，即文体频

道。之后是都市频道和为生活服务的城市信息频道。该移动多媒体广播已经具有清晰的广播传送,免费的视频接受和多样的生活资讯。这种优势是手机电视和网络电视所无法比拟的。

总之,在数字化时代,广播业应该充分利用现代化的传媒工具,结合自身特点,开拓多种传播渠道,抢占数字化市场的先机。

(二)深层挖掘,延长产业链

对于广播业而言,目前最为有利的一个领域是进行相关产品开发,如前文提到的和数字广播接收终端厂商的合作,甚至是联合开发,以及广播后续的图书、音像制品、商品授权和资讯服务等。商品授权是指利用节目自身的有利资源,将优秀的广播文化延伸到消费品领域。这样既能带来额外利润,又可以加强品牌建设,从而赢得更多受众,吸引更多广告主,创造更多价值。

(三)开办付费频道,降低经营风险

开通收费频道,满足受众专业化、个性化、对象化的需求,使得广播经济增长的收入空间不光依靠广告,还可以依靠收视费的收入,依靠信息费的收入。广播电台还可以提供各种商务服务,获取服务费,这样使广播电视从单一收入的盈利模式转变为多种收入的盈利模式。同时,改变盈利模式单一的局面,可以提供给用户数据业务,根据用户定制的业务,收取服务费和信息费。这样就摆脱了目前绝大多数广播电台基本上完全依靠广告收入的局面,使广播业发展风险降低。

但是,数字化并非一句空话,也不是喊喊口号,更多的是需要广播人自己将数字化落到实处。首先是观念的创新,然后是节目内容的变革,经营模式转型,经营理念突破等,广播业数字化发展的路仍然很漫长。

第三节　数字化传播技术环境下电视内容产业的创新发展

在我国,电视媒体已经发展成为用户规模最大、覆盖范围最广、影响力最大、广告收入最多的媒体形式。然而,历来相对强势的电视台也难逃数字化浪潮带来的冲击,尤其是互联网、户外数字移动新媒体等媒体形式的出现,使得传统电视台流失了很大一部分观众,也被分割走了整个广告市

场的一块蛋糕，越来越多的广告主开始尝试把广告投向新媒体。当然，我们同时也看到，广电内部也加快了数字化建设的步伐，逐步开始从模拟信号时代向数字信号时代迁移和扩张。

一、数字化给电视台带来的机遇

数字电视的出现不仅在数量上分流了传统电视台的广告受众，同时，其收视方式也影响了电视用户对传统电视以及传统电视广告的态度和收视行为。因此，数字电视对传统电视以及传统电视插播广告造成了不可忽视的影响。

（一）电视台发挥所长，以节目质量取胜

作为电视台，在电视数字化时期，可以发挥自己的所长，以高质量节目在竞争中取得胜利。

1.提供高质量的电视节目

数字电视目前虽然可以提供多样化的服务，但是据我们调查发现，观看电视节目这项传统业务依旧排在电视用户最常使用的选项首位。可见，看电视还是目前数字电视用户使用数字电视的首要目的，因此作为电视台，有必要为电视用户提供高质量的电视节目，满足用户的基本需求。

2.加强内容制作能力

我国无论是模拟电视，还是数字电视，都遭遇到“内容瓶颈”的问题。而且与模拟电视相比，数字电视所提供的频道数量成倍增长，频道激增和电视内容同质化、粗糙化之间的不平衡现象成为数字电视时期的突出矛盾。内容短缺的矛盾成为制约数字电视发展的一大障碍，因此电视台也应该以此为契机，提高自身内容制作能力，保持竞争内容上的优势，同时也可以成为数字电视产业链上的强势角色。

3.发挥自身节目制作优势

作为电视台，其最大的优势即为一个专业的电视节目制作者。不论是数字电视运营商，还是其他内容生产公司，在电视节目制作方面都会逊色于电视台。因此电视台完全有可能在电视节目制作方面发挥自己的优势，凭借优秀的内容与精良的制作能力来获取更多的观众。

(二)以数字电视为契机,拓宽内容经营思路以增加盈利渠道

数字电视需要大量优秀的电视节目作为自己内容上的优势来宣传并吸纳用户,解决频道数量和内容匮乏方面的矛盾。因此具有专业电视节目制作能力的电视台则成为其合作的主要对象。鉴于此,电视台应该拓宽经营思路,不要将盈利局限于广告收入,而是大力提高节目制作能力,生产出符合大众电视消费要求的节目内容,同时将节目产品多元化。

1. 开办专业付费频道

数字电视带来的付费频道,可以作为电视台推广自身节目,获得利润的新的盈利渠道之一。对于付费频道来说,节目质量才是吸引受众的最关键因素,因此具有专业制作水准的电视台可以生产质量高、针对性强、富有专业性的节目作为自己的商品,与数字电视运营商进行交易,获得节目交易费或者收视费。同时如果高质量节目吸引受众观看,形成一定规模的收视率或点击率,也就形成了新的广告受众群体,对于电视台来说,依旧可以在此基础上进行广告经营。电视台转变自身经营思路,将电视节目作为产品出售。模拟技术把电视节目和广告同时传输到观众眼前,观众可免费获取节目内容,收入来源是广告。数字技术则把节目内容变为商品出售给传输终端的用户,盈利模式也将扩展为广告收入+频道收费+服务收费等多元模式。

2. 开办高清频道

高清频道是数字电视中的高端服务,提供高清内容也是电视台的独特优势所在,目前我国已经正式开办了多套高清频道。高清的制作成本较高,短期内其开办机构还将集中在类似中央电视台、上海文广之类的大型内容提供商,一般电视台还没有实力,但是可关注发展动向,进行相应的技术准备,一旦高清市场发展成熟,就可以快速介入。

3. 提供点播节目源

电视台还可以积极开展以数字电视技术为基础的各类新业务,如交互业务、提供点播节目源等。目前,已经有很多地方的数字电视网络商开办了点播节目,其内容主要来自电视台,而点播节目是数字电视中被普遍看好的业务类型,电视台可以以内容提供商的身份,通过与网络运营商分账,从中分得一份收益。

二、数字化给电视台带来的挑战及对策

(一)收视市场

1. 挑战:收视市场的稀释

数字电视作为新的传播平台,使电视台的内容制作能力变得尤为重要,同时,数字电视频道数量的激增,也在一定程度上分流了频道中传统插播广告的受众市场。

调查中发现,用户在单个频道上停留的时间越来越短:42.2%的人表示在使用数字电视之后,会更加频繁地更换数字电视频道,而且有 42.7%的用户明确表示减少了广告的收看时间,传统插播广告面临受众减少的危机。由此可见,无论是模拟电视平台还是数字电视平台,电视频道的增多,以及用户对内容的主动选择性,都使得电视频道的观众分流,从而减少了电视广告的受众市场份额。对于电视台来说,如果不提高内容制作质量,仍然依靠传统的插播电视广告,数字电视带来的收视率和收视份额市场的竞争将更加激烈。

2. 对策:市场细分与内容强化

面对不断被稀释的市场,首先要做的就是在这样的市场中抓住属于自身的机遇。无论是付费频道还是高清频道都在向更加专业和细分的方向发展,利用对市场的细分来抓住忠诚度较高的观众,从而获得一定的市场份额。另外,对于内容建设的强化也是面对市场稀释这一挑战所必须采取的对策。要在内容上将自身的特色与优势凸显出来,从而与其他竞争对手做出区隔,这样才能获得稳固的市场地位。

(二)广告经营

1. 挑战:压力更为巨大

数字电视另一个显著特征就是用户可以根据自己的意愿点播节目,这一特征使得用户可以选择收看没有广告或很少广告的专业频道。因此即使是在数字电视环境下,电视频道中所播出的与模拟电视相同的插播广告,也同样面临受众减少的危机。这也是数字电视所要面临的一个重大挑战。

2. 对策:将广告变得“主动”

据调查,针对“使用数字电视后,更能接受点击才出现的广告”这一说

法,有46.2%的用户表示同意,说明与传统插播广告相比,点击广告将会更受欢迎,它能为用户收看广告提供更大的自主权。另外,调查结果还表明,主动查找信息形式的广告将成为未来数字电视广告的一种趋势。从调查数据中了解到,有22.7%的用户主动查找以信息形式出现的广告,因为这种形式的广告往往更加具有针对性、非强制性及实用性。可想而知,无论是何种广告形式,只有具有了一定的实用性,为用户提供与其生活息息相关的内容,才能够为用户所接受。同时这个结论也表明,改变单一的广告形式也是电视台改变自身广告经营现状的一个重要手段。

(三)管理体制的调整

1.挑战:管理体制的数字化要求

制播技术数字化和媒资管理系统在电视台中的逐渐运用使得电视台原有的管理制度难以适应现有的数字化和网络化发展。这样往往就会造成硬件方面已经实现数字化而软件管理上却无法跟上数字化脚步的问题。严重时,落后的管理体制和管理方式会制约整个电视台的进一步发展。因此,电视台的管理体制必须进行调整。

2.对策:积极调整相关管理体制

在调整中首先要解决的就是人的问题,由于数字技术与网络技术的不断运用,新型的技术人才需求日益突出,原有人才的知识储备和管理技能都已经不再适应新的形势,因此人员调整在所难免,裁员或者人员培训带来的成本与花费会造成一定的困难。另外,数字化时代电视台的经营模式也需要做相应的调整,整个经营管理方面的制度也要更加适应新的形势和需求发展。新媒体的经营与管理体制显然是与传统电视台的频道管理广告经营不同,如何调整并适应这一方向也是数字化给电视台带来的挑战之一。

第四节　数字化传播技术环境下电影产业的创新发展

数字化技术对电影产业链上各个环节都产生了一定的影响,尤其是在电影的制作、发行和放映三个关键环节。在国际市场,随着数字技术的逐步普及,数字电影也获得了长足的发展。在我国,数字化制作已成为影片质量的重要保证，数字放映的多层次市场应用格局已经初现端倪，新的市场空间正应运而生。当然，我国电影的数字化发展也面临一些问题，比如，资金的缺乏、人才的相对匮乏、技术标准的不统一和产业链的不完整等，但是，可以肯定的是，这些问题都是可以克服的，毕竟电影的数字化发展代表了电影业未来的发展趋势，数字电影的市场空间也是无比广阔的。

一、电影数字化的基本内涵

数字电影是世界电影未来的发展趋势。随着时代的进步，由于多种娱乐方式的激烈竞争，电影再次面临挑战，电影产业呼唤技术变革，在投入巨额资金进行了不断的尝试之后，数字技术的出现与完善终于使电影产业得以重新崛起，“数字化文艺复兴运动”正在全球蓬勃兴起。从完整意义上来讲，数字电影包含了电影制作工艺、制作方式、发行及播映方式上的全面数字化。电脑特技在影片中的大量应用只是数字化在电影制作工艺上的体现。与传统电影相比，数字电影最大的区别是不再以胶片为载体、以拷贝为发行方式，而换之以数字文件形式发行或通过网络、卫星直接传送到影院、家庭等终端用户。数字化播映是由其核心设备——高亮度、高清晰度、高反差的电子放映机依托宽带数字存储、传输技术实现的。在数字化技术下，数字电影、数字电视、数字影院的出现颠覆了原有的电影产业格局，改变了电影产业内各主体的生存角色，电影产业将呈现出崭新的格局。

二、数字化对电影产业的影响分析

电影产业包含紧密互动的三大环节：制片——发行——放映，形成电影产业从“上游”“中游”到“下游”的完整链条。在这个链条中，相应地包含四个密切相关的产业角色：从事剧本开发以及剧组外包业务的电影发展公司；从事电影投资、制作、推广和发行的流程管理的制片和发行公司；为电影项目提供资金支持的外部投资方（包括专门的电影投资基金）；从事电影放映的电影院线。数字化技术在逐渐改变着传统的电影制作、电影发行、电影放映三大环节，下面我们从以下几个方面展开分析。

（一）数字化对制作环节的影响

数字化技术作为电影制片的一种方法，在电影制片的许多方面都已得到应用。数字技术已经可以作为图像传播的手段，只不过是由于电影所要处理的活动图像的数据量十分庞大，存在着一定技术难度，而这些难度已经被证明是可以克服的了。

目前已经出现的数字图像处理应用技术有两种：一种是美国德克萨斯仪器公司（Texas Instruments，简称 TI）开发的数字光学处理器（DLP-Cinema）技术；另一种是 JVC 等公司开发的数字图像光学序列（D-ILA）技术。其中，DLP 技术的核心是数字微镜装置 DMD，即在一个画格大小的装置上覆盖了 130 万个活动悬镜，每个活动悬镜比人的头发直径的 1/6 还小。悬镜每秒以 10 度角倾斜数百次，通过反射或折射光来表示开或关，进而形成图像。DLP 技术已经成功地投入生产和应用，也被好莱坞的电影界所接受，完全达到了 35 mm 胶片的放映效果。2005 年，全球已有超过 2000 万电影观众欣赏过德克萨斯仪器的 DLP-Cinema 放映技术，该技术提供了如导演所期望的最清晰、最锐利、最亮丽且精度最高的影像。而 D-ILA 技术发展则相对缓慢些。

德克萨斯仪器公司研发，并广为全球电影院使用的 DLP-Cinema 技术，在 2005 年度大片《星球大战前传 3：西斯的复仇》的拍摄、后期制作和放映过程中，扮演了关键性的角色。在全片的制作过程中，DLP-Cinema 数字投影机可说是知名导演乔治·卢卡斯（George Lucas）与制片瑞克·麦考伦（Rick McCollum）的得力助手，他们除了运用该投影机观看每日的拍摄片段，并借其先进技术完成后期制作过程中的色彩校正，同时利用 DLP 数字技术所提供的丰富色彩、高对比度及无可比拟的鲜明画质，精准地捕捉黑暗画面中的每一个细节。数字电影投影技术是电影制作过程中的关键，因为该技术充分缩短了制作的时间，并且持续地将完美画面传达到观众的眼前。

现阶段，妨碍数字电影发展的原因之一是数字放映机造价过高，一台 DLP 数字放映机的价格是 35 mm 放映机价格的 3—5 倍。随着技术的完善和批量生产，DLP 数字放映机的价格会有所下降，同时新的更廉价的技术也会出现。

在我国国内市场上，电影高新技术的引进从 20 世纪 90 年代开始，1996 年以后，中国电影界加快了发展高新技术的步伐，上影集团和中影集团（电影科研所）、电影学院先后建立了具有相当规模的数字电影制作系统；同时，以音频工作站和数字非线性编辑为代表的后期制作新工艺开始在全国电影制片厂普遍推广，大部分电影企业现在都已经引入了剪辑和录音合成领域的计算机设备。

在实际创作中，国产影片在应用数字特技的数量、规模，以及技术水平等方面与国外相比还有一定差距，但是目前国内在影片的数字特技制作方面进步很快。例如，1999 年张建亚在《紧急迫降》的 20 多分钟的特技镜头中，使用了 5 分钟的电脑三维影像和大量的模型与数字处理相结合的影像，主要是应用电脑对实拍影像做后期处理。而 2002 年仍是由张建亚执导的影片《极地营救》，在应用数字特技方面又有了新的突破，运用多项先进技术，如三维人体扫描、动态捕捉、大型粒子特效等手段，力求在国内数字特技制作领域中创造多项“第一”：第一部数字特技及合成镜头达 60％的故事片；第一次用数字高科技将泥石流、沙尘暴、雪崩、空难等灾难性场面表现极致化；第一部采用 2000 线高清晰数字摄影机拍摄的影片等。

(二)数字化对发行环节的影响

数字电影最大的好处就是可以大大节省电影发行的费用和时间。由于数字电影的发行不需像传统电影那样洗印大量的拷贝，意味着在发行中，拷贝洗印、运输、存储等巨额费用可以大大降低。由于传统电影拷贝在全国各地的调度、排映比较复杂，因此传统胶片电影的发行期一般在 1 年左右，发行时间跨度非常长。传统的胶片放映一部影片需要有六大片盒，不但运输重约 30—40 斤，且占用空间大，运输极不方便，放映 500—600 次即报废；数字化的拷贝为光盘，一个光盘 100 余元，较洗一个 35 毫米拷贝 7000 余元可以节省 7 成，且易于邮递。若用压缩硬盘，一个放映压缩硬盘 1000 余元，可存储 15 个节目，删除后可多次使用。

(三)数字化对放映环节的影响

2005 年，广电总局投入 2 亿元人民币用于数字影院示范院线的建设，其中 1.5 亿元用于影院建设投资，约 4000 万元用于数字节目的分发和传输。在数字电影的制作方面，中影华龙电影数字节目制作有限公司就是总局投入几千万成立的国家数字电影示范实验项目。

根据 DCI 文件规范，数字放映的分辨率分为 2K 和 4K 两种。2K 数字放映的目标是达到并超过现有的 35 mm 胶片放映的质量，就目前的发行拷贝来看，2K 的数字版已基本达到这个质量了，4K 数字放映的图像质量则全面超越了当前 35 mm 胶片放映的水平，其水平分辨率是 2K 的 2 倍，像素数量是 2K 的 4 倍，能够使观众欣赏到更具感染力和震撼力的画面。

SONY 4K 分辨率对显示器件的技术水平是极大的挑战，索尼采用 SXRD(硅晶体反射显示)器件研发了世界上第一台商用 4K 数字放映机，使 4K 数字放映梦想成真。4K SXRD 的技术水平达到了反射式液晶显示器件的新高度，其开口率为93%，反射率为72%，显示器件面板尺寸1.55英寸，采用4K SXRD显示器件的投影机亮度分别达到了5000，10000和18000流明，对比度超过2000∶1。目前，全球所有商用4K数字放映机都是索尼提供的。

数字电影院已经在较多国家和地区建立，中国的电影放映全数字化系统研究业已启动。全数字化放映系统就是采用数字化放映电子图像，关键技术支持是高亮度、高清晰度数字放映机，技术经济适用的传输介质和数字化制片手段。中国数字电影制片产业化示范工程已经起步，而数字光线处理技术（DLP）在国际上已经是成熟技术，我国可以先走关键元件引进的道路。

总体来说，相对于要与光学技术结合的放映机，数字电影节目的拍摄、存储、传输和播放等相关设备要相对简单得多，索尼（SONY）公司的24p CineAl ta数字摄影机已成功应用到《星球大战前传2：克隆人的进攻》的拍摄中；在放映机房内与放映机一起工作的还有一个储存和管理节目控制的服务器，实际上是一种小型电脑工作站。采用MPEG和小波压缩技术的服务器也由多家公司开发和应用到影院实地放映中，从而在整个电影制作、发行、放映领域形成了成熟而完整的技术与产品序列。

（四）数字化对其他应用环节的影响

除了影片制作与放映领域，数字技术为资料影片的修复、利用也开辟了新的途径。运用数字处理技术修复资料影片，是数字技术运用的有效实践，它可以将资料影片上由于任何原因造成的影像信息的变动，以计算机影像技术进行增优修改、修补或生成等不同处理，使之恢复、接近原有完好或完整时的影像质量，最后还原到胶片上，它能完成通常的感光化学和光机技术等纯理化手段难以做到或根本做不到的影片修复工作。

在这一领域，中影科研所目前已经重点开发完成了“线性划伤处理”“色彩还原”“黑白影片反差调整”“尺寸还原”“影像柔化处理”“抖动处理”“缺损影像生成”等功能模块。这是近几年来中国电影技术工作的重大进展，不仅为有待修复的资料影片提供了可以修复的条件，恢复资料影片的面貌，而且还可以为电影创作直接提供可借鉴的影像资料。

未来的电影产业将建立在数字平台之上，而完整的电影数字平台至少也需要包括两大部分：一是物理平台，主要是指基础设施建设、技术设备提供等，它为数字电影的制作、发行与放映提供了可靠的技术保障，我国目前正在积极建设的数字影院就是其中的一部分；二是内容平台，主要是指建立相当规模的数字电影资料库，将新老影片转换成数字格式，以供数字影院、高清电视，以及多媒体终端播映等，目前我国已经开始进行这方面的工作。而架构在数字平台之上的中国电影产业将在未来形成新的竞争格局。在新的版图中，不仅将增加包括数字设备提供商、数字系统集成商在内的许多新角色，与此同时，产业内部的原有角色也都要对自身进行重新定位。一方面，制作、发行、放映各个环节将加快自身的数字化进程，在技术方面搭上数字化快车；另一方面，数字化大大拓展了电影的放映渠道，未来对“内容”的获取与利用将成为人们争夺的焦点。

综上所述，电影传统的制作、发行、放映的“超稳定”的产业链将被彻底地打破，新的产业运营模式将诞生，对原有的产业结构必须做巨大的调整。新的电影业在保持着其内容之王地位的同时，也将成为整个娱乐、传播业一个积极的组成部分，将成为信息产业的一个部分。

三、数字电影运营模式创新

运营模式一直是影响数字影院发展的重要因素之一，自从数字影院推出以后，各国都在进行不断的研究和探索，美国首先推出“虚拟拷贝费”运营模式，并经过两年多的实践证明在美国是可行的，而且基本达到了各方预期的回报和期望值。但是，这种运营模式在美国以外很难推广，主要是其他各国与美国的情况有较大差别，体现在片源供应不像美国那样集中和单一，各国不可能像美国那样主要发行好莱坞影片；另一方面是影片的发行方式和数字影院的发展规模不同。这两方面原因使得“虚拟拷贝费”模式在其他国家很难推行或无法推行。因此，相关国家也在发展数字影院的同时根据本国和本地区的实际情况探索适合、可行的运营模式，目前包括美国的模式在内，有以下几种运营的模式：(1)虚拟拷贝费模式；(2)租赁模式；(3)院线自购设备与发行商商定分成比例模式；(4)发行商或第三方提供设备，与放映商商定分成比例模式。①

这些不同的商业模式是否适合各自数字影院的发展，还需要经过一段时间来验证和完善，但不论哪种模式，只要能兼顾各方的利益以及能调动各方积极参与数字影院的发展，那就是最佳模式。中国的数字电影院线已经开始着手建立，毫无疑问，这一数字院线将带动和促进我国电影数字化的发展。随着电影数字化的发展，电影的原有产业结构将发生大的调整，

---

① 李枢平：《数字影院发展的突破性计划》，《影视技术》2005年第8期，第4—5页。

产业资源将进行重新整合与重新配置，数字电影的运营模式也将发生改变。

(一)建立、健全技术管理和保障体系

随着新技术的不断应用，数字方式下的电影节目制作、发行和放映，需要在一个统一的技术标准和技术服务平台上实施，数字电影高科技的特点决定了要建立相应的有别于传统行业的特殊的经营组织，形成特殊的技术管理和保障体系。为此，国家广电总局成立了电影数字节目管理中心这一事业单位，并投入大量资金用于电影节目资源整合和系统平台的建立，为国内的电影数字化节目管理、分发和多元化经营提供高质量的技术服务平台。

数字节目管理中心是数字电影发行放映的核心，是由技术人员和技术设备构成的，以技术手段进行处理、发送、管理为内容的数字电影发行放映的基础技术平台。其基本职能包括：对所有数字节目进行加密和解密；对所有数字节目的放映进行传输（方式包括 DVD、宽带网、卫星，目前主要是 DVD）和通过网络直接对每一家影院放映的每一部数字电影进行管理，其中加密、解密的职能尤为重要。

通过对数字电影内容加密和版权管理，强化行政管理手段，规范电影市场，实现市场利益的合理分配，推动电影产业化发展。截止到 2006 年下半年，该中心已初步完成电影数字节目库的基本建设，已完成近 400 部电影节目的数字化转换工作，以及 370 余部故事片的流动放映母版制作。

(二)建设完整的产业链

电影产业链一般由制作、发行、放映三个部分组成，数字电影的运营模式也要求建立完整的产业链。完整的产业链能够降低全行业资源整合的难度，有利于数字电影的运营。

1. 节目(内容)供应

节目（内容）问题一直是数字电影，包括高清电视（HDTV）发展的一个瓶颈。在国内，电影节目供应不足的情况更为明显，因此发展数字电影必须着力解决这一问题。

首先，要加强数字节目的制作，在数字电影的制作方面，国家广电总局投资建立的中影华龙电影数字节目制作有限公司是国内数字节目最大的制作基地，它成为国内主要数字节目，尤其是数字电影节目的最大的供应商。目前，国内还不可能出现《星球大战》那样的完全数字化拍摄的影片，因此主要工作就是将优秀的国产影片数字化，同时，鼓励和加强电脑制作

的动画影片生产。值得注意的是，国产电影数字化一定要在技术上和市场影响上保证影片的质量和效果，数字电影要发展，首先要得到观众的认可，赢得观众和市场。

其次，加强进口影片数字版的引进。进口影片目前仍然在国内电影票房中占有较大比例，近几年美国的主要影片都制作了数字版，因而数字电影院线一定要与相关部门协作（甚至单项统一管理），将进口分账影片（可以包括一些复映片）引进来。与中影影片进出口部门等相关部门的协作是解决节目供应的重要一环，同时也是集团公司发展数字电影团队作战的一个优势所在。

2. 数字电影的发行

在数字电影领域，借助拷贝光盘进行发行的优势已经不言而喻。数字电影管理中心的建立将改变原来的电影发行模式，形成适合数字电影的全新发行模式与保证体系。当技术平台建立，院线初具规模，影片供应基本保证之后，数字电影将通过网络来完成发行工作。因此，数字电影的发行模式可以分三步组成。第一步由邮递光盘放映；第二步将影片上星，由卫星转发到城市影院、社区、其他院线，农村采取非实时放映；第三步采取实时性播放，即一部影片上星后，城市、农村均可实时下载播放，电影市场将可遍及城市、乡村，从节目制作到节目压缩、上星及地面接收网、星网结合都成为一套现代化的科技运营手段（详见图 6-1）。这对于传统拷贝拍摄、发行放映都将是一个质的飞跃。

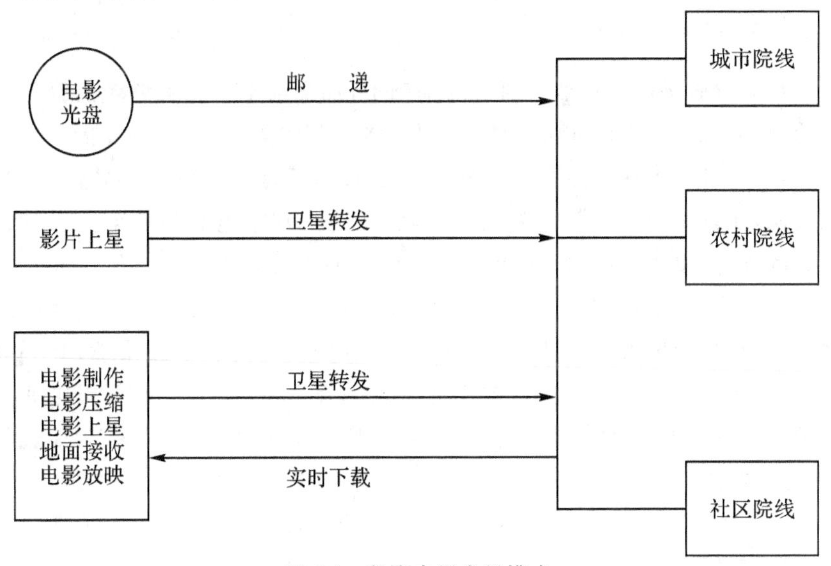

图 6-1　数字电影发行模式

3. 院线管理

数字院线的管理要做到经营管理权的统一。现阶段院线组建和管理过程中，首要的是处理好影院的选择和签约关系，要选择那些在当地有影响的，设施、设备先进的好的影院，同时也要从现实利益上和长期战略上与各个院线和影院统一思想，统一认识。

数字院线发行电影的主要媒介在相当长的一段时间内都将是DVD-ROM，而作为数字化的内容，宽带网络、卫星都可为数字电影提供更优质的、及时甚至更便宜的传输手段。未来数字电影运营的理想蓝图是电影通过卫星发射，每个城市（或中心地区）由一个卫星接收设备进行接收到当地的节目管理中心，再通过网络光缆传输给每一家数字影院的每一个放映厅，在院线总部的计算机工作站对全国的数字院线进行实时管理。这一运营模式的优势体现在经营中就是管理效率的质的飞跃及效益的大幅度提高。波音公司一头扎进数字电影领域就是可以充分而廉价地应用其卫星传输网络，好莱坞对电信公司的忌惮也是由此而来。因而，与卫星通信运营商、电信运营商、网络运营商的合作尽管为时尚早，但却是不可避免的。

此外，数字电影作为一个新生事物，其发展还取决于观众的认可与欢迎，因此，可以从数字技术这一角度，利用数字标识为数字影院颁发统一的标志牌，定期为影院制作统一的映前数字短片，进行大范围的统一宣传活动。

（三）拓展数字电影产业价值链

在完善数字电影产业价值链的基础上，加强与电影相关领域的合作与渗透，拓展数字电影产业价值链，实现更多环节的盈利点。例如，借助数字技术，可以进行多业务运营及横跨电视、网络、音像出版等多媒体，以及主题公园、玩具、食品、服装等多领域的经营，这是数字电影与传统电影相比最大的优势，也是拓展数字电影产业价值链的主要方式。

一方面，数字院线建立之后的相当一段时间都将面临节目短缺的问题，需要迅速地发展其他业务，例如，举办音乐会实况转播或录播、开展远程教育、举办大型会议等。这样不但可以弥补这一不足，而且可以迅速建立起行之有效的盈利模式，从而在一定程度上保证快速回收投资，促进数字电影的健康和持续发展。

另一方面，从经济学角度看，电影生产出来以后，每增加一个消费者的边际成本微乎其微。成功的电影可以低成本地扩展到电视剧、动漫游戏、小说的生产中，并衍生玩具、服装等产品。因此电影经济既是规模经济也是范围经济。

将电影这种范围经济效益发挥到最大的一个例子就是好莱坞，好莱坞电影企业收入的20%来自电影票房，80%来自电视播放版权及VCD等音像版权以及后电影开发（也有一种说法是好莱坞电影“三三制”，即票房、版权、后电影开发收入各占1/3）。[①]

借鉴好莱坞电影的盈利模式，我们可以将电影产业的价值分为三个层面：票房价值、跨媒体价值和多领域价值。票房价值层面主要是影片的国内和海外票房收入；跨媒体价值层面主要包括电视播放版权、音像制品（VCD、DVD、录像带、磁带等），以及动漫、游戏、报纸、短信等；多领域价值层面主要指除电影领域之外的纪念品、玩具、食品、服装、主题公园、度假村等其他领域产生的价值。而其中居于核心地位的是电影票房价值，也是跨媒体价值和多领域价值的基础，跨媒体价值和多领域价值则成为电影产业链延伸与拓展的主要盈利点。按照好莱坞的说法，电影的票房价值是“火车头”。电影跨媒体价值和多领域价值能否产生，产生的价值量有多大，主要取决于电影票房价值的大小，只有电影获得了巨大的票房，才能带动其后电影开发产品的热销。

电影产业以电影票房为核心价值，通过整合其他媒体资源（电视、音像、动漫、报纸、电讯等）、文化旅游资源（主题公园、度假村等），以及其他市场资源（如玩具、食品、服装等），来充分满足消费者的消费需求，从而实现资源配置的最优化和价值的最大化，这就完成了电影产业价值链的拓展与延伸。因此，电影产业价值链能否良好运作，从而实现电影产业价值的最大化，关键在于能否生产出具有巨大票房潜力和流行价值的影片。

作为“内容之王”的电影插上了数字化的翅膀后，已经可以飞得更高更远了。数字化的电影可以更容易地转变为电视、DVD、录像、网络节目，依据电影制作的数字游戏也变得更为方便。实际上，数字电影为“后电影产品”的开发提供了巨大的源泉与动力。数字电影带动了相关产业链的发展，振作了整个电影市场，并激活了广告、招商等多种功能。随着数字影院数量的增加和片数的更新，其社会效益和经济效益会越来越大。

---

① 姚志文：《对中国电影产业发展的几点建议》，《浙江传媒学院学报》2006年第6期，第16页。

第五节 数字化传播技术环境下出版产业的创新发展

近几年，我国数字出版产业取得了较大的发展，对传统出版行业也产生了很大影响。虽然出版社在整个数字出版产业链中仍处于核心地位，但其功能有所减少，对整个产业链的重要性和控制力也相对减弱。

一、数字出版的基本内涵

数字出版是传统出版的延伸和发展。从时间上看，中国数字出版的发展历史并不久远，但是随着数字技术的飞速发展，数字出版的发展速度远远超出了我们的想象。数字出版产业的覆盖范围与我们每个人的工作、生活都息息相关，例如CD、DVD、电子书、在线网络、MP3，以及通过手机下载彩铃、彩信、图书、图片等。从某种意义上讲，只要使用二进制技术手段对出版的整个环节进行操作，都属于数字出版的范畴，其中包括原创作品的数字化、编辑加工的数字化、印刷复制的数字化、发行销售数字化和阅读消费数字化等，数字出版的产物在丰富了出版物内容和形式的同时，也改变了人们的生活方式和消费理念。

当然，理解数字出版不应该仅仅从存储介质的角度出发，而应该从数据加工处理的方式、存储的模式和传输的形式三个方面进行概括。综合而言，数字出版既有狭义的行业特性，又有广义的社会特性。在这里，我们所定义的数字出版，指的是在出版流程的各个环节采用数字技术，从内容创作、采编、印刷到发行，即将各种文字、图片、声音、影像等信息以数字化形式进行编码和存储，根据市场需要对这些信息进行选择、编辑、加工、整合，然后以纸介质出版物、封装型电子出版物或网络出版物等形式投放市场。数字出版物形态以及发行渠道都具有明显的数字化特征。

（一）数字出版的形式

从数字出版涵盖的领域来讲，包括手机出版、博客出版、网络学术出版、网络游戏出版、软件出版、网络杂志出版、网络广告、网络音乐、影视出版、动漫出版等多种形式。[①] 从出版物的形态构成来看，数字出版大致可以分为电子出版和网络出版两种。

1. 电子出版

电子出版出现的时间比较早，指的是以软磁盘（FD）、只读光盘（CD-ROM）、交互式光盘（CD-I）、照片光盘（Photo-CD）、高密度只读光盘（DVD-ROM）、集成电路卡（IC-Card）等电子介质为载体的出版形态，具体说就是将文字、图片、影音、计算机程序等内容存储于以上所说的几种载体，进而形成的一种出版物形态，通常称为封装型电子出版物。

2. 网络出版

网络出版根据最终出版物的形式来区分，大致可以分为电子书（eBook）出版和按需出版（Print On Demand，简称 POD）两种。电子书出版，指通过互联网直接发布电子图书数据信息，供读者通过上网的计算机终端或移动阅读终端有偿或无偿地阅读、检索、复制或下载。而按需出版，即根据需求印刷的一种出版方式，避免了传统印刷存在"起印数量"问题的限制，完全可以根据需求的数量出版印刷，既可以做到零库存出版，也可以使作品出版不必囿于商业价值。

（二）数字出版的特点

数字出版的整个环节都采用了数字技术，因此生产效率得以大大提高。通过对比可以发现，与传统出版相比，数字出版具有以下几个明显的特点：

（1）快速查询。数据库技术的引入，海量内容可以在计算机上按照一定的排列规则进行有序存储，从而实现快速查询。

（2）海量的存储。随着信息技术的不断更新换代，单位内容的存储成本以几何级的速度下降，这为海量内容的存储提供了现实可能性。

（3）低廉的成本。数字出版成本的下降，不仅仅体现在存储成本的下降，更为重要的是，由于编辑、出版、发行和用户接收等各个环节都实现了数字化，人员、厂房和出版介质等方面的需求量大大降低，这些都可以降低出版的成本。

（4）方便的编辑。电脑在数字出版行业的广泛使用，使编辑、校对等环节的实现过程更为便捷，因此可以及时发现问题所在并进行有针对性的修改。

（5）更加环保。数字出版的环保特性主要体现在接收终端的变化上，

---

① 葛存山、张志林、黄孝章：《数字出版的概念和运作模式分析》，《北京印刷学院学报》2008 年第 5 期，第 2 页。

图书、影像制品被电子书、电子阅读器、电脑、MP3 等终端取代。

此外，也有业内专家在考察国外数字出版产业发展状况之后，总结出数字出版的几个基本特点：一是具有数字记录、储存、呈现、检索、传播、交易的特点；二是在网络上运营，能够实现即时的互动以及在线检索等功能，具有创造、合作、分享的特点；三是具有能够满足大规模定制个性化服务需要的特点。

（三）数字出版的发展趋势

考察数字出版的未来发展趋势，有两个方面的动向是我们不能忽视的：一方面是新技术（新的终端类型）在数字出版产业的应用，另一方面就是受众在内容消费行为上的演变。这两个方面也是预测数字出版行业未来发展趋势的两个基本点。综合业内专家的观点以及我们的观察发现，数字出版的未来发展已经呈现出以下几个明显的发展趋势。

1. 数字出版产业的专业化发展

数字出版是一个技术密集型和知识密集型的行业，人才是其中一项极为重要的资源。从目前的状况来看，大量优秀的专业出版人才，几乎都集中在传统出版领域，真正从事数字出版的，多是些 IT 业人士。这就使数字出版无论是内容还是包装、推广，都呈现出一种“技术化”和“边缘化”的特点。可喜的是，已经有越来越多的专业出版人才进入数字出版领域，传统出版社对数字出版也显示出越来越大的热情。大量专业出版人才的进入、传统出版社的参与、产业的进一步成熟，都将促使数字出版从“边缘”走向“核心”，同时使各产业链参与方的职责更加明晰，水平更加专业。

2. 内容产品进一步丰富

目前我国数字出版的内容，主要是学术文献、传统出版物的电子版和 eBook 三种，eBook 也多以中国传统典籍和学习资料为主。可以肯定的是，在消费领域处处彰显个性的今天，人们需要丰富多彩的数字出版物。当需求增长到一定程度之后，必将会刺激生产、促进生产，从而使得内容产品的种类和类型进一步丰富。

3. 阅读方式的便捷化发展

近几年，移动人群规模的不断发展壮大成为业界、学界所研究关注的焦点，移动阅读渐成规模，以手机为代表的移动终端成为大众阅读的主要载体。另外，技术的发展会催生新的、更便捷阅读方式的产生，比如可与手机配合使用的随身便携式阅读器、车载阅读器等。

4. 出版服务的个性化发展

数字出版的一个突出特点就是可以极大地满足读者的个性化需求，出版物“定制化”的模式马上就会到来。数字出版可以使读者做到“买自己想买的”，“读自己想读的”。新的数字出版服务，会通过跟踪和分析，掌握读者的阅读习惯，从而提供“量身打造”的个性化服务。

二、我国数字出版内容产业存在的问题及其对策研究

从目前我国整个出版行业的现状来看，传统出版行业具有内容资源方面的优势，在整个出版行业也占据绝对的优势。但传统出版社对数字出版的态度仍然非常“暧昧”：既希望通过涉足数字出版找到新的利润增长点，用好自身的资源优势；又对进入数字出版业务的途径与模式心存疑虑，在投入规模、路径选择上瞻前顾后、犹豫不决。因此，从传统出版行业介入数字出版业务的深度和积极性来看，出版业向数字化的全面转型还需要一定的时间。此外，数字出版产业链尚不完善，再加上版权问题的长期纠纷以及行业标准的迟迟未能确定，这些都是数字出版产业亟须解决的现实问题。

数字出版是一个新兴的产业，它不仅涉及传统出版行业的数字化，而且吸引了各种新型角色的加入，如技术服务商、终端制造商等。从某种意义上讲，数字出版是传统出版行业的更新换代，因此在转变的过程中肯定需要一定的时间来适应。就目前来看，以下的几个问题可能是比较突出的。

（一）传统出版业数字化步履维艰与“观望”态势

传统出版社不自觉地、被动地卷入数字化浪潮之中，虽然他们拥有内容资源的巨大优势，但他们在目前的数字出版业务中所得甚少。传统出版业当然看得到数字出版的美好愿景，同时也能感受到数字出版巨头的威胁。但传统出版业既囿于观念问题，也限于实力问题——图书产业利润率低，企业积累的发展资金规模不大，而数字出版业务的前期投入巨大，现有的数字出版模式一般都需要较长的培育周期与较大的资金支持，单一出版企业难以开展规模化的数字出版业务。因此，绝大部分的传统出版社对数字出版持观望态度。

此外，出版机构的组织变革涉及众多方面，我国的出版业体制改革虽已开展多年，不少出版机构已经改制，但总体来说仍在摸索期，企业组织变

革仍然滞后，计划经济的思维还没有完全转向市场经济的思维，很多地方都有待大破大立。开展数字出版业务，出版单位需要务实面对并妥善解决企业经营管理、执行效率、员工的素养、业务面貌、公司文化、合作伙伴、上下游合作等问题。市场时刻在变化，组织却岿然不动，僵化的管理制度是出版机构内部信息资源整合的最大阻碍，缺乏上下通路和灵活的用人机制和留人机制，出版机构必然缺少生命力和活力。数字出版环境要求出版机构能够对大量复杂的市场及客户信息做出快速准确的反应，而传统的管理体制由于存在繁多的监控制度和审批手续，往往使出版机构丧失了市场的竞争优势。

(二)版权问题是数字出版的核心问题

考察数字出版产业目前发展的整体状况，版权问题一直是困扰其发展的核心问题之所在。与传统出版形式相比，数字出版物的复制、整合及传播在技术上更容易实现，因此侵权的手段也更隐蔽、成本更低、影响范围更广、危害也更大。

数字侵权的形式有很多种，大致上包括：未经许可把他人作品放在互联网上供人浏览，或者存储在一定的介质上复制并传播；未经许可删改作者姓名、作品内容或者冒用作者的姓名；非法利用技术手段入侵他人网站，改动网站内容或者破解他人的加密技术，使得传统版权保护机制失去作用。

我国数字出版产业链由于数字作品的版权不能得到有效保护，著作权人的权益得不到保障，网络传播商没有取得有版权的数字作品的合法传播权，再加上广大网民用户缺乏良好的版权保护意识以及正确的数字消费观等，导致我国数字出版产业链不完善，无法进行正常的产业循环，数字出版业难以得到健康发展。

(三)数字出版产业链内部关系有待调整，标准不统一，盈利模式不成熟

目前，在我国的数字出版产业链中，技术提供商暂时处于领先和主导地位，而传统出版社基本处于被动和劣势地位。技术提供商以其雄厚的资金、先进的技术和充分市场化的体制机制收购传统出版社，把传统出版社的内容产品列入自己的数字出版计划表。我们知道，技术壁垒对出版产业发展来说是暂时的，谁对内容资源拥有更强的整合与拓展能力，谁能提供更好、更高、更专业的个性化服务，谁才能拥有真正的核心竞争力，才能掌

握市场，在权益的制衡中拥有主动地位。数字出版产业目前存在的问题还需要出版商根本观念的转变。

再者，行业标准，尤其是内容编辑标准，也是数字出版行业的一个关键问题。不仅是各个出版社之间，即便是同一出版社的不同图书也没有这种标准。图书的内容信息只能简单地堆砌存储，不便于检索，致使图书内容信息的再次利用非常吃力。除非针对本书再版，否则很难有再次利用的价值，不能够迅速地形成满足客户需求的信息集合。

最后，数字出版缺乏成熟的盈利模式。数字出版从创作到制造、流通和消费都需要采用全新的商业模式，需要将计算机网络技术、电子商务技术相结合，构建出版生产、信息资源和要素公开交易的平台，降低交易成本，推动数字出版物的流通。但是，由于数字出版目前发展的时间还比较短，市场规模发展还十分有限，绝大部分传统出版社缺席数字出版领域，新的产业链没有真正建立起来，这是目前国内数字出版盈利微薄的主要原因之一。

（四）数字出版的专业人才较少，营销推广的力度不够

数字出版是一个技术和人才密集型的新兴产业，它与传统的出版行业存在着根本性的区别。目前，数字出版行业以传统出版行业从业人员和技术服务人员为主，熟悉数字出版的专业人才还是很少的。

营销推广不足可看作是上述问题的延伸。数字出版与传统出版的用户习惯存在很大差异，消费习惯和购买行为也有诸多不同，这也需要数字出版商在推广数字产品时有与销售传统纸书完全不同的思维。而目前在传统出版单位中，几乎没有真正意义上的数字产品营销人员；在技术商中，数字产品的营销和推广也主要局限在团体机构用户中，面向一般读者，缺少成熟的、系统的、行之有效的销售办法。

三、我国数字出版产业创新发展思路

发展数字出版产业是一个系统工程，它需要传统出版机构根本观念的转变，需要体制和机制的调整，需要产业链各方的积极参与和协作，更有待于受众市场的发展成熟。在此，通过综合整理业内专家和行业一线人员的观点意见，我们提炼出一些发展数字出版产业的意见和建议，借此提供一定的参考价值。

(一)传统出版机构转变观念,积极发展数字出版产业

在越来越多的技术商入驻数字出版领域后,消极等待和观望挽救不了失去的阵地,传统出版社寻求破局也是大势所趋。另一方面,随着传统出版业务利润率的持续下降,拥有内容资源优势的出版社通过积极发展数字出版也是提高内容效率、扩大收益的一种有效途径。

目前,国内一些出版集团也纷纷开始采取积极姿态,或成立数字出版部门,或上马数字出版项目,寻求由传统出版社组成的合纵连横之势,由传统内容制造商向数字内容创造商的转型。例如,商务印书馆和上海世纪出版集团都推出了工具书网络版;高等教育出版社建立起立体化教材资源库,每一个资源库都有与这个体系相配套的学科网站;知识产权出版社则将按需印刷作为数字转型突破口,2007 年每月印刷量已达到 2000 万册以上。而这些出版社的成功,都有一个前提条件,那便是根据出版社自身的特点,寻找一条适合出版社发展的数字出版道路。

(二)完善版权保护的法律法规,加大数字出版版权保护的力度

国家根据新形式出台数字版权保护的相关法律法规。2005 年 5 月 30 日,我国出台的第一部网络著作权行政管理规章《互联网著作权行政保护办法》,填补了网络信息传播权行政保护方面规范的空白,巩固了版权这一数字出版的基石,为正在制定中的"信息网络传播权保护条例"的立法进程和立法质量打下了良好的基础。但是,持续不断的版权纠纷还是昭示着版权保护的相关法律法规有待进一步的完善,而只有完备的版权保护法律法规,才能保证版权纠纷案件有法可依。此外,加大对版权侵犯行为的打击力度也是非常必要的,尤其是对那些在社会上产生较大影响力的大案要案,可以起到警示作用。

目前,国家已将"版权保护技术开发工程"列入国家"十一五"文化发展纲要,将从技术层面、政策监管层面细化规则,加强版权保护的力度和强度。因此,随着数字出版市场发展程度的成熟和产业链的不断完善,以及民众版权保护意识的逐步提高,数字出版的版权问题将会有所解决。

我们可以参考国外在数字版权保护方面的一些经验。在一些版权体制比较健全的国家,如美国在 1998 年的《数字千年版权法》(Digital Millennium Copyright Aet,简称 DMCA)中规定,破解版权技术是违法行为,并定义了版权管理信息(如作者、联系方式、授权条件、权利有效期等),这不仅可以标示权利人,方便用户获得作品使用许可,还可以监控用户使用情况,防止

侵权行为的发生。DMCA 的颁布对网络环境下的数字图书馆和非网络环境下的传统图书馆所享有的版权权利和应承担的版权责任做出了明确的规定。这些都在很大程度上杜绝了数字作品的不正当使用,又能够保证数字出版、发行、传播等环节能在合理的法律环境下有秩序地进行。它虽然只是美国国内立法,但该法的实施对全球知识产权产生了重大的影响,同时也为我国数字出版版权问题的解决提供了一些有益的参考和借鉴。

(三)调整产业链内部关系,鼓励出版社与技术服务商采取多样化合作方式

我们应该看到,在传统的图书出版社内积聚着很深的文化沉淀,或是已广被大众认可,或是拥有品牌效应,而这些积累都是无可替代的,这种无形的资源也是传统出版社数字出版发展道路上破局的关键。

通过考察国外数字出版产业发展比较成熟的国家和地区,我们可以发现,拥有内容资源的出版社依旧在数字出版产业占据主导地位。国外数字出版产业链的发展状况预示着:我国传统出版组织在未来数字出版的发展前景是十分广阔的,出版社最终应该担当产业主导者的角色。通过前面内容的介绍,我们可以发现我国目前的数字出版还是技术服务商暂时处于主导地位,因此,非常有必要通过鼓励出版社与技术服务商之间采取多样化的合作方式,充分利用对方的核心优势资源,探索双赢的合作模式。

互联网服务商谷歌与出版商的和解,以及两者的合作方式值得借鉴。在版权纠纷处理上,谷歌支付 1.25 亿美元,其中包括向非营利的图书版权注册机构提供 3450 万美元。谷歌还为已经扫描的数百万本图书支付费用,每一本完整的图书的扫描要向版权拥有者支付 60 美元。谷歌还向美国作家协会和出版商协会支付律师费。谷歌图书搜索计划产生的任何销售、订阅和广告收入都将在版权拥有者和谷歌之间分配,分配的比例是 63∶37。谷歌同出版机构的合作模式证明了两者之间存在共赢发展的可能性。

参考文献

一、专著

[1] [美]戴维·英谢拉.权力的浪潮——全球信息技术的发展与前景(1964—2010)[M].高戈,等,译.北京:社会科学文献出版社,2002.

[2] [美]杰夫·马德里克.经济为什么增长[M].乔江涛,译.北京:中信出版社,2003.

[3] 王菲.媒介大融合[M].广州:南方日报出版社,2007.

[4] [意]玛格赫丽塔·帕加尼.多媒体与互动数字电视——把握数字融合所创造的机会[M].罗晓军,等,译.北京:人民邮电出版社,2006.

[5] 马健.产业融合论[M].南京:南京大学出版社,2006.

[6] [美]苏珊·泰勒·伊斯曼,道格拉斯·A.弗格森,罗伯特·A.克雷恩.媒介COO:广播·电视·网络运营实务[M].李德刚,何玉,译,北京:华夏出版社,2004.

[7] [英]丹尼斯·麦奎尔.受众分析[M].刘燕南,等,译.北京:中国人民大学出版社,2006.

[8] [美]约书亚·梅罗维茨.消失的地域:电子媒介对社会行为的影响[M].肖志军,译.北京:清华大学出版社,2002.

[9] 田智辉.新媒体传播:基于用户制作内容的研究[M].北京:中国传媒大学出版社,2008.

[10] [澳]Stephen Quinn,[美]Vincent F. Filak.媒介融合——跨媒体的写作与制作[M].任锦鸾,译.北京:人民邮电出版社,2009.

[11] 肖东发,张文彦,等.出版创新与中国文化软实力[M].北京:中国社会科学出版社,2011.

[12] [美]尼古拉·尼葛洛庞帝.数字化生存[M].胡泳,等,译.海口:海南出版社,1996.

[13] 熊澄宇.信息社会4.0:中国社会建构新对策[M].长沙:湖南人民出版社,2002.

[14] 黄升民,等.数字电视产业经营与商业模式[M].北京:中国物价出版社,2002.

[15] 北京印刷学院北京出版产业与文化学术创新团队.首都出版业可持续发展研究报告[M].北京:北京艺术与科学电子出版社,2007.

[16] 刘婧一.应对媒介融合——新环境下的电视节目营销[M].北京:中国传媒大学出版社,2008.

[17] 陆小华.整合传媒:传媒竞争趋势与对策[M].北京:中信出版社,2002.

[18] 杨溟.媒介融合导论[M].北京:北京大学出版社,2013.

[19] 黄升民.数字传播技术与传媒产业发展研究[M].北京:经济科学出版社,2012.

[20] 赵子忠.内容产业论[M].北京:中国传媒大学出版社,2005.

[21] 黄升民,周艳,王薇.内容银行[M].北京:清华大学出版社,2013.

[22] 蔡敏,韦文杰.媒介融合胜出战略[M].北京:中国书籍出版社,2012.

[23] 周莹.内容平台:重构媒体运营的新力量[M].北京:中国传媒大学出版社,2012.

[24] 王天铮.电视内容产业整合研究[M].北京:新华出版社,2011.

[25] 魏农建.产业经济学[M].上海:上海大学出版社,2008.

[26] 惠宁.产业集群的区域经济效应研究[M].北京:中国经济出版社,2008.

[27] 何雄郎,李国平.产业集群演进机理与区域发展研究[M].北京:中国经济出版社,2009.

[28] 吴德进.产业集群论[M].北京:社会科学文献出版社,2006.

[29] 秦铁辉.企业信息资源管理[M].北京:北京大学出版社,2006.

[30] 乌家培.经济信息与信息经济[M].北京:中国经济出版社,1991.

[31] 郑继芳.现代企业信息资源管理[M].武汉:华中理工大学出版社,1990.

[32] 苗东升.系统科学精要[M].北京:中国人民大学出版社,1998.

[33] 杜栋,蒋亚东.企业信息资源管理[M].北京:北京交通大学出版社,2006.

[34] 张咏华.媒介分析:传播技术神话的解读[M].上海:复旦大学出版社,2002.

[35] 程予诚.新媒介科技论[M].苏州:苏州大学出版社,2005.

二、文章

[1] 鄂云龙.数字图书馆——信息时代发展新阶段的国家级挑战[J].情报资料工作,2001(5).

[2] 唐鹃,缪其浩.信息资源建设和内容产业[J].情报学报,2001(4).

[3] 戴建军. 中国数字内容产业发展的问题与建议[N]. 中国经济时报, 2010-08-24.

[4] 山红梅,邹佳利. 数字内容产业在我国发展面临的困境及对策研究[J]. 西安邮电学院学报,2012(2).

[5] 李东平. 当下新媒体发展的新趋势[J]. 今日科苑,2013(11).

[6] 钱宗珏,寿国础,王宁璞."信息高速公路"的发展及其影响[J]. 通信学报,1994(6).

[7] 何枭吟. 美国数字经济研究[D]. 吉林:吉林大学,2005.

[8] 钱宗珏."信息高速公路"的目标、内容、意义及其影响[J]. 电信科学, 1994(11).

[9] 郭庆光. 21 世纪美国广播电视事业新构图——《1996 年电信法》的意义与问题[J]. 国际新闻界,1996(6).

[10] 国外信息资源产业发展状况[J]. 石油工业计算机应用,2007(3).

[11] 赵放. 日本经济为什么缺乏景气实感[J]. 现代日本经济,2013(1).

[12] 戴铮. 连续八年下滑:日本出版业销售额创二十六年来新低[N]. 中华读书报,2013-02-06.

[13] 闫世刚. 数字内容产业发展的东亚模式及其借鉴[J]. 特区经济,2010(6).

[14] 平力群. 从振兴内容产业看日本国家软实力资源建设[J]. 日本学刊, 2012(2).

[15] 唐向红,李冰. 日本文化产业的国际竞争力及其前景[J]. 现代日本经济,2012(4).

[16] 王漱蔚. 媒介融合:传媒业发展的必然趋势[J],当代传播,2009(2).

[17] 蔡雯. 融合:新闻传播正在发生重大变革[J]. 新闻战线,2009(6).

[18] 蔡雯. 从"超级记者"到"超级团队"——西方媒体"融合新闻"的实践和理论[J]. 中国记者, 2007(1).

[19] 刘艳,童婵瑶. 媒介融合的动力分析[J]. 现代视听,2008(12).

[20] 陶喜红. 媒介融合的效应分析[J]. 新闻界,2007(6).

[21] 唐自华. 人大代表谏言 "三网融合"[J]. 中国新通信,2006(7).

[22] 关梅. 媒介融合的现状及其应对[J]. 新闻爱好者,2008(3).

[23] 吴晓珍. 媒介融合情境下中国传媒产业面临的转型[J]. 新闻天地, 2009(2).

[24] 周振华. 产业融合:新产业革命的历史性标志——兼析电信、广播电视和出版三大产业融合案例[J]. 产业经济研究,2003(1).

[25] 唐颂. 产业融合问题的研究[D]. 上海:上海大学,2004.

[26] 胡永佳.产业融合的经济学分析[D].北京:中共中央党校,2007.
[27] 马健.信息产业融合与产业结构升级[J].产业经济研究,2003(2).
[28] 周兆华.数字化时代新闻编辑的角色定位[J].现代视听,2007(10).
[29] 霍静.报业:怎样在数字化趋势下寻求突破[J].中国记者,2008(2).
[30] 罗自文.新型“村落”的崛起:媒介社区的内涵与本质[J].国际新闻界,2011(10).
[31] 刘玉清.媒介融合中的编辑流程再造与编辑能力要求[J].中国编辑,2009(4).
[32] 高钢,陈绚.关于媒体融合的几点思索[J].国际新闻界,2006(9).
[33] 王丽萍.媒介融合:传媒与受众全新对话平台[J].中国传媒科技,2009(8).
[34] 彭兰.如何从全媒体化走向媒介融合——对全媒体化业务四个关键问题的思考[J].新闻与写作,2009(7).
[35] 梁媛,彭祝斌.新闻报道形式创新的途径与方法[J].新闻战线,2009(2).
[36] 刘寒娥.融合新闻理念对新闻报道方式的影响[J].新闻实践,2007(10).
[37] 夏鸿.手机彩信杂志的“精益生产”[J].中国传媒科技,2009(3).
[38] 王耀国.手机电视怎么做——上海“东方龙”的运营实践[J].中国记者,2006(4).
[39] 蔡骐.手机报的盈利模式与发展瓶颈[J].传媒观察,2010(10).
[40] 栾轶玫.融媒体时代新闻生产的流程再造[J].视听界,2010(1).
[41] 付晓燕.BBC 官方网站在媒介融合中的角色与作用[J].中国记者,2009(9).
[42] 辛文婷,李宥儒.媒介融合语境下的出版传播[J].青年记者,2010(35).
[43] 闵大洪.数字化时代与数字化传媒[J].新闻实践,2001(11).
[44] 廖荣生,支琤.一种基于 JPEG2000 的数字电影播放系统的设计与实现[J].电视技术,2005(10).
[45] 王琦.数字电影和 JPEG2000 图像压缩技术[J].影视技术,2004(1).
[46] 郝振省,等.手机出版的规模及预测[J].出版发行研究,2007(1).
[47] 朱诠,刘玉柱.二维码与平面媒体功能的拓展[J].传媒,2007(7).
[48] 鱼明.应用层组播协议的分析与比较[J].榆林学院学报,2007(2).
[49] 庄传伟.报业数字化转型的立体策略[J].新闻战线,2007(6).
[50] 陈芸.传统报业:数字化下求生存[J].青年记者,2007(1).
[51] 胡春磊.中国报业的数字化突围[J].传媒观察,2007(4).
[52] 黄升民,宋红梅.回望与前瞻:广播媒体产业化发展轨迹解析[J].现代

传播,2006(6).

[53] 李枢平.数字影院发展的突破性计划[J].影视技术,2005(8).

[54] 姚志文.对中国电影产业发展的几点建议[J].浙江传媒学院学报,2006(6).

[55] 新浪新闻中心.新安晚报全媒体新闻采编团队诞生[EB/OL].[2010-11-22]. http://news.sina.com.cn/m/2010-11-22/140821513110.shtml14.

[56] 腾讯网腾讯新闻中心.多家华文媒体合并组建世界华文媒体集团[EB/OL].[2008-04-30]. http://news.qq.com/a/20080430/003566.html16.

[57] 郑雄伟.亚太总裁协会郑雄伟发布《全球文化产业发展报告》[EB/OL].[2012-02-06]. http://finance.sina.com.cn/hy/20120206/09-2711319156.html.

三、外文资料

[1] Douglas McGray. Japan's Gross National Cool[J]. Foreign Policy, 2002(5).

[2] Japanese Economy Division. Japanese Film Industry[R]. Japan Economic Monthly, 2004(5).

[3] Kumiko Iwazaki. Development of Digital Science Museum based on Visitors's Emories[J]. Journal of Socio-informatics, 2012(9).

[4] Statistics Bureau of Japan. Results of the 2011 Survey on Time Use and Leisure Activities[R]. News Bulletin, 2012.

[5] Rich Gordon. The Meanings and Implication of Convergence in Kawamoto. Digital Journalism: Emerging Media and the Changing Horizons of Journalism[M]. Rowman & Littlefield Publishers, 2003.

[6] 株式会社ヒューマンメディア. 日本と世界のコンテンツ市場データベース 2012 [R/OL]. http://humanmedia.co.jp/database/PDF/release2.pdf, 2012-12.

[7] Dick Kaser. SIIA's Global Information Industry Summit: Content Industry Considers Business Models. Information Today [EB/OL]. www.infotoday.com.

[8] Hsin-Hann Tsai, Hong-Yuh Lee, Hsiao-Cheng Yu. Developing the Digital Content Industry in Taiwan[EB/OL]. www.interscience.wiley.com.

[9] Justin Pearse. Pact is well Placed to Serve the Digital Content Industry [EB/OL]. http://www.nma.co.uk/.

[10] The Korea Times. Korea to Invest W21 Billion in Digital Contents Industry[EB/OL]. http://times. Hanko oki. eomjlPage/tech/200502k/t2005021417553912350. htm.

[11] Carr,Nicholas G. It Doesn't Matter[J]. Harvard Business Review, 2003,81(5).

[12] Michael Hammer. Reengineering Work: Don't Automate[J]. Havard Business Review,1990(7).

[13] Thomas H. Davenport,Laurance Prusak . Information Ecology:Mastering the Information and Knowledge Environment[M]. Oxford University Press,1997: 204—211.

[14] Marshall A. Principles of Economics[M]. London: Macmillan Press, 1920: 1877—1890.

[15] Growston, Kevin. Information Technology and the Transformation of Industries: Three Research Perspectives[J]. Journal of Strategic Information Systems, 2004(3):5—28.

[16] Nick Mooer,Acumen. European Content for the21 century: A Forecast to 2005[EB/OL]. http: www. acumenuk . co. uk/paapers/European _ content _visi on. php.

后　　记

数字内容产业作为一种新型的热门产业，自然引起了许多专家学者的关注。综观现有的关于数字内容产业的研究成果，仍然存在一些不足，表现为：第一，关于数字内容产业研究的文献很多，但大部分停留在数字内容产业的概念、国内外经验借鉴，以及现状和不足等定性描述研究上，很少探究数字内容产业发展的深层次问题，缺乏系统的专门性研究；第二，媒体融合的不断推进对数字内容产业的发展形成了冲击，这是亟待解决的关键问题，但当前将媒体融合与数字内容产业二者关联起来进行系统研究的几乎没有。

正是在这样的背景下，笔者近几年便开始着手数字内容产业的资料收集和研究工作，并于 2013 年以"媒体融合时代浙江数字内容产业发展研究"为题申报杭州哲社规划课题，获准立项为年度重点课题，同时还获得浙江省社科联年度课题立项。通过这两项课题一年多的研究，笔者探明了浙江数字内容产业发展的现状以及诸多相关问题，并发表了系列相关成果。随着时间的推移，媒体融合和数字内容产业均出现了新的变化，为了使研究能够适应新的变化，笔者于 2014 年在原有的基础上以"媒体融合背景下浙江数字内容产业创新发展研究"为题申报了浙江省社科规划课题，并重点在"创新发展"上开展研究，结果被立项为 2014 年度浙江省社科规划课题。

本书便是 2014 年度浙江省社科规划课题"媒体融合背景下浙江数字内容产业创新发展研究"（项目编号：14NDJC155YB）的阶段性研究成果，这本书得以问世首先要感谢浙江省哲社规划办的立项和资金支持，同时也感谢浙江工商大学人文与传播学院的领导和同事们的支持与帮助，感谢我研究生时期的导师张梦新教授和邵培仁教授，感谢我的家人刘辉和周子翔对我撰写书稿给予的支持，感谢浙江工商大学出版社的蒋红群编辑。特别值得一提的是，就在本书即将出版之时，收到来自上海师范大学的博士录取通知书，并于9月入读上海师范大学都市文化学广告传播与都市文化方向。在此，我要深深感谢我的博士导师金定海教授，感谢金教授给予我继续深造和提高自我的机会。此外，本书的撰写过程中，参阅了大量的国内外资料，包括最新出版的各种书刊和网上资料，在此，我也要对这些资料的作者表示深深的感谢。由于时间仓促，加之经验不足，本书难免存在疏漏之处，还请各位专家、同人和朋友批评指正。

作　者

2015年9月于杭州